INTELIGÊNCIA ARTIFICIAL, PLATAFORMAS DIGITAIS E DEMOCRACIA

Direito e tecnologia no mundo atual

LUÍS ROBERTO BARROSO

INTELIGÊNCIA ARTIFICIAL, PLATAFORMAS DIGITAIS E DEMOCRACIA
Direito e tecnologia no mundo atual

1ª reimpressão

Belo Horizonte

2025

© 2024 Editora Fórum Ltda.

2025 1ª reimpressão

É proibida a reprodução total ou parcial desta obra, por qualquer meio eletrônico, inclusive por processos xerográficos, sem autorização expressa do Editor.

Conselho Editorial

Adilson Abreu Dallari
Alécia Paolucci Nogueira Bicalho
Alexandre Coutinho Pagliarini
André Ramos Tavares
Carlos Ayres Britto
Carlos Mário da Silva Velloso
Cármen Lúcia Antunes Rocha
Cesar Augusto Guimarães Pereira
Clovis Beznos
Cristiana Fortini
Dinorá Adelaide Musetti Grotti
Diogo de Figueiredo Moreira Neto (*in memoriam*)
Egon Bockmann Moreira
Emerson Gabardo
Fabrício Motta
Fernando Rossi
Flávio Henrique Unes Pereira

Floriano de Azevedo Marques Neto
Gustavo Justino de Oliveira
Inês Virgínia Prado Soares
Jorge Ulisses Jacoby Fernandes
Juarez Freitas
Luciano Ferraz
Lúcio Delfino
Marcia Carla Pereira Ribeiro
Márcio Cammarosano
Marcos Ehrhardt Jr.
Maria Sylvia Zanella Di Pietro
Ney José de Freitas
Oswaldo Othon de Pontes Saraiva Filho
Paulo Modesto
Romeu Felipe Bacellar Filho
Sérgio Guerra
Walber de Moura Agra

FÓRUM
CONHECIMENTO JURÍDICO

Luís Cláudio Rodrigues Ferreira
Presidente e Editor

Coordenação editorial: Leonardo Eustáquio Siqueira Araújo / Aline Sobreira de Oliveira
Revisão: Gabriela Sbeghen
Capa e projeto gráfico: Walter Santos
Diagramação: Formato Editoração

Rua Paulo Ribeiro Bastos, 211 – Jardim Atlântico – CEP 31710-430
Belo Horizonte – Minas Gerais – Tel.: (31) 99412.0131
www.editoraforum.com.br – editoraforum@editoraforum.com.br

Técnica. Empenho. Zelo. Esses foram alguns dos cuidados aplicados na edição desta obra. No entanto, podem ocorrer erros de impressão, digitação ou mesmo restar alguma dúvida conceitual. Caso se constate algo assim, solicitamos a gentileza de nos comunicar através do *e-mail* editorial@editoraforum.com.br para que possamos esclarecer, no que couber. A sua contribuição é muito importante para mantermos a excelência editorial. A Editora Fórum agradece a sua contribuição.

Dados Internacionais de Catalogação na Publicação (CIP) de acordo com ISBD

B277i	Barroso, Luís Roberto Inteligência artificial, plataformas digitais e democracia: direito e tecnologia no mundo atual / Luís Roberto Barroso. 1. reimpressão. Belo Horizonte: Fórum, 2024. 265p. 14,5x21,5cm ISBN impresso 978-65-5518-836-3 ISBN digital 978-65-5518-838-7 1. Inteligência artificial, democracia digital e revolução tecnológica. 2. Plataformas digitais, liberdade de expressão e desinformação. 3. Populismo autoritário, História Constitucional brasileira e litigância climática. I. Título. CDD: 006.3 CDU: 004.8

Ficha catalográfica elaborada por Lissandra Ruas Lima – CRB/6 – 2851

Informação bibliográfica deste livro, conforme a NBR 6023:2018 da Associação Brasileira de Normas Técnicas (ABNT):

BARROSO, Luís Roberto. *Inteligência artificial, plataformas digitais e democracia*: direito e tecnologia no mundo atual. 1. reimpr. Belo Horizonte: Fórum, 2024. 265p. ISBN 978-65-5518-836-3

Para a Tê, eternamente.

SUMÁRIO

Introdução
Inventando o futuro 13

Parte I
Doutrina

Capítulo I
INTELIGÊNCIA ARTIFICIAL, PROMESSAS, RISCOS E REGULAÇÃO: ALGO DE NOVO DEBAIXO DO SOL

		Nota inicial	20
I		O alvorecer da quarta revolução industrial	21
	1	Um admirável mundo novo	21
	2	O que é a inteligência artificial	25
	3	Aprendizado de máquina, modelo fundacional e outros conceitos relevantes	29
II		A inteligência artificial e seus benefícios	32
	1	Melhor capacidade decisória em muitas áreas	33
	2	Automação	34
	3	Linguagem	34
	4	Pesquisa e inovação	34
	5	Aplicações na medicina	35
	6	Aplicações no sistema de justiça	35
	7	Educação e cultura	36
	8	Outras aplicações úteis da IA	38
	8.1	Utilidades práticas do dia a dia	38
	8.2	Proteção do meio ambiente	38
	8.3	Personalização das relações comerciais e outras	39
III		A inteligência artificial e seus riscos	40
	1	Impacto sobre o mercado de trabalho	41
	2	Utilização para fins bélicos	42
	3	Massificação da desinformação	43
	4	Violação da privacidade	43
	5	Discriminação algorítmica	45

6	Questões sobre propriedade intelectual e direitos autorais	46
IV	Alguns princípios para regulação da inteligência artificial	49
1	Complexidades da regulação	49
2	Alguns esforços de regulação	51
3	Algumas diretrizes	53
3.1	Defesa dos direitos fundamentais	53
3.2	Proteção da democracia	54
3.3	Promoção da boa governança	55
V	Conclusão do capítulo	57

Capítulo II
DEMOCRACIA, MÍDIAS SOCIAIS E LIBERDADE DE EXPRESSÃO:
ÓDIO, MENTIRAS E A BUSCA DA VERDADE POSSÍVEL

I	Democracia e populismo autoritário	59
II	Internet, mídias sociais e liberdade de expressão	63
1	O impacto da internet	63
2	O papel dos algoritmos	65
3	Algumas consequências indesejáveis	69
III	Um modelo regulatório para as redes sociais	72
1	Responsabilidade intermediária por conteúdo gerado pelo usuário	73
2	Regras para moderação de conteúdo pelas plataformas	75
a)	Transparência e auditoria	75
b)	Devido processo legal e razoabilidade (*fairness*)	78
c)	Deveres mínimos para moderar conteúdo ilícito	79
IV	O papel da sociedade	80
V	Novos desenvolvimentos sobre o tema	80
1	Estados Unidos: Twitter *v.* Taamneh e Gonzalez *v.* Google	80
2	Brasil: não votação do PL nº 2.630	82
3	Brasil: declaração de inelegibilidade do ex-Presidente Jair Bolsonaro	83
VI	Conclusão do capítulo	83

Capítulo III
POPULISMO, AUTORITARISMO E RESISTÊNCIA DEMOCRÁTICA:
AS CORTES CONSTITUCIONAIS NO JOGO DO PODER

I	Introdução	85
II	A democracia no mundo: a ascensão do populismo autoritário	86
1	A democracia e suas três dimensões	86

2	A democracia como ideologia vitoriosa do século XX e a recessão democrática atual...	88
3	Três fenômenos diversos: populismo, extremismo e autoritarismo...	90
4	Algumas causas da erosão democrática...	95
III	A DEMOCRACIA NO BRASIL: AMEAÇAS, RESISTÊNCIA E SUPERAÇÃO....	97
1	O cenário da ascensão de Jair Bolsonaro..	98
2	Ameaças às instituições	100
3	A resistência democrática..	102
IV	COMO AS DEMOCRACIAS SOBREVIVEM	104
1	O papel decisivo (e ambíguo) das supremas cortes e cortes constitucionais...	104
2	Histórias de sucesso e de derrota na resistência democrática	105
3	As cortes constitucionais no jogo do poder....................................	113
V	CONCLUSÃO DO CAPÍTULO..	114

Capítulo IV
LIBERDADE DE EXPRESSÃO, IMPRENSA E MÍDIAS SOCIAIS:
JURISPRUDÊNCIA, DIREITO COMPARADO E NOVOS DESAFIOS

I	GENERALIDADES..	117
1	A comunicação humana	117
2	A liberdade de expressão no Brasil: o passado condena	118
II	LIBERDADE DE EXPRESSÃO NA CONSTITUIÇÃO DE 1988	120
III	LIBERDADE DE EXPRESSÃO NA JURISPRUDÊNCIA DO SUPREMO TRIBUNAL FEDERAL	124
1	Liberdade de imprensa	124
2	Discursos de ódio..	126
3	Liberdade de expressão artística e intelectual...............................	128
4	Direito ao esquecimento	129
5	Manifestação do pensamento	130
6	Ataque às instituições democráticas	131
IV	NOTAS SOBRE O DIREITO COMPARADO: LIBERDADE DE EXPRESSÃO NOS EUA E NA ALEMANHA	132
V	REVOLUÇÃO DIGITAL, INTERNET E MÍDIAS SOCIAIS	134
VI	CONCLUSÃO DO CAPÍTULO..	138

Capítulo V
TRINTA E CINCO ANOS DA CONSTITUIÇÃO DE
1988: AS VOLTAS QUE O MUNDO DÁ

I	INTRODUÇÃO..	141

II	REVIVENDO O PASSADO: ANTECEDENTES HISTÓRICOS DA CONSTITUIÇÃO	142
1	Do golpe de 64 ao Ato Institucional nº 5/68	142
2	Dos anos de chumbo à abertura política	145
3	Do ocaso do regime militar à convocação da Assembleia Constituinte	147
III	SONHANDO COM O FUTURO: AS PROMESSAS DA CONSTITUIÇÃO	148
1	"Carta cidadã" e "Constituição chapa-branca"	148
2	A separação de poderes	150
2.1	Poder Executivo	150
2.2	Poder Legislativo	153
2.3	Poder Judiciário	154
3	As transformações da teoria constitucional	157
3.1	A doutrina brasileira da efetividade	157
3.2	Neoconstitucionalismo ou direito constitucional contemporâneo	158
3.3	A constitucionalização do direito	159
IV	ENFRENTANDO A REALIDADE: O DESEMPENHO DA CONSTITUIÇÃO	160
1	Os diferentes governos	160
1.1	Os governos Sarney, Collor e Itamar Franco	160
1.2	O governo Fernando Henrique Cardoso	162
1.3	O governo Luiz Inácio Lula da Silva	163
1.4	O governo Dilma Rousseff	164
1.5	O governo Michel Temer	165
1.6	O governo Jair Bolsonaro	165
1.7	O início do terceiro mandato de Luiz Inácio Lula da Silva	166
2	As principais emendas à Constituição	167
2.1	Mudanças na Constituição econômica	167
2.2	Possibilidade de reeleição dos chefes do Executivo	169
2.3	A criação do Ministério da Defesa	170
2.4	Reformas da Previdência	171
2.5	Outras reformas	172
3	Os momentos críticos	173
3.1	Dois *impeachments*	173
3.2	Mensalão e Operação Lava Jato	174
3.3	Populismo autoritário	175
V	CONCLUSÃO DO CAPÍTULO: TOCANDO EM FRENTE	177
1	Uma agenda para o Brasil	177
2	Encerramento	181

Capítulo VI
OS DONOS DO PODER: A PERTURBADORA ATUALIDADE DE RAYMUNDO FAORO

I	Introdução	183
II	Dois dedos de história	184
III	Algumas ideias essenciais no pensamento de Raymundo Faoro	187
1	Patrimonialismo	187
2	O Estado intervencionista e o capitalismo politicamente orientado	191
3	Oficialismo	193
4	Estamento	195
5	Atraso econômico-social, propriedade da terra, escravização e fetiche do cargo público	199
6	Outros temas	202
IV	Conclusão do capítulo	205

Capítulo VII
A QUESTÃO AMBIENTAL, AS MUDANÇAS CLIMÁTICAS E OS TRIBUNAIS

I	Introdução	207
II	Questão ambiental e mudança climática: o quadro atual	208
1	O crescente agravamento do problema	208
2	As dificuldades em relação ao tema	209
2.1	Os atos internacionais	209
3	Descumprimento das metas	210
III	A evolução do papel dos tribunais	211
1	Justificativa para a atuação dos tribunais	211
2	A mudança de posição do Judiciário em diferentes partes do mundo	212
3	O aumento da judicialização	212
IV	A litigância ambiental no mundo	213
1	Litigância climática e justiça climática	213
2	Casos emblemáticos pelo mundo	214
2.1	Urgenda Foundation *v.* The Government of The Netherlands ...	214
2.2	Millieudefensie *et al. v.* Royal Dutch Shell	215
2.3	Neubauer *et al. v.* Germany	215
2.4	Verein KlimaSeniorinnen Schweiz *et al. v.* Switzerland	216
3	Casos decididos pela Suprema Corte do Brasil	216
3.1	ADPF nº 708: Fundo Clima	217

3.2	ADO nº 59: Fundo Amazônia	218
3.3	ADPF nº 651: participação da sociedade civil e dos governadores na formulação de políticas públicas ambientais..	220
3.4	ADPF nº 760: estado de coisas inconstitucional?....................	221
4	Casos pendentes de julgamento pelo mundo............................	223
V	Conclusão do capítulo...	223

Parte II
Artigos na imprensa

I	Quanto vale o Judiciário?..	227
II	Um dia para não esquecer..	229
III	35 anos da Constituição: pacificação, civilidade e recomeços	231

Parte III
Discursos

I	Discurso de posse na Presidência do Supremo Tribunal Federal...	235
	Gratidão, justiça e o país que queremos...	237
II	Discursos de formatura	247
1	O mundo, o país e a vida que vivemos	249
2	As placas do caminho	255
3	O país que queremos...	261

Introdução

Inventando o futuro

> *Keep some room in your heart for the unimaginable.*[1]
> (Mary Oliver)

Este livro reúne reflexões acerca de alguns dos grandes temas contemporâneos: inteligência artificial, revolução tecnológica, plataformas digitais, mudança climática, democracia, populismo autoritário e o persistente patrimonialismo brasileiro. Sou observador atento e engajado do panorama global e ator em alguns capítulos da vida brasileira. Estou na vida acadêmica há mais de 40 anos. Fui advogado por 30. E estou Ministro do Supremo Tribunal Federal há mais de uma década. Já vi a vida de diferentes pontos de observação, mas com os mesmos valores. Aprendi que as coisas variam de cor em função da quantidade de luz que deixamos entrar. Tenho vivido intensamente as aflições, angústias e alegrias desse país complexo e fascinante, num mundo em vertiginosa transformação. Não é possível imaginar o que vem por aí.

A *Inteligência Artificial* compõe, com a engenharia genética e o avanço da internet (das coisas e dos sentidos), o início de uma quarta revolução industrial. Chega oferecendo potencialidades imensas e riscos que assombram a muitos. Por isso mesmo, é imperativa a sua regulação adequada. Mas aí surgem as perplexidades de se disciplinar um campo em que nada é novo por muito tempo, na desabalada velocidade das inovações. Como registro no texto, o telefone fixo – aquele preto, que

---

[1] "Guarda algum espaço no teu coração para o inimaginável" (Mary Oliver, *Evidence*, 2010).

ficava na parede ou numa mesinha com destaque – levou 75 anos para alcançar 100 milhões de usuários. O telefone celular – esse que aproxima quem está longe e afasta quem está perto[2] – levou 16 anos. A internet, 7 anos. Pois bem: o ChatGPT chegou a 100 milhões de usuários em dois meses. Só está totalmente tranquilo quem está desavisado.

A *Revolução Tecnológica*, reconhecida como a terceira revolução industrial, deflagrada da metade para o final do século passado, caracteriza-se pela substituição da tecnologia analógica pela digital. Sua evolução permitiu a universalização dos computadores pessoais, dos telefones celulares e da internet, conectando bilhões de pessoas em todo o mundo. Democratizou-se o acesso à informação, ao conhecimento e ao espaço público, mas também se abriram as avenidas para a desinformação, os discursos de ódio e as teorias conspiratórias. As plataformas digitais, por sua vez, revolucionaram a comunicação social e interpessoal, aumentando exponencialmente sua escala de acesso. Passamos das centenas de milhares de leitores dos veículos impressos para os bilhões de usuários de mídias sociais como Facebook, Instagram, YouTube, TikTok e outras, bem como aplicativos de mensagens como WhatsApp e Telegram. Não são poucas as inquietações que desafiam legisladores e reguladores.

A *Democracia* no mundo, por sua vez, sofre o impacto dessas e de outras transformações, bem como o desprestígio das promessas não cumpridas de prosperidade e igualdade de oportunidade para todos. Diversos países viveram crises de recessão democrática, decorrentes da ascensão de um populismo autoritário e antipluralista, que desafia as instituições. Em diferentes partes do planeta, seus líderes seguiram uma estratégia assemelhada: comunicação direta com os apoiadores, *bypassando* as instituições intermediárias, como a imprensa, o Legislativo e organismos da sociedade civil; disseminação de desinformação, ódio e ataques às instituições, por via das plataformas digitais e aplicativos de mensagem; e ataque às supremas cortes, que têm por função constitucional conter o poder das maiorias políticas, preservando os direitos fundamentais e o Estado de direito. A semeadura da descrença nas instituições tem estimulado opções extremistas. Há momentos em que a moderação, a racionalidade e a tolerância parecem ter caído em desuso.

No Brasil, a democracia resistiu, apesar de sobressaltos variados. Tivemos articulações de golpe de Estado, ataques inusitados às

---

[2] Ouvi essa frase boa do meu querido amigo Carlos Ayres Britto.

instituições e baixa civilidade. A despeito de tudo, a Constituição prevaleceu e caminha para a meia-idade. Sob sua vigência, conquistamos estabilidade institucional, estabilidade monetária e significativa inclusão social, apesar de alguns retrocessos. Os desafios continuam a ser muitos e precisamos superar as polarizações radicalizadas, substituindo-as por uma agenda patriótica – em sentido verdadeiro – que se extrai da Constituição. Enfrentamento à pobreza, prioridade máxima para a educação básica e investimento maciço em ciência e tecnologia são alguns dos itens que devem figurar como denominador comum para liberais, conservadores e progressistas. Dentre os males a serem enfrentados, subsiste a renitência do patrimonialismo, relatado por Raymundo Faoro no seu clássico *Os donos do poder*. A apropriação do Estado, do orçamento e do espaço público por elites extrativistas tem dificultado a evolução econômica e social, prolongando nosso *status* de país de renda média, apesar de sermos a oitava maior economia do mundo.

Por fim, o enfrentamento à *Mudança Climática*, que era um inadiável compromisso com as próximas gerações, tornou-se uma dramática questão de direitos humanos atuais, já que o problema começa a afetar gravemente a vida aqui e agora. Queimadas devastadoras no Pantanal, seca dramática na Amazônia e inundações trágicas no Rio Grande do Sul vêm soando o alarme para o Brasil e para o mundo acerca da urgência das providências de mitigação e adaptação, com destaque para a imperatividade da transição energética. Em diferentes países, o Judiciário começa a adotar medidas mais proativas no enfrentamento ao aquecimento global, tendo em vista a inércia prolongada dos outros poderes, em muitos casos. Também os tribunais internacionais começam a reconhecer que é hora de agir. Por muitas razões, o Brasil não está em condições, hoje, de ser uma liderança industrial ou tecnológica. Mas temos toda a condição de sermos uma das lideranças ambientais globais, por termos energia limpa, fontes renováveis (hídrica, solar, eólica e biomassa) e a Amazônia, maior prestadora de serviços ambientais do planeta.

No final do livro, acrescento meu discurso de posse na presidência do Supremo Tribunal Federal e três breves discursos de formatura, que exibem um pouco a minha visão de mundo. Sobre todos os temas do livro, procuro lançar um olhar crítico-construtivo, que ajude a empurrar a história na direção do bem, da justiça e do avanço civilizatório. Há dias melhores e piores, de calma e de ventania. Tenho a crença de que os países, como as pessoas, passam pelo que têm que passar para evoluir e se aprimorar. A vida dos povos é feita de caminhos que se escolhem e de oportunidades que se renovam. Quase sempre é possível recomeçar e tentar de novo. Por isso mesmo, melhor que reclamar do vento é ajustar as velas. E ir inventando o futuro que se deseja.[3]

Brasília, 3 de julho de 2024.

---

[3] A frase "The best way to predict the future is to create it" é frequentemente atribuída ao ex-Presidente dos Estados Unidos Abraham Lincoln e ao consultor de empresas Peter Drucker. Não foi possível localizar a fonte original.

Parte I

Doutrina

Capítulo I

INTELIGÊNCIA ARTIFICIAL, PROMESSAS, RISCOS E REGULAÇÃO: ALGO DE NOVO DEBAIXO DO SOL[1] [2]

Sumário: Nota inicial. I. O alvorecer da quarta revolução industrial. 1. Um admirável mundo novo. 2. O que é Inteligência Artificial. 3. Aprendizado de máquina, modelo funcional e outros conceitos relevantes. II. A inteligência artificial e seus benefícios. 1. Melhor capacidade decisória em muitas áreas. 2. Automação. 3. Linguagem. 4. Pesquisa e inovação. 5. Aplicações na medicina. 6. Aplicações no sistema de justiça. 7. Educação e cultura. 8. Outras aplicações úteis da IA. 8.1. Utilidades práticas do dia a dia. 8.2. Proteção ao meio ambiente. 8.3. Personalização das relações comerciais e outras. III. A inteligência artificial e seus riscos. 1. Impacto sobre o mercado de trabalho. 2. Utilização para fins bélicos. 3. Massificação da desinformação. 4. Violação da privacidade. 5. Discriminação algorítmica. 6. Questões sobre propriedade intelectual e direitos autorais. IV. Alguns princípios para regulação da inteligência artificial. 1. Complexidades da regulação. 2. Alguns esforços de regulação. 3. Algumas diretrizes. 3.1. Defesa dos direitos fundamentais. 3.2. Proteção da democracia. 3.3. Promoção da boa governança. V. Conclusão do capítulo.

---

[1] Capítulo escrito em coautoria com Patrícia Perrone Campos Mello. Esse texto foi publicado originalmente na *Revista Direito e Praxis*, ahead of print, 18.6.2024. Disponível em: https://www.e-publicacoes.uerj.br/revistaceaju/article/view/84479.
[2] Sou grato a Pedro Henrique Ribeiro Morais e Silva pela ajuda na pesquisa e por sugestões na elaboração do texto. E, também, a Frederico Alvim, por importantes comentários e recomendações bibliográficas.

Nota inicial

Há algo de novo debaixo do sol.[3] Muitas de nossas crenças e certezas podem estar com os dias contados. Como os antigos navegadores contemplavam a imensidão dos oceanos, repletos de promessas, mistérios e perigos, estamos novamente de frente para um mundo desconhecido. Paira no ar a sensação de que uma transformação profunda está por vir. Uma revolução, talvez. Algo grandioso como a invenção da prensa por tipos móveis, que difundiu exponencialmente o conhecimento humano, ou o iluminismo, que reformulou a vida social, a cultura e a política.[4] O futuro nunca pareceu tão próximo e imprevisível.[5]

Diante das possibilidades aparentemente infinitas da tecnologia, só existe uma carta de navegação segura: os *valores* que desde muito longe devem pautar o avanço civilizatório e a evolução da condição humana na Terra. Laicos ou míticos, eles vêm da Grécia, passam pela Torá, pelos Evangelhos, Buda, Tomás de Aquino, Kant e muitos outros que construíram o patrimônio ético da humanidade. Mas há um ponto dramático aqui: o vertiginoso progresso científico a que assistimos, cumulativamente, ao longo dos séculos, não tem sido acompanhado de uma correspondente evolução ética – e mesmo espiritual – da condição humana. O bem, a justiça real e a solidariedade são frequentemente negligenciados num mundo de pobreza extrema em muitos lugares, desigualdades injustas, guerras e uma ordem doméstica e internacional em que alguns ganham todas e outros perdem sempre. É nesse cenário

---

[3] Há uma passagem bíblica conhecida, contida em *Eclesiastes* 1:9, na qual se lê: "O que foi é o que há de ser; o que se fez, isso se tornará a fazer. Não há nada de novo debaixo do sol". O significado dessa frase é que passam as eras e os seres humanos se debatem com as mesmas questões existenciais. Talvez algumas novas questões estejam surgindo, no entanto.

[4] V. KISSINGER, Henry; SCHMIDT, Eric Schmidt; HUTTENLOCHER, Daniel. ChatGPT Heralds an Intellectual Revolution. *Wall Street Journal*, 24 fev. 2023. Disponível em: https://www.wsj.com/articles/chatgpt-heralds-an-intellectual-revolution-enlightenment-artificial-intelligence-homo-technicus-technology-cognition-morality-philosophy-774331c6. Acesso em: 21 maio 2024.

[5] Essa imprevisibilidade é explicável, em parte, pela progressiva autonomia adquirida pelas soluções baseadas em aprendizado de máquina e, em parte, pelo caráter acelerado das inovações nesse campo, que se sucedem (ou se renovam) em uma marcha que prejudica a sua plena compreensão. Nina Schick observa que houve quatro séculos entre a invenção da prensa e o desenvolvimento da fotografia, por exemplo, mas que, em apenas três décadas, passamos da eclosão da internet aos *smartphones*, e daí para a plataformização das vidas nas redes sociais, com sérias implicações no regime de informações. Segundo a autora, mudanças tão rápidas em segmentos vitais acarretam um alto componente de incerteza, que deve ser ponderado pela sociedade como um todo (SCHICK, Nina. *Deep Fakes and the Infocalypse. What You Urgently Need to Know*. London: Monoray, 2020. p. 11).

que se coloca o tema da inteligência artificial (doravante também referida como IA) e suas potencialidades de fazer um mundo melhor. Ou pior. Ou até de aniquilá-lo.[6]

Talvez nenhum tema na história da civilização tenha despertado tanta reflexão simultânea. Nos meios de comunicação, nos bares, nas universidades, nos grandes eventos internacionais, nos encontros de especialistas, um assunto se tornou onipresente: a inteligência artificial. Não há aspecto de suas implicações que não venha sendo explorado pelas mentes mais brilhantes e pelos cidadãos mais comuns. O texto que se segue se insere nessa profusão de escritos que procuram captar o espírito do tempo, traçar rotas e empurrar a história na direção certa. Desviando dos abismos que colocariam em risco, quando não nossas vidas, pelo menos nossa humanidade, como a conhecemos. A fé na ciência, como toda crença nesse mundo, não pode levar ao fanatismo. Precisamos definir rumos e limites. Aqui segue só mais uma tentativa de fazê-lo.

O presente artigo está estruturado da forma seguinte. Uma introdução apresenta algumas noções básicas acerca do tema. A segunda seção explora as potencialidades positivas da IA. A terceira seção procura catalogar os principais riscos que a acompanham. A quarta seção identifica alguns princípios que devem reger a regulação da matéria. E, ao final, uma conclusão que procura aplacar nossas aflições quanto ao futuro.

I   O alvorecer da quarta revolução industrial

1   Um admirável mundo novo

Uma nova revolução industrial desponta no horizonte. A primeira ocorreu em meados do século XVIII e é representada pelo uso do vapor como fonte de energia. A segunda revolução industrial, na

---

[6] A pesquisa em IA evita o alarmismo, o que não quer dizer que desdobramentos potencialmente catastróficos não sejam considerados hipóteses sérias. Confira-se sobre o tema: RUSSELL, Stuart. *Inteligência artificial a nosso favor*. Como manter o controle sobre a tecnologia. São Paulo: Cia das Letras, 2021. As preocupações mais relevantes orbitam em torno da inteligência artificial geral, também referida como superinteligência artificial, que define um estado em que os computadores superariam as capacidades humanas em uma medida proeminente, acarretando "problemas de controle" e "problemas de alinhamento" (LEE, Kai-Fu. *Inteligência artificial*. Como os robôs estão mudando o mundo, a forma como amamos, nos relacionamos, trabalhamos e vivemos. Rio de Janeiro: Globo Livros, 2019. p. 159-173).

virada do século XIX para o século XX, tem como símbolos a eletricidade e o motor de combustão interna. A terceira se desenrolou nas décadas finais do século XX, tendo se consumado com a substituição da tecnologia analógica pela digital. Conhecida como Revolução Tecnológica ou Revolução Digital, ela permitiu a universalização dos computadores pessoais, dos telefones inteligentes e é simbolizada pela internet, conectando bilhões de pessoas em todo o mundo.[7] A quarta revolução industrial, que começa a invadir nossas vidas, vem com a combinação da inteligência artificial, da biotecnologia e a expansão do uso da internet, criando um ecossistema de interconexão que abrange pessoas, objetos e mesmo animais de estimação, numa internet de coisas e de sentidos.

Nesse desafiador mundo novo que se descortina, as novas tecnologias podem nos liberar das atividades mais simples do dia a dia, assim como desempenhar tarefas altamente complexas. Podem limpar ambientes, regular a temperatura, e, em breve, dirigirão carros de forma autônoma.[8] Prometem recuperar movimentos corporais perdidos,[9] prover diagnósticos médicos mais precisos,[10] suprir deficiências neurológicas, ampliar habilidades cognitivas;[11] criar o "gêmeo virtual" de alguém;[12] reproduzir uma pessoa que já morreu,[13] permitir o reencontro

---

[7] V. BARROSO, Luís Roberto. Revolução tecnológica, crise da democracia e mudança climática. *Revista Estudos Institucionais*, v. 5, n. 3, p. 1262, 2019.

[8] MANYIKA, James. Getting AI Right: Introductory Notes on AI & Society. *Daedalus*, v. 151, n. 2, p. 5-27, 2022. p. 12. Disponível em: https://www.amacad.org/publication/getting-ai-right-introductory-notes-ai-society. Acesso em: 14 fev. 2024.

[9] CACZAN, Luciana. Tetraplégico recupera movimentos após implantar chips de inteligência artificial no cérebro. *CNN Brasil*, 20 jul. 2023. Disponível em: https://www.cnnbrasil.com.br/tecnologia/tetraplegico-recupera-movimentos-apos-implantar-chips-de-inteligencia-artificial-no-cerebro/. Acesso em: 14 fev. 2024.

[10] DILSIZIAN, Steven E.; SIEGEL, Eliot L. Artificial intelligence in medicine and cardiac imaging: harnessing big data and advanced computing to provide personalized medical diagnosis and treatment. *Current cardiology reports*, v. 16, p. 1-8, 2014. Disponível em: https://doi.org/10.1007/s11886-013-0441-8. Acesso em: 14 fev. 2024.

[11] SCHMIDT, Albrecht. Augmenting Human Intellect and Amplifying Perception and Cognition. *IEEE Pervasive Computing*, v. 16, n. 1, p. 6-10, jan./mar. 2017.

[12] MINDBANK.AI go beyond. *Duplicate yourself with a personal digital twin*, [20--]. Página inicial. Disponível em: https://www.mindbank.ai/. Acesso em: 17 jan. 2024. O *site* convida o usuário a "duplicar-se virtualmente", a fim "ampliar sua produtividade, saúde mental e longevidade".

[13] RAMIREZ, Vanessa Bates. Grief tech uses AI to give you (and your loved ones) digital immorality. *Singularity hub*, 16 ago. 2023. Disponível em: https://singularityhub.com/2023/08/16/grief-tech-uses-ai-to-give-you-and-your-loved-ones-digital-immortality/. Acesso em: 17 jan. 2024. O objetivo do sistema é replicar a personalidade dos usuários, sua forma de pensar, falar e outras características, de forma a que possa até mesmo interagir com entes queridos, após a morte da pessoa duplicada.

com entes queridos que já se foram;[14] cuidar de idosos,[15] encontrar o amigo ou par romântico ideal;[16] redigir textos nas mais diversas línguas;[17] distribuir auxílios assistenciais aos mais vulneráveis, direcionar serviços públicos de primeira necessidade aos lugares mais carentes.[18] Pretendem, ainda, prever a prática ou reincidência de crimes,[19] melhorar o monitoramento ambiental, promover o planejamento de cidades inteligentes,[20] estimar o desempenho de candidatos a um emprego, a probabilidade de adimplemento de um financiamento, bem como o desenvolvimento de doenças graves,[21] entre outras questões.[22]

---

[14] "Your stories and voice. Forever. Preserve memories with an app that interviews you about your life. Then, let loved ones hear meaningful stories by chatting with the virtual you" (HERE.AFTER. *Your stories and voice*: forever, [20--]. Página inicial. Disponível em: https://www.hereafter.ai/.Acesso em: 17 jan. 2024).

[15] HOROWITZ, Jason. Who Will Take Care of Italy's Older People? Robots, Maybe. *The New York Times*, 25 mar. 2023. Disponível em: https://www.nytimes.com/2023/03/25/world/europe/who-will-take-care-of-italys-older-people-robots-maybe.html. Acesso em: 17 jan. 2024.

[16] INNER CIRCLE. *Você tá a 1 clique de conhecer o crush dos seus sonhos*. Página Inicial. Disponível em: https://m.theinnercircle.co/?utm_campaign=brbrand2&campaignid=14801829816&source=google&medium=cpc&gad_source=1&gclid=CjwKCAiAkp6tBhB5EiwANTCx1P65xV0LpMJQ_D8-3aqirg454qwI6dd MMISOgOY1f3C-eQjON337DBoCOicQAvD_BwE. Acesso em: 17 jan. 2024; TINDER. *Página Inicial*, [20--]. Disponível em: https://tinder.com/pt. Acesso em: 17 jan. 2024.

[17] CHATGPT. *Página Inicial*, [20--]. Disponível em: https://chat.openai.com/auth/login. Acesso em: 17 jan. 2024.

[18] KATYAL, Sonia K. Democracy and Distrust in an Era of Artificial Intelligence. *Daedalus*, n. 151, v. 2, p. 322-334, 2022. p. 327; URUEÑA, René. Regulating the Algorithmic Welfare State in Latin America. *Max Planck Institute for Comparative Public Law & International Law (MPIL) – Research Paper*, n. 2023-27, 20 dez. 2023.

[19] EUBANKS, Virgínia. The Allegheny Algorithm. *In*: EUBANKS, Virgínia. *Automating Inequality*: How High-Tech Tools Profile, Police, and Punish the Poor. Nova Iorque: St. Martin's Press, 2015. Disponível em: https://acrobat.adobe.com/link/review?uri=urn:aaid:scds:US:92531b35-dd7b-3c72-8721-ee7781ddb786. Acesso em: 17 jan. 2024; VERMA, Pranshu. The neverending quest to predict crime using AI. *The Wahington Post*, 15 jul. 2022; KATYAL, Sonia K. Democracy and Distrust in an Era of Artificial Intelligence. *Daedalus*, n. 151, v. 2, 2022, p. 327; RE, Richard M.; SOLOW-NIEDERMAN, Alicia. Developing Artificially Intelligent Justice. *Stan. Tech. L. Rev.*, n. 22, p. 242-289, 2019, p. 243-244.

[20] GALAZ, Victor *et al.* Artificial intelligence, systemic risks, and Sustainability. *Technology in Society*, v. 67, p. 1-10, set. 2021. p. 2.

[21] SILBERG, Jake; MANYIKA, James. Notes from the AI Frontier: Tackling Bias in AI (and in Humans). *McKinsey Global Institute*, jun. 2019. Disponível em: https://www.mckinsey.com/featuredinsights/artificial-intelligence/tackling-bias-in-artificial-intelligence-and-in-humans#. Acesso em: 17 jan. 2024.

[22] As eventualidades positivas são, de fato, impressionantes, o que leva a que algumas correntes cogitem o uso das novas tecnologias para a transformação dos mecanismos de governança, em favor da instauração de uma "democracia algorítmica", supostamente neutra e eficaz. Não obstante, a neutralidade algorítmica não existe, e a legitimidade democrática se relaciona necessariamente com a representação fundada na vontade popular. Nessa linha, a Assembleia Parlamentar do Conselho da Europa entende que a definição dos objetivos

Há mais. Estima-se que as mesmas tecnologias possam revelar a orientação sexual de uma pessoa,[23] antever e denunciar a intenção de realizar um aborto,[24] substituir centenas de figurantes e atores em Hollywood,[25] criar ou suprimir milhares de postos de trabalho mecânicos ou criativos;[26] manipular ou falsear informações, sons, imagens, crenças e vontades;[27] gerar vícios;[28] interferir sobre comportamentos de consumo,[29] influenciar o resultado de processos eleitorais,[30] provocar

---

políticos e sociais não pode ser relegada aos algoritmos. Pelo contrário, deve permanecer nas mãos de seres humanos que se submetem a um sistema de responsabilização política e legal (UNIÃO EUROPEIA. Conselho da Europa. *Artificial Intelligence and Electoral Integrity. Concept Paper*, 2022. Disponível em: https://www.coe.int/en/web/electoral-management-bodies-conference/concept-paper-2022. Acesso em: 21 abr. 2024).

[23] MORRISON, Sara. This outed priest's story is a warning for everyone about the need for data privacy laws. *Vox*, 21 jul. 2021. Disponível em: https://www.vox.com/recode/22587248/grindr-app-location-data-outed-priest-jeffrey-burrill-pillar-data-harvesting. Acesso em: 17 fev. 2024.

[24] COX, Joseph. Data Broker Is Selling Location Data of People Who Visit Abortion Clinics. *Vice*, 2022. Disponível em: https://www.vice.com/en/article/m7vzjb/location-data-abortion-clinicssafegraph-planned-parenthood. Acesso em: 17 jan. 2024; TUFEKCI, Zeynep. We need to take our privacy back. *The New York Times*, 2022. Disponível em: https://www.nytimes.com/2022/05/19/opinion/privacy-technology-data.html. Acessos em: 17 jan. 2024.

[25] BECKETT, Lois; PAUL, Kari. Bargaining for our very existence: why the battle over AI is being fought in Hollywood. *The Guardian*, 22 jul. 2023. Disponível em: https://www.theguardian.com/technology/2023/jul/22/sag-aftra-wga-strike-artificial-intelligence. Acesso em: 17 jan. 2024.

[26] MANYIKA, James. Getting AI Right: Introductory Notes on AI & Society. *Daedalus*, v. 151, n. 2, p. 5-27, 2022, p. 20. Disponível em: https://www.amacad.org/publication/getting-ai-right-introductory-notes-ai-society. Acesso em: 14 fev. 2024.

[27] HACKER, Philipp; ENGEL, Andreas; MAUER, Marco. Regulating CharGPT and Other Large Generative Models. *ACM Conference on Fairness, Accountability, and Transparency*, p. 1-2, 12 maio 2023. Disponível em: https://doi.org/10.1145/3593013.3594067. Acesso em: 18 jan. 2023.

[28] MOHAMMAD, Shabina; JAN, Raghad A.; ALSAEDI, Saba L. Symptons, Mechanisms, and Treatments of Video Game Addiction. *Cureus*, v. 15, n. 3, 31, mar. 2023. . Disponível em: https://www.ncbi.nlm.nih.gov/pmc/articles/PMC10065366/#:~:text=Video%20game%20 addiction%20is%20defined,in%20many%20aspects%20of%20life. Acesso em: 17 fev. 2024; e BECKETT, Lois; PAUL, Kari. Bargaining for our very existence: why the battle over AI is being fought in Hollywood. *The Guardian*, 22 jul. 2023. Disponível em: https://www.theguardian.com/technology/2023/jul/22/sag-aftra-wga-strike-artificial-intelligence. Acesso em: 17 jan. 2024.

[29] MAKHNOUMI, Ali. How AI Could Potentially Manipulate Consumers. *Duke Fuqua School of Business*, 10 jan. 2024. Disponível em: https://www.fuqua.duke.edu/duke-fuqua-insights/how-ai-could-potentially-manipulate-consumers. Acesso em: 17 fev. 2024.

[30] HEAWOOD, Jonathan. Pseudo-public political speech: Democratic implications of the Cambridge Analytica scandal. *Information Polity*, v. 23, p. 429-434, 2018; BERGHEL, Hal. Malice Domestic: The Cambridge Analytica Dystopia. *Computer*, p. 84-89, maio 2018.

comportamentos violentos,[31] fortalecer agendas extremistas,[32] agravar a desigualdade e a discriminação de grupos minoritários,[33] alterar e adquirir vontade própria,[34] acionar armas de destruição em massa, colocar a vida, a saúde e a segurança das pessoas em risco.[35]

A lista é interminável e pode nos conduzir ao sublime e ao horror; à liberdade ou à escravidão. À ampla afirmação dos direitos humanos ou à sua supressão. Como intuitivo, o problema não está na tecnologia em si, mas no uso que faremos dela e, sobretudo, em como pretendemos distribuir os benefícios que irá gerar. O desafio, portanto, está em produzir um desenho institucional que incentive o bom uso da inteligência artificial e que contenha o seu desvirtuamento, impedindo a automação da produção de injustiças[36] e a multiplicação dos riscos existentes.[37]

2 O que é a inteligência artificial

Numa definição simples, é possível afirmar que a *inteligência artificial* consiste em programas (*softwares*) que transferem capacidades humanas para computadores. Essas capacidades incluem tarefas cognitivas e tomada de decisões, via de regra com base nos dados,

---

[31] PAUWELS, Eleonore. Artificial Intelligence and Data Capture Technologies in Violence and Conflict Prevention. *Global Center on Cooperative Security: Policy Brief*, set. 2020. Disponível em: https://www.globalcenter.org/wp-content/uploads/GCCS_AIData_PB_H-1.pdf. Acesso em: 17 fev. 2024.

[32] VLACHOS, Scott. The link between mis-, dis-, and malinformation and domestic extremism. *Council for Emerging National Security Affairs*, June 2022. Disponível em: MDM_22.6.17b.pdf (censa.net). Acesso em:21 abr. 2024.

[33] ANGWIN, Julia; LARSON, Jeff; MATTU, Surya; KIRCHNER, Lauren. Machine Bias: There's Software Used across the Country to Predict Future Criminals. And It's Biased against Blacks. *ProPublica*, 23 maio 2016; EUBANKS, Virgínia. The Allegheny Algorithm. *In:* EUBANKS, Virgínia. *Automating Inequality:* How High-Tech Tools Profile, Police, and Punish the Poor. Nova Iorque: St. Martin's Press, 2015. Disponível em: https://acrobat.adobe.com/link/review?uri=urn:aaid:scds:US:92531b35-dd7b-3c72-8721-ee7781ddb786. Acesso em: 17 jan. 2024.

[34] Teme-se que a capacidade de aprendizado autônomo da IA possa levá-la a adquirir inteligência super-humana, tornando-a incontrolável. A tal fenômeno designa-se "singularidade" (HUTSON, Matthew. Can we stop runway A.I.? Technologists warn about the dangers of the so-called singularity. But can anything actually be done to prevent it? *The New Yorker*, 16 maio 2023. Disponível em: https://www.newyorker.com/science/annals-of-artificial-intelligence/can-we-stop-the-singularity. Acesso em: 17 fev. 2024).

[35] MANYIKA, James. Getting AI Right: Introductory Notes on AI & Society. *Daedalus*, v. 151, n. 2, p. 5-27, 2022. p. 21; 27.

[36] DEGLI-ESPOSTI, Sara. *La ética de la inteligencia artificial*. Madrid: Catarata, 2023. p. 10.

[37] COECKELBERGH, Mark. *Ética na inteligência artificial*. Rio de Janeiro: Ubu, 2023. p. 167.

instruções e objetivos com que são alimentados.[38] Não há, contudo, uma convergência plena sobre o conceito técnico de IA e sua abrangência.[39] Inúmeras entidades e instituições, como a OCDE[40] e a Unesco,[41] procuram delimitar os seus contornos. É possível apontar alguns traços comuns a essas tentativas de definição: são sistemas com capacidade de processar dados e informações de forma assemelhada à inteligência humana, que incluem aprendizado, raciocínio, percepção e comunicação por via de linguagem. Consultado, o ChatGPT4 forneceu a seguinte definição:

> Inteligência Artificial (IA) é um ramo da ciência da computação dedicado a criar sistemas capazes de realizar tarefas que, tradicionalmente, requerem inteligência humana. Estas tarefas incluem aprendizado (a capacidade de melhorar o desempenho com a experiência), raciocínio (a capacidade de resolver problemas através de métodos lógicos), percepção

---

[38] A expressão "inteligência artificial" é atribuída a um *workshop* realizado em 1956, em Dartmouth, com o objetivo de buscar desenvolver máquinas capazes de solucionar problemas resolvidos por humanos e se aprimorarem (MCCARTHY, John; MINSKY, Marvin L.; ROCHESTER, Nathaniel; SHANNON, Claude E. *A Proposal for the Dartmouth Summer Research Project on Artificial Intelligence*. 31 ago. 1955. Disponível em: http://raysolomonoff.com/dartmouth/boxa/dart564props.pdf. Acesso em: 17 jan. 2024; MANYIKA, James. Getting AI Right: Introductory Notes on AI & Society. *Daedalus*, v. 151, n. 2, p. 5-27, 2022. p. 15).

[39] Organizações representativas de empresas de IA postulam a formulação de um conceito mais restritivo de inteligência artificial, ao passo que organizações de defesas de direitos humanos defendem a ampliação do conceito para outras tecnologias, que também podem produzir efeitos adversos sobre direitos humanos. Em tal contexto, a própria abrangência do conceito de IA depende, em parte, do quanto se pretende regular. *Vide*, ilustrativamente: TAMBIANA, Madiega. Briefing: EU Legislation in Progress. *EPRA – European Parliamentary Research Service*, jun. 2023. p. 6-8.

[40] "Um sistema de IA é um sistema baseado em máquina que, para objetivos explícitos ou implícitos, infere, a partir das informações que recebe, como gerar resultados como previsões, conteúdos, recomendações ou decisões que podem influenciar ambientes físicos ou virtuais. Diferentes sistemas de IA variam nos seus níveis de autonomia e adaptabilidade após a implantação" (OCDE. Recommendation of the Council on Artificial Intelligence. *OECD/LEGAL/0449, 2019*. Disponível em: https://oecd.ai/en/wonk/documents/g20-ai-principles. Acesso em: 13 fev. 2024; RUSSEL, Stuart; PERSET, Karine; MARKO, Grobelnik. Updates to the OECD's definition of an AI system explained. *OCDE AI: policy observatory*, 29 nov. 2023. Disponível em: https://oecd.ai/en/wonk/ai-system-definition-update. Acesso em: 17 jan. 2024.

[41] "Por conseguinte, a presente recomendação aborda os sistemas de IA como sistemas que têm a capacidade de processar dados e informações de uma forma que se assemelha a um comportamento inteligente e que, normalmente, inclui aspectos de raciocínio, aprendizagem, percepção, previsão, planeamento ou controle" ("Therefore, this Recommendation approaches AI systems as systems which have the capacity to process data and information in a way that resembles intelligent behaviour, and typically includes aspects of reasoning, learning, perception, prediction, planning or control") (UNESCO. *Recommendation on the ethics of Artificial Intelligence, 2021*. Disponível em: https://unesdoc.unesco.org/ark:/48223/pf0000380455#:~:text=AI%20actors%20and%20Member%20States,law%2C%20in%20in%20particular%20Member%20States'. Acesso em: 26 mar. 2024).

(a capacidade de interpretar dados sensoriais para entender aspectos do mundo) e interação linguística (a capacidade de compreender e produzir linguagem natural).

No estágio atual,[42] a inteligência artificial não tem consciência de si mesma, não tem discernimento do que é certo ou errado, tampouco possui emoções, sentimentos, moralidade ou mesmo senso comum. Vale dizer: ela é inteiramente dependente da inteligência humana para alimentá-la, inclusive com valores éticos. Computadores não têm vontade própria.[43] Embora esse seja o conhecimento convencional na matéria, algumas experiências revelam surpreendente capacidade de aprendizado, suscitando novas preocupações. Uma delas foi o Alpha Zero, um programa de IA desenvolvido pela Google e que derrotou o Stockfish, até então o mais poderoso programa de xadrez no mundo. Ao contrário de programas anteriores, Alpha Zero não foi alimentado com movimentos previamente concebidos pelo homem. Ou seja: não se baseou no conhecimento, na experiência e nas estratégias humanas. Ele recebeu apenas as regras do jogo. Alpha Zero treinou jogando consigo mesmo, desenvolveu os seus próprios movimentos e estratégias, originais e inortodoxas, com uma lógica própria.[44]

Duas visões disputaram a primazia nas pesquisas sobre inteligência artificial ao longo dos anos. A primeira delas inspirou-se no *modo de funcionamento da mente humana*, procurando mimetizar a maneira como elaboramos as questões e desenvolvemos raciocínios lógicos. Essa primeira perspectiva dominou as experiências sobre IA até a década de 80 do século passado. A segunda visão inspirou-se no *modo de funcionamento das estruturas do cérebro humano*. Propôs, assim, conectar unidades de processamento de informações, equivalentes a neurônios, de modo a simular como eles funcionam.[45] Essa é a visão que se tornou dominante

---

[42] A ressalva se impõe tendo em vista que não se descarta que a IA do futuro conceda, às máquinas, doses intensas de autonomia e de consciência, em um panorama em que as aplicações inteligentes adquiram uma racionalidade própria, perseguindo objetivos não previstos. V. sobre o tema: DEGLI-ESPOSTI, Sara. *La ética de la inteligencia artificial*. Madrid: Catarata, 2023. p. 10; REBOLLO DELGADO, Lucrecio. *Inteligencia artificial y derechos fundamentales*. Madrid: Dykinson, 2023. p. 24.

[43] WINSTON, Patrick Henry. *Artificial intelligence desmystified*. Minuta de 30 set. 2018, gentilmente enviada pelo autor, p. 2 (mimeo): "Eles (os programas) não percebem como nós e não pensam como nós; na verdade, eles não pensam nada". Sobre o tema, v. LENHARO, Mariana. AI consciousness: scientists say we urgently need answers. *Nature*, 21 dez. 2023.

[44] KISSINGER, Henry A.; SCHMIDT, Eric; HUTTENLOCHER, Daniel. *The age of AI and our human future*. Nova York: Little, Brown and Company, 2021. p. 7 e ss. e 26.

[45] DREYFUS, Hubert L.; DREYFUS, Stuart E. Making a Mind Versus Modeling the Brain: Artificial Intelligence Back at a Branchpoint. *Daedalus*, v. 1, n. 117, p. 15-44, 1988. Disponível

no cenário da IA, denominada "abordagem conexionista" (*connectionist approach*). Ela não procura reproduzir a forma de racionalizar da mente humana. Ao contrário, busca estabelecer correlações e padrões entre milhares de dados e determinados resultados. Seus principais pontos de apoio são a estatística e a neurociência.

Os sistemas de inteligência artificial baseiam-se em dados e algoritmos. Quanto maior o conjunto de *dados* a que têm acesso, maior é o número de correlações confirmadas e descartadas; e, naturalmente, mais precisos tendem a ser os resultados.[46] Um determinado universo de dados ou características correlacionadas leva a IA a identificar um cachorro ou um gato, um bom ou um mau devedor, uma pessoa com tendências depressivas, uma criança em risco. O estabelecimento de correlações entre tais elementos pode parecer aleatório ou irracional para o modo de conhecer da mente humana. Mas, relembre-se, o modelo é baseado em estatística e não em lógica.

Algoritmo, por sua vez, é um conceito fundamental em ciência da computação. O termo identifica o conjunto de instruções, regras e parâmetros que orientam os computadores a cumprir as tarefas que lhes foram atribuídas. São fórmulas, códigos e roteiros que selecionam, tratam e estocam os dados, com o objetivo de obter um determinado resultado. Os dados selecionados (*inputs*) e suas correlações permitem conduzir aos resultados visados pelo programa (*outputs*), que podem ser os mais variados. Por exemplo: se o resultado dá ensejo à diferenciação entre objetos e seres vivos, fala-se em IA *discriminativa*; se o resultado for a previsão de comportamentos – de consumo, financeiros ou políticos – tem-se a IA *preditiva*; se for a geração de conteúdos – textos, imagens ou sons –, diz-se que é IA *generativa*.[47] [48]

---

em: https://www.amacad.org/sites/default/files/daedalus/downloads/Daedalus_Wi98_Artificial-Intelligence.pdf. Acesso em: 17 jan. 2024.

[46] DREYFUS, Hubert L.; DREYFUS, Stuart E. Making a Mind Versus Modeling the Brain: Artificial Intelligence Back at a Branchpoint. *Daedalus*, v. 1, n. 117, p. 15-44, 1988. p. 15-44. Disponível em: https://www.amacad.org/sites/default/files/daedalus/downloads/Daedalus_Wi98_Artificial-Intelligence.pdf. Acesso em: 17 jan. 2024.

[47] HACKER, Philipp; ENGEL, Andreas; MAUER, Marco. Regulating ChatGPT and Other Large Generative Models. *ACM Conference on Fairness, Accountability, and Transparency*, p. 1-3, 12 maio 2023. Disponível em: https://doi.org/10.1145/3593013.3594067. Acesso em: 18 jan. 2023.

[48] As qualificações acima não são exaustivas. Alude-se, por exemplo, à IA *adversarial*, destinada a impedir o funcionamento de outra IA para fins de proteção de dados, entre outras (HACKER, Philipp; ENGEL, Andreas; MAUER, Marco. Regulating ChatGPT and Other Large Generative Models. *ACM Conference on Fairness, Accountability, and Transparency*, 12

3 Aprendizado de máquina, modelo fundacional e outros conceitos relevantes

No que se refere ao modo de operar, os sistemas de inteligência artificial mais avançados atualmente são aqueles capazes de desenvolver o aprendizado de máquina. O *aprendizado de máquina* refere-se à aptidão de um modelo para adquirir conhecimento autonomamente, sem prévia programação explícita, com base na identificação de correlações entre grandes volumes de dados, como descrito acima. Vale observar, ainda, que, para conceitos mais restritos de IA, a capacidade de aprendizado de máquina é o que diferencia a inteligência artificial da mera automação, que seria um fenômeno mais amplo.[49] O aprendizado de máquina é o processo que serve de base a grande parte dos serviços de IA que usamos hoje, como os sistemas de recomendação de conteúdos de plataformas como Netflix, YouTube e Spotify; os modelos de seleção e hierarquização de resultados em ferramentas de busca como Google, Bing e Baidu; além de *feeds* e regimes de recomendação de contatos em mídias sociais como Facebook e X (ex-Twitter).[50]

O aprendizado de máquina se vale dos algoritmos e das redes neurais artificiais. As "redes neurais" artificiais (*neural networks*) se inspiram em redes de neurônios humanos. São modelos matemáticos que imitam nosso sistema nervoso.[51] Por meio delas, diferentes processadores de dados trabalham conjuntamente para tratar tais dados. O

---

maio 2023. p. 13. Disponível em: https://doi.org/10.1145/3593013.3594067. Acesso em: 18 jan. 2023).

[49] Respectivamente: NUNES, Dierle José Coelho; ANDRADE, Otávio Morato de. O uso da inteligência artificial explicável enquanto ferramenta para compreender decisões automatizadas: possível caminho para aumentar a legitimidade e confiabilidade de modelos algorítmicos? *Revista Eletrônica do Curso de Direito da UFSM*, v. 18, n. 1, 2023, nota de rodapé n. 3, parte final, p. 4; BROWN, Sara. Machine learning, explained. *MIT Management Sloan School*, 21 abr. 2021. Disponível em: https://mitsloan.mit.edu/ideas-made-to-matter/machine-learning-explained?utm_source=mitsloangooglep&utm_medium=social&utm_campaign=machinelearnexp&gad_source=1&gclid=Cj0KCQiAtaOtBhCwARIsAN_x-3KnfPNYty2tnOgUTP0F_NMirqdswn7etv0WLC6YxWMNvm3jH1sxEJwaAp0REALw_wcB. Acesso em: 18 jan. 2024.

[50] HAO, Karen. What is machine learning? *MIT Technology Review*, 17 nov. 2018. Disponível em: https://www.technologyreview.com/2018/11/17/103781/what-is-machine-learning-we-drew-you-another-flowchart/. Acesso em: 18 jan. 2024; NUNES, Dierle José Coelho; ANDRADE, Otávio Morato de. O uso da inteligência artificial explicável enquanto ferramenta para compreender decisões automatizadas: possível caminho para aumentar a legitimidade e confiabilidade de modelos algorítmicos? *Revista Eletrônica do Curso de Direito da UFSM*, v. 18, n. 1, 2023, nota de rodapé n. 3, parte final, p. 5.

[51] V. PORTO, Fábio Ribeiro; ARAÚJO, Walter Shuenquener; GABRIEL. *Inteligência Artificial generativa no Direito*. 2024. (mimeo). p. 37.

"aprendizado profundo" de máquina (*machine deep learning*) é a técnica que amplia a capacidade de aprendizado de máquina, por meio do estabelecimento de várias camadas de redes neurais artificiais, simulando o complexo funcionamento do cérebro humano, a fim de que tais múltiplas redes e processadores administrem as informações e estabeleçam correlações simultaneamente.[52] Tem aplicação em reconhecimento de imagem e fala, tradução automática e processamento de texto. Existem três espécies de aprendizado de máquina: supervisionado (*supervised*), não supervisionado (*unsupervised*) e por reiteração (*reinforcement*).[53]

Quanto ao uso ou à finalidade, os sistemas de IA comportam inúmeras classificações, que por vezes se superpõem. *Modelos fundacionais* (*foundational models*) são treinados com grandes quantidades de dados, preparados para se adaptar a múltiplas tarefas. O ChatGPT (*Chat Generative Pre-trained Transformer*), uma IA generativa, é exemplo de modelo fundacional (também chamado de propósito geral) e de um "grande modelo de linguagem" (*large language model*), com capacidade para gerar arte, imagens, textos e sons.[54] Note-se bem: programas generativos de IA podem criar conteúdos novos e não apenas analisar ou classificar conteúdos existentes. Se alguém pesquisar no Google como funciona um carro elétrico, ele remeterá o usuário a um *link* que levará

---

[52] HAO, Karen. What is machine learning? *MIT Technology Review*, 17 nov. 2018. Disponível em: https://www.technologyreview.com/2018/11/17/103781/what-is-machine-learning-we-drew-you-another-flowchart/. Acesso em: 18 jan. 2024; RE, Richard M.; SOLOW-NIEDERMAN, Alicia. Developing Artificially Intelligent Justice. *Stan. Tech. L. Rev.*, n. 22, p. 242-289, 2019. p. 244-246.

[53] O aprendizado supervisionado, que é o principal tipo utilizado atualmente, é aquele em que é possível definir qual é o *output* adequado. É o caso dos sistemas de IA voltados a categorizações (em gatos, cachorros, meios de transporte). O aprendizado não supervisado (*unsupervised*), menos comum, é aquele que busca a identificação de padrões, correlações e agrupamentos sem a prévia definição do resultado adequado. Por fim, o aprendizado por reiteração (*reinforcement*) tem o objetivo de treinar e aprimorar máquinas por meio de um sistema de tentativa e erro, de modo a ensiná-las a tomar as melhores decisões (BROWN, Sara. Machine learning, explained. *MIT Management Sloan School*, 21 abr. 2021. Disponível em: https://mitsloan.mit.edu/ideas-made-to-matter/machine-learning-explained?utm_source=mitsloangooglep&utm_medium=social&utm_campaign=machinelearnexp&gad_source=1&gclid=Cj0KCQiAtaOtBhCwARIsAN_x-3KnfPNYty2tnOgUTP0F_NMirqdswn7etv0WLC6YxWMNvm3jH1sxEJwaAp0REALw_wcB. Acesso em: 18 jan. 2024).

[54] Nem toda IA generativa constitui um modelo fundacional. Ela pode ser modelada para propósitos bem específicos. As capacidades generativas podem incluir a manipulação e a análise de texto, de imagem, de vídeo e a produção de discurso. Aplicativos generativos incluem *chatbots*, filtros de fotos e vídeos e assistentes virtuais (JONES, Elliot. Explainer: What is a foundation model? *Ada Lovelace Institute*, 17 jul. 2023. Disponível em: https://www.adalovelaceinstitute.org/resource/foundation-models-explainer/#table1. Acesso em: 18 jan. 2024).

a um *site* de terceiros. O ChatGPT, no entanto, irá explicar como um carro elétrico funciona nas suas próprias palavras.[55] Os modelos fundacionais são considerados um passo na direção da chamada *IA de propósito geral (general purpose AI)*, que ainda não foi inteiramente alcançada, mas que já é capaz de realizar uma grande quantidade de tarefas, não sendo limitada a objetivos específicos.[56] Por sua vez, os modelos de propósito determinado ou estrito (*fixed-purpose AI systems* ou *narrow AI*), como o próprio nome sugere, destinam-se a um propósito específico e, por isso, são conformados de forma mais restritiva. São treinados com uma base mais direcionada de dados. Nessa categoria enquadra-se a maior parte dos sistemas de IA atualmente em uso, que incluem os assistentes de voz como Siri, Alexa e Google Assistant, que se prestam a compreender e cumprir comandos de voz; sistemas de recomendação de conteúdo em plataformas de *streaming*, filtros de *spam*, sistemas de predição do tempo, *softwares* de reconhecimento facial, entre outros. Todos eles se destinam a uma finalidade bastante delimitada.

Por fim, a expressão *IA forte (strong AI)*, também referida como *Inteligência Artificial Geral (AGI – Artificial General Intelligence)*, designa sistemas com capacidade de compreensão, aprendizado e aplicação concreta equivalente à dos seres humanos. Seria capaz, assim, de raciocínio, resolução de problemas e tomadas de decisões próprias. Esse tipo de IA constitui um conceito teórico, ainda não alcançado, mas possível de ser concretizado em alguns anos, segundo alguns pesquisadores.[57]

Seria possível continuar explorando as múltiplas tecnicalidades do tema. Como exemplo, a cadeia de valor da IA, com suas diferentes fases: *design*, desenvolvimento, implementação e manutenção do

---

[55] ARIYARATNE, Hasala. *ChatGPT and intermediar liability:* why section 230 does not and should not protect generative algorithms. p. 4-5. Disponível em: https://papers.ssrn.com/sol3/papers.cfm?abstract_id=4422583. Acesso em: 18 jan. 2024.

[56] BOMMASANI, Richi *et al*. On the Opportunities and Tasks of Foundation Models. Center for Research on Foundation Models. *Stanford University*, p. 4-12, 12 jul. 2022; HACKER, Philipp; ENGEL, Andreas; MAUER, Marco. Regulating ChatGPT and Other Large Generative Models. *ACM Conference on Fairness, Accountability, and Transparency*, 12 maio 2023. p. 2-4. Disponível em: https://doi.org/10.1145/3593013.3594067. Acesso em: 18 jan. 2023; UUK, Risto; GUTIERREZ, Carlos Ignacio; TAMKIN, Alex. Operationalising the Definition of General Purpose AI Systems: Assessing Four Approaches. Working Paper. *Stanford University*, 1º jun. 2023.

[57] TAULLI, Tom. *Introdução à inteligência artificial*. Uma abordagem não técnica. São Paulo: Novatec, 2020. p. 218.

sistema.⁵⁸ Cada uma dessas fases tem seus próprios desafios e riscos, envolvendo diferentes atores, que incluem o desenvolvedor (*developer*),⁵⁹ o implementador (*deployer*),⁶⁰ o usuário⁶¹ e o destinatário final (*recipient*).⁶² Tais agentes detêm distintas expertises e habilidades, podendo gerar diferentes aportes, danos e responsabilidades.⁶³ Essa variedade de papéis, como intuitivo, acrescenta alguns graus de dificuldade à regulação da matéria.

É hora, todavia, de seguir adiante, explorando implicações da inteligência artificial que transcendem os temas estritamente técnicos.

II A INTELIGÊNCIA ARTIFICIAL E SEUS BENEFÍCIOS

A inteligência artificial vem crescentemente se incorporando à rotina das nossas vidas, por vezes de maneira tão natural que nem associamos certas utilidades a ela. A verdade é que a vida analógica vai ficando para trás. É certo que sempre haverá quem prefira objetos manufaturados ao estilo antigo, como alguns relógios de marcas caríssimas, que celebram um passado artesanal, embora atrasem, adiantem e funcionem bem pior que seus equivalentes digitais. Mas continuam atraindo compradores, a comprovar que a espécie humana não é totalmente movida pela razão e pelo pragmatismo. Porém, salvo extravagâncias e idiossincrasias, o fato é que hoje fazemos pesquisas sobre qualquer tema por meio de algoritmos de busca. Escolhemos produtos, leituras, viagens, hospedagens utilizando algoritmos de recomendação. Optamos por deslocamentos mais rápidos ou definimos o que vestir

---

⁵⁸ HACKER, Philipp; ENGEL, Andreas; MAUER, Marco. Regulating ChatGPT and Other Large Generative Models. *ACM Conference on Fairness, Accountability, and Transparency*, 12 maio 2023. p. 8-11. Disponível em: https://doi.org/10.1145/3593013.3594767. Acesso em: 18 jan. 2023.

⁵⁹ Seria o caso da OpenAI quanto ao GPT-4 (modelo fundacional).

⁶⁰ No caso do ChatGPT (modelo de propósito específico), a OpenIA é desenvolvedora e implementadora. A Be My Eyes, a seu turno, é apenas implementadora do Virtual Volunteer (também de propósito específico), adaptado a partir do GPT-4.

⁶¹ No caso dos produtos referidos na nota anterior, usuário é quem gera o texto com o ChatGPT ou consulta o aplicativo de voz, via Virtual Volunteer.

⁶² Quem usa o texto e as orientações de voz. Veja que a notícia produzida pode ou não ser verdadeira. A voz pode ser uma boa orientação ou uma *deep fake*, produzida para iludir o destinatário.

⁶³ HACKER, Philipp; ENGEL, Andreas; MAUER, Marco. Regulating ChatGPT and Other Large Generative Models. *ACM Conference on Fairness, Accountability, and Transparency*, 12 maio 2023. p. 8-11. Disponível em: https://doi.org/10.1145/3593013.3594767. Acesso em: 18 jan. 2023.

com base em sistemas inteligentes de medição de tráfego de veículos e de medição de temperatura. Em suma, a IA traz muitas coisas positivas, que tornam nossa vida melhor e mais fácil.

Pensando no impacto em larga escala da inteligência artificial, são tantas as suas utilidades e potencialidades que não é sequer fácil selecioná-las e sistematizá-las. A seguir, alguns exemplos significativos.

1 Melhor capacidade decisória em muitas áreas

Em inúmeros domínios, a IA terá melhor capacidade de tomada de decisões que seres humanos, por variadas razões. Em primeiro lugar, por poder armazenar uma quantidade de informações bem maior do que o cérebro humano. Em segundo lugar, por ser capaz de processá-las com muito maior velocidade. Em terceiro lugar por ser capaz de fazer correlações dentro de um volume massivo de dados, para além das possibilidades de uma pessoa ou mesmo de uma equipe. Tais correlações podem revelar associações entre fatores dos quais não nos damos conta, por sua complexidade ou sutileza. Como já assinalado, no entanto, a eficiência da IA dependerá da quantidade e da qualidade dos dados com que alimentada. Ademais, no atual estado da arte, ferramentas de IA generativa podem produzir informações inventadas ou absurdas, num desvio conhecido como "alucinação" (*hallucination*).[64] Deve-se ressaltar que em áreas que dependam de inteligência emocional, valores éticos ou compreensão das nuances do comportamento das pessoas, a intervenção humana será indispensável e sua capacidade decisória, superior.

---

[64] Note-se que as alucinações de IA podem repercutir de forma brutal em processos sociais relevantes. Por exemplo, de acordo com um relatório do laboratório *AI Forensics*, o *chatbot* Bing, da Microsoft, ofereceu informações equivocadas em 30% das consultas básicas que lhes foram feitas sobre temas afetos a eleições na Alemanha e na Suíça. Descobriu-se, ainda, que o problema crescia quando as perguntas eram feitas em idiomas diferentes do inglês (GUADIÁN, Carlos. Cómo va a afectar la Inteligencia Artificial las elecciones en 2024. *CludPad*, 25 jan. 2024. Disponível em: https://carlosguadian.substack.com/p/como-va-a-afectar-la-inteligencia?utm_source=post-email-title&publication_id=259698&post_id=141029307&utm_campaign=email-post-title&isFreemail=true&r=4n36v&utm_medium=email. Acesso em: 21 abr. 2024).

2 Automação

A IA permite a automação de inúmeras tarefas, tanto rotineiras como mais complexas, aumentando a produtividade e a eficiência em várias áreas de atividade. Tarefas repetitivas, desgastantes ou extenuantes para pessoas humanas podem ser desempenhadas por máquinas, como exemplo, em linhas de produção industrial. Além disso, reduz-se a margem de erros e é possível a eliminação de riscos, em trabalhos como exploração de minas, desarme de bombas, reparo de cabos no fundo do oceano ou viagens espaciais. Acrescente-se que a IA pode trabalhar ininterruptamente por 24 horas, todos os dias da semana, produzindo em maior escala, com melhor precisão e a menor custo. Não cansa, não adoece, não varia de humores e não há risco de ajuizar reclamação trabalhista. O impacto negativo que tudo isso pode produzir sobre o mercado de trabalho será examinado adiante.

3 Linguagem

O impacto da IA sobre o campo da linguagem tem sido profundo e multifacetado, especialmente pelo uso do Processamento de Linguagem Natural (*Natural Language Processing*). A qualidade das traduções feitas pelo Google Translate, pelo ChatGPT e pelo DeepL, para citar alguns exemplos, foi aprimorada de maneira expressiva, tornando-as bastante precisas e fluentes. Com isso, rompem-se muitas das barreiras do idioma na comunicação humana. Ferramentas como Siri, Alexa e Google Assistant respondem a comandos de voz. Outras ferramentas transformam textos em fala. *Chatbots* ajudam a resolver dúvidas e problemas de consumidores e clientes. E a IA generativa, que vem assombrando o mundo, comunica-se com o usuário por meio de textos, sons e imagens. São extraordinários os avanços nessa área.

4 Pesquisa e inovação

A IA ampliou as fronteiras da pesquisa e da inovação em quase todas as áreas da atividade humana, da física e da química à indústria automobilística e espacial. O volume de ciência que se vem produzindo com base na IA tem crescido exponencialmente. A IA pode simplificar e abreviar pesquisas clínicas e testes com novos medicamentos, materiais e produtos. A análise de vastas quantidades de dados acelera o processo de descobertas científicas. Importante destacar a redução de custo e de tempo no desenvolvimento de novas drogas, bem como de carros autônomos, com a promessa de redução do número de acidentes. A expectativa é que a IA, na sua relação com a pesquisa e a inovação, possa ajudar no enfrentamento de inúmeros desafios da humanidade, como a mudança climática, o combate à fome, o controle de pandemias, a sustentabilidade das cidades e doenças como câncer e Alzheimer.[65] O movimento que promove a exploração benéfica dos potenciais da IA é conhecido como *Data for good*.[66]

5 Aplicações na medicina

A medicina é uma das áreas de maior impacto da inteligência artificial sobre a vida e a saúde das pessoas. Tecnologias como o aprendizado de máquina e o processamento de linguagem natural vão melhorar a qualidade da assistência aos pacientes e reduzir custos. O aperfeiçoamento de diagnósticos, a análise de imagens, as cirurgias robóticas, o planejamento e a personalização dos tratamentos, a telemedicina, a previsão de futuras doenças e o manejo dos dados dos pacientes são alguns dos múltiplos benefícios que poderão advir. A IA não tornará a atuação do médico prescindível, mas pode modificar alguns dos papéis que desempenha, transferindo atribuições do plano técnico para o plano humano da empatia e da motivação. Também haverá implicações éticas e legais, como exemplo, erros praticados por equipamentos de IA.[67]

6 Aplicações no sistema de justiça

A IA traz a perspectiva de transformações profundas na prática do direito e na prestação jurisdicional. Num ambiente em que os precedentes vão se tornando mais importantes, é enorme a sua valia para a pesquisa eficiente de jurisprudência. A possibilidade de elaboração

---

[65] V. UNIÃO EUROPEIA. Comissão Europeia. Directorate-General for Research and Innovation. *Quarterly R&I literature review: The impact of AI on R&I*, n. Q2, 11 jul. 2023.

[66] MUÑOZ VELA, José Manuel. *Retos, riesgos, responsabilidad y regulación de la inteligencia artificial*. Un enfoque de seguridad física, lógica, moral y jurídica. Pamplona: Arazandi, 2022.

[67] Sobre o tema, v. DAVENPORT, Thomas; KALACOTA, Ravi, The potential for Artificial Intelligence in healthcare. *Future Healthcare Journal*. v. 6, n. 94, 2019.

de peças por advogados, pareceres pelo Ministério Público e decisões pelos juízes, com base em minutas pesquisadas e elaboradas por IA, irá simplificar a vida e abreviar prazos de tramitação. Por evidente, tudo sob estrita supervisão humana, pois a responsabilidade continua a ser de cada um desses profissionais. Nos tribunais, programas de IA que agrupam processos por assuntos, bem como os que podem fazer resumos de processos volumosos otimizam o tempo e a energia dos julgadores. Da mesma forma, a digitalização dos processos – no Brasil, hoje, a quase totalidade dos processos e de sua tramitação é eletrônica –, a automação de determinados procedimentos e a resolução *on-line* de conflitos têm o potencial de tornar a Justiça mais ágil e eficiente. No Brasil, no âmbito dos diversos tribunais do país, existe mais de uma centena de projetos de utilização da IA na prestação jurisdicional.

Há aqui um ponto controvertido e particularmente interessante: o uso da IA para apoiar a elaboração de decisões judiciais. Muitos temem, não sem razão, os riscos de preconceito, discriminação, falta de transparência e de explicabilidade. Sem mencionar ausência de sensibilidade social, empatia e compaixão. Mas é preciso não esquecer que juízes humanos também estão sujeitos a esses mesmos riscos. Por essa razão, há um outro lado para essa moeda: a perspectiva de que a IA possa, efetivamente, ser mais preparada, imparcial e menos sujeita a interesses pessoais, influências políticas ou intimidações. Isso pode acontecer em qualquer lugar, mas especialmente em países menos desenvolvidos, com menor grau de independência judicial ou maior grau de corrupção.[68] Seja como for, no atual estágio da civilização e da tecnologia, a supervisão de um juiz humano é indispensável. Embora se possa impor a ele um ônus argumentativo aumentado nos casos em que pretenda produzir resultado diverso do proposto pela IA.

7 Educação e cultura

A inteligência artificial vai transformar a paisagem da educação no mundo, tanto nos métodos de ensino quanto nas possibilidades de aprendizado. De início, a internet, potencializada pela IA, ampliou

---

[68] Sobre o tema, v. KAUFMAN, Ariel Gustavo. Are artificial intelligence courts a discrimination risk? *European AI alliance*, 31 ago. 2021. Disponível em: https://futurium.ec.europa.eu/en/european-ai-alliance/open-discussion/are-artificial-intelligence-courts-discrimination-risk. Acesso em: 3 abr. 2014. Sobre o tema, v. tb. SUNSTEIN, Cass R. Governing by algorithm? No noise and (potentially) less bias. *Duke Law Journal*, v. 71, n. 6, p. 1175-1206, 2022.

exponencialmente o acesso ao conhecimento e à informação, expandindo o horizonte de todas as pessoas que têm acesso à rede mundial de computadores. Além disso, a educação a distância rompeu as barreiras de tempo e espaço, permitindo o aprendizado a qualquer hora, de qualquer lugar do mundo. Bibliotecas digitais dispensam o deslocamento físico e permitem a consulta em repertórios situados em qualquer lugar do mundo. Na perspectiva dos professores, ela pode ajudar na preparação de aulas, na elaboração de questões e mesmo na correção de trabalhos. Além de desempenhar tarefas administrativas que liberam os professores para mais tempo de atividade acadêmica. Tudo, sempre, reitere-se, com supervisão humana.

Do ponto de vista dos alunos, a IA, sobretudo generativa, facilita a pesquisa, pode resumir textos longos, corrigir erros gramaticais e sugerir aperfeiçoamentos de redação. Além de ajudar a superar as barreiras linguísticas, como visto acima. Ela permite, também, a personalização do ensino, customizado às necessidades dos alunos. Inclusive para pessoas com deficiência, na medida em que, por exemplo, pode transformar texto em voz ou vice-versa.[69] Naturalmente, para trazer benefícios distribuídos de maneira equânime pela população, o uso da IA pressupõe conectividade de qualidade para todos (inclusão digital). Não se deve descartar, aqui, algumas disfunções que podem advir do uso da IA na educação, que vão do plágio à limitação da criatividade e do espírito crítico. Por isso mesmo, organizações internacionais como a OCDE[70] e a Unesco[71] produziram documentos relevantes, com princípios e diretrizes para o uso da IA na educação.

---

[69] Na área educacional, a IA pode beneficiar ainda os estudantes portadores de altas capacidades (superdotados), dado que as habilidades de percepção, reconhecimento e recomendação permitem supervisionar, compreender e adaptar o processo de aprendizado de cada aluno, além de liberar os professores para um tempo maior para a instrução individual (LEE, Kai-Fu. *Inteligência artificial*. Como os robôs estão mudando o mundo, a forma como amamos, nos relacionamentos, trabalhamos e vivemos. Rio de Janeiro: Globo Livros, 2019. p. 149).

[70] OECD. *Opportunities, guidelines and guardrails for effective and equitable use of AI in education*. Paris: OECD Publishing, 2023. Disponível em: https://www.oecd.org/education/ceri/Opportunities,%20guidelines%20and%20guardrails%20for%20effective%20and%20 equitable%20use%20of%20AI%20in%20education.pdf. Acesso em: 31 mar. 2024.

[71] UNESCO. *AI and education*: a guide for policy makers. 2021. Disponível em: https://unesdoc.unesco.org/in/documentViewer.xhtml?v=2.1.196&id=p::usmarcdef_0000376709&file=/in/rest/annotationSVC/DownloadWatermarkedAttachment/attach_import_761bcdad-d1e3-40c9-819d-03c4ac725f26%3F_%3D376709eng.pdf&locale=en&multi=true&ark=/ark:/48223/pf0000376709/PDF/376709eng.pdf#AI%20in%20education_pages.indd%3A.14084%3A1005. Acesso em: 31 mar. 2024.

O impacto da IA sobre a cultura também será imenso. Na face positiva, ela abrirá caminhos para a criatividade, em sinergia com músicos, pintores, escritores, arquitetos, desenhistas gráficos e em inúmeros outros agentes de criação. A IA generativa pode auxiliar na composição de sinfonias, obras literárias, poesias, narrativa de histórias etc., aumentando a criatividade, o universo estético, mas também suscitando inúmeras questões de natureza ética sobre propriedade intelectual e direitos autorais.[72] Merece reflexão a afirmação de Yuval Noah Harari de que a IA já *hackeou* o sistema operacional da cultura humana, que é a linguagem. E indaga: o que significará para os seres humanos viver num mundo em que um percentual dos romances, músicas, imagens e leis, em meio a muitas outras criações, são gerados por uma inteligência não humana?[73]

8 Outras aplicações úteis da IA

8.1 Utilidades práticas do dia a dia

A tecnologia da IA está presente nos computadores pessoais e nos telefones celulares inteligentes em múltiplos aplicativos, como Google maps, Waze, Uber, Spotify, Zoom, Facebook, Instagram. E, também, em assistentes pessoais, como Siri e Alexa. A IA tem papel importante, igualmente, na indústria de entretenimento via *streaming* (Netflix, Amazon Prime, HBO Max) e de *games*. Sem mencionar os aplicativos que permitem transações bancárias e pagamentos por cartões de crédito, em meio a inúmeras outras utilidades.

8.2 Proteção do meio ambiente

A IA terá um papel cada vez mais crítico em relação à proteção ambiental, na análise de dados, na previsão de fenômenos e no

---

[72] BEIGUELMAN, Giselle. *Políticas da imagem*: vigilância e resistência na dadosfera. São Paulo: Ubu, 2021. p. 59.
[73] HARARI, Yuval. Yuval Noah Harari argues that AI has hacked the operating system of human civilisation. *The Economist*, 28 abr. 2023. Disponível em: https://www.economist.com/by-invitation/2023/04/28/yuval-noah-harari-argues-that-ai-has-hacked-the-operating-system-of-human-civilisation?dclid=CP691aS5kYMDFaWNrAId4O0GXA&utm_medium=cpc.adword.pd&utm_source=google&ppccampaignID=19495686130&ppcadID=&utm_campaign=a.22brand_pmax&utm_content=conversion.direct-response.anonymous&gad_source=1&gclid=CjwKCAjwupGyBhBBEiwA0UcqaHf0aSx4CKaU2YdHw_bw_3ep3pJdU9e8T4cykjwu-Y6E9eI6yr7OPxoCvEUQAvD_BwE&gclsrc=aw.ds. Acesso em:31 mar. 2024.

monitoramento de situações. Os exemplos são múltiplos e incluem: exame de dados sobre mudança climática, uso de imagens de satélites e *drones*, controle dos níveis de poluição do ar, da água e do solo, racionalização da distribuição e do consumo de energia e de água, previsão de desastres naturais (como furacões, terremotos e inundações), auxílio na agricultura sustentável por meio de sensores de solo e outros instrumentos, com redução do uso de pesticidas, orientação à irrigação e ajuda no planejamento do reflorestamento.[74]

8.3 Personalização das relações comerciais e outras

A IA permite que indústria, comércio, serviços, meios de comunicação e plataformas digitais direcionem a seus consumidores informações, notícias e anúncios que correspondam aos seus interesses. Isso, naturalmente, otimiza o tempo das pessoas e facilita a aquisição de produtos, livros, planejamentos de viagem e inúmeras outras escolhas a serem feitas e decisões que precisam ser tomadas. Recomendações de filmes, de músicas ou de outras formas de entretenimento vêm desse uso da inteligência artificial. Não se deve desconsiderar aqui, todavia, aspectos negativos associados a certa tribalização da vida, pelo viés de confirmação decorrente do envio de materiais que, no geral, reiteram preferências e convicções. Tal fenômeno reduz a pluralidade de visões, gera novas formas de controle social[75] e pode conduzir à polarização e

---

[74] No entanto, o gasto de energia decorrente da alimentação, operação e manutenção da IA, bem como seus impactos sistêmicos sobre diferentes ecossistemas tampouco devem ser ignorados, como alguns pesquisadores já observaram. Nessa linha: GARCÍA-MATÍN, E. *et al*. Estimation of energy consumption in machine learning, J. Parallel Distributed. *Computing*, v. 134, p. 75-88, 2019; GALAZ, Victor *et al*. Artificial intelligence, systemic risks, and Sustainability. *Technology in Society*, v. 67, p. 1-10, set. 2021.

[75] Sobre o uso da IA como forma de controle social: "Os mecanismos de busca apresentam um outro desafio: dez anos atrás, quando eram movidos por *data mining* (em vez de aprendizado de máquina), se uma pessoa fizesse buscas por um 'restaurante gourmet', e depois por 'roupas', sua última busca seria independente da primeira. Nas duas vezes, um mecanismo de pesquisa agregaria o máximo de informações possível e lhe daria opções [...]. As ferramentas contemporâneas, por sua vez, são guiadas pelo comportamento humano observado. [...]. A pessoa pode estar procurando roupas de grife. No entanto, existe uma diferença entre escolher em meio a uma variedade de opções e realizar uma ação – nesse caso, fazer uma compra; em outros casos, adotar uma posição ou uma ideologia política [...] – sem nunca ter visto o leque inicial de possibilidades ou implicações, apenas confiando em uma máquina para configurar antecipadamente as opções" (KISSINGER, Henry A.; SCHMIDT, Eric; HUTTENLOCHER, Daniel. *A era da IA*. Rio de Janeiro: Alta Books, 2023. p. 20) (livre tradução).

ao radicalismo.[76] No plano das relações pessoais, pesquisas demonstram que casamentos resultantes de relacionamentos iniciados *on-line*, com auxílio de algoritmos, têm se revelado ligeiramente mais satisfatórios que os casamentos em que os parceiros se conhecem por métodos convencionais, *off-line*.[77]

Não é o caso de se seguir listando, indefinidamente, todas as utilidades e benefícios decorrentes da inteligência artificial, que, de resto, se ampliam a cada dia. Entre eles se incluem o desenvolvimento dos veículos autônomos, o monitoramento de equipamentos para detectar possíveis falhas em infraestruturas, a detecção de fraudes, sobretudo de natureza financeira, o aprimoramento da cibersegurança, os controles de aviação etc. Cabe, agora, voltar os olhos para os problemas, riscos e ameaças que podem decorrer da utilização em larga escala da inteligência artificial.

III A inteligência artificial e seus riscos

Toda nova tecnologia produz um efeito disruptivo sobre as relações de produção, de consumo e sobre o mercado de trabalho, impactando a vida social. Além disso, como muitas coisas na vida, as inovações podem ter um lado negativo ou ser apropriadas por maus atores sociais. A máquina de tear desempregou costureiras e artesãos; a impressão em *offset* eliminou os empregos de linotipista. A informatização diminuiu a necessidade de bancários no sistema financeiro. As plataformas digitais abriram caminho para a polarização extremista,[78] a desinformação[79] e os discursos de ódio.[80] Mais grave ainda: a inven-

---

[76] Sobre o tema, v. BARROSO, Luís Roberto; BARROSO, Luna van Brussel. Democracia, mídias sociais e liberdade de expressão: ódio, mentiras e a busca pela verdade possível. *Direitos fundamentais e Justiça*, ano 17, n. 49, p. 285-311, jul./dez. 2023.

[77] TROPIANO, Dolores. More internet marriages are leading to happy marriages. *Arizona State University News*, 20 jan. 2023. Disponível em: https://news.asu.edu/20230119-university-news-more-internet-matches-are-leading-happy-marriages. Acesso em: 31 mar. 2024; e HARMS, William. Meeting online leads to happier, more enduring marriages. *UChicago News*, 3 jun. 2013.

[78] FISHER, Max. *A máquina do caos*. Como as redes sociais reprogramaram nossa mente e nosso mundo. São Paulo: Todavia, 2023, p. 20.

[79] KAKUTANI, Michiko. *A morte da verdade*. Notas sobre a mentira na era Trump. Rio de Janeiro: Intrínseca, 2018. p. 17.

[80] MELLO, Patrícia Campos. *A máquina do ódio*. São Paulo: Companhia das Letras, 2020; WILLIAMS, Matthew. *A ciência do ódio*. Rio de Janeiro: Globo Livros, 2021. p. 207.

ção das caravelas permitiu o comércio transoceânico, mas também o tráfico negreiro.[81]

Por essas razões, é preciso ter atenção para os efeitos adversos do uso da inteligência artificial, procurando neutralizá-los ou mitigá-los. Tais impactos negativos da IA podem ter implicações sociais, econômicas, políticas ou até mesmo abalar a paz mundial. A seguir, o levantamento de algumas consequências, riscos e ameaças trazidas pela inteligência artificial.

1 Impacto sobre o mercado de trabalho

Esse é o efeito mais óbvio e previsível, fruto do que normalmente ocorre quando uma nova tecnologia abala o modo de produção anterior. Com o avanço da automação, a paisagem do mercado de trabalho irá se modificar profundamente, exigindo adaptação dos trabalhadores de áreas diversas da economia para novos trabalhos. Uma transição que nem sempre é fácil. Note-se que, no caso da IA, o impacto será não apenas quanto a postos de trabalhos mais mecânicos, mas afetará, também, funções mais qualificadas e criativas.[82] [83] É certo que novas tecnologias também tendem a gerar novos mercados e, consequentemente, novos empregos. Entretanto, há um problema de *timing* e de escala nessa consideração. É improvável que novos postos de trabalho

---

[81] ACEMOGLU, Daron; SIMON, Johnson. *Power and progress*. Nova. York: Public Affairs, 2023. p. 4-5. Os autores apontam algumas invenções que, nos últimos mil anos, não trouxeram, necessariamente, prosperidade para todos.

[82] LOHR, Steve. Generative A.I.'s Biggest Impact Will Be in Banking and Tech, Report Says. *The New York Times*, 1º fev. 2024. Disponível em: https://www.nytimes.com/2024/02/01/business/ai-impact-jobs.html?unlocked_article_code=1.SE0.-W1k.6YLx1J6GM3Uc&smid=wa-share. Acesso em: 11 fev. 2024. Estima-se que os bancos e algumas empresas de tecnologia gastam 60% a 80% das suas folhas de pagamento, ou mais, com trabalhadores com alta probabilidade de serem afetados pela nova tecnologia. Em sentido semelhante, quanto ao mercado de propaganda e *marketing*: MAHESHWARI, Sapha. A.I. Fuels a New Era of Product Placement. *The New York Times*, 1º fev. 2024. Disponível em: https://www.nytimes.com/2024/02/01/business/media/artificial-intelligence-product-placement.html?unlocked_article_code=1.SE0.p-JV.iFEjWlI2qW-4&smid=wa-share. Acesso em: 11 fev. 2024.

[83] Outros estudos indicam que funções que demandem inteligência social (relações públicas), criatividade (biólogos e *designers*), percepção e manipulação fina (cirurgiões) tendem a ser mais poupadas (FREY, Carl B.; OSBOURNE, Michael A. The Future of Employment: How Susceptible Are Jobs to Computerisation? *Future of Humanity Institute*, jan. 2017. Disponível em: https://www-sciencedirect-com.ezp-prod1.hul.harvard.edu/science/article/pii/S0040162516302244). Avaliam, ainda, que trabalhos de análise, previsão e estratégia serão os mais afetados (WEBB, Michael. *The Impact of Artificial Intelligence on the Labor Market*. 6 nov. 2019. Disponível em: https://papers.ssrn.com/sol3/papers.cfm?abstract_id=3482150. Acesso em: 11 fev. 2024).

sejam espontaneamente gerados no mesmo ritmo e volume.[84] Esse é um importante desafio, que exigirá dos governos investimento em proteção social e capacitação dos trabalhadores, convindo lembrar que a expansão da vulnerabilidade econômica tende a impactar a esfera de proteção democrática, dado que assoma, historicamente, como um fator potencial de desestabilização.

2 Utilização para fins bélicos

É relativamente escassa a literatura acerca da utilização da IA para fins bélicos, até pelo sigilo que normalmente se impõe na matéria, por motivos de segurança. Mas ao longo da história, novas tecnologias ou são originárias de pesquisas para objetivos militares ou são rapidamente direcionadas a esse fim. Não é difícil imaginar países como Estados Unidos e China numa competição para emprego da IA com destinação militar, com uso das novas tecnologias e de robôs. Aliás, *drones* automatizados (*automated drones*) operados remotamente já são utilizados de algum tempo para esse fim, com missões de reconhecimento, vigilância, entrega de equipamentos ou mesmo ataques aéreos. Tema que tem despertado grande preocupação é o das armas letais autônomas (*autonomous lethal weapons*), que podem se engajar em combate e atacar alvos por decisão própria, sem controle humano. Há debates em curso acerca do controle estrito do seu uso por atos internacionais.[85] As implicações éticas desse tipo de armamento são dramáticas e é imperativa uma regulação rigorosa do seu uso ou, talvez preferencialmente, o seu banimento.

Além disso, as tecnologias de comunicação e informação já há algum tempo têm mobilizado esforços militares, protagonizando táticas recorrentes no contexto das "guerras híbridas" (*hybrid warfares*). Trata-se de novas formas de agressão que envolvem, além da destruição por meios físicos, campanhas de influência e desinformação (*cognitive warfares*), além de ciberataques com o propósito de comprometer sistemas

---

[84] Como observado por Keynes, há quase um século, o avanço tecnológico tende a gerar um desajuste ao menos temporário em matéria de trabalho, até que novas oportunidades de trabalho são identificadas (KEYNES, John Maynard. *Economic Possibilities for our Grandchildren*. 1930. Disponível em: https://www.aspeninstitute.org/wp-content/uploads/files/content/upload/Intro_and_Section_I.pdf. Acesso em: 12 fev. 2024).

[85] KLARE, Michael T. UN to address autonomous weapons systems. *Arms Control Association*, dez. 2023. Disponível em: https://www.armscontrol.org/act/2023-12/news/un-address-autonomous-weapons-systems. Acesso em: 28 mar. 2024.

informatizados vitais, como exemplo, as estruturas de fornecimento de energia.[86]

3 Massificação da desinformação

Ao menos desde 2016, a difusão de informações por meio de plataformas digitais e aplicativos de mensagens tem representado um problema grave para o processo democrático e eleitoral. Estudos documentam que a circulação de falsidades e o radicalismo *on-line* se dão em maior velocidade e com maior engajamento do que a difusão de discursos verdadeiros e moderados. O que é emocional, improvável, alarmante produz mais engajamento e mobilização. O *deep fake* torna as coisas ainda piores, na medida em que simula pessoas falando coisas que jamais disseram, adulterando conteúdos e realidades de forma imperceptível para o cidadão.[87] Tal panorama não é hipotético e os antecedentes são preocupantes. Tornou-se notória a influência que a disseminação de desinformação exerceu sobre eventos históricos como a saída do Reino Unido da União Europeia (Brexit), as eleições nos Estados Unidos, ambas em 2016, e as eleições brasileiras de 2018. A democracia pressupõe a participação esclarecida dos cidadãos e, naturalmente, fica gravemente comprometida com a circulação ampla de mentiras deliberadas, destruição de reputações e teorias conspiratórias.

4 Violação da privacidade

O modelo de negócios das plataformas que se valem da IA se baseia na coleta da maior quantidade possível de dados pessoais dos indivíduos, o que transforma a privacidade em mercadoria.[88] Com base neles, algoritmos complexos e múltiplas camadas neurais estabelecem

---

[86] ALVIM, Frederico Franco; ZILIO, Rodrigo López; CARVALHO, Volgane Oliveira. *Guerras cognitivas na arena eleitoral*: o controle judicial da desinformação. Rio de Janeiro: Lumen Juris, 2023. p. 69.

[87] BARROSO, Luís Roberto; BARROSO, Luna van Brussel. Democracy, Social Media, and Freedom of Expression: Hate, Lies, and the Search for the Possible Truth. *Chicago Journal of International Law*, v. 24, n. 50, 2023; MELLO, Patrícia Perrone Campos Mello; RUDOLF, Renata H. S. B. A. Redes Sociais e Democracia: Disrupção Tecnológica, Erosão Democrática e Novas Perspectivas. *In*: FRANÇA, Eduarda Peixoto da Cunha; CASIMIRO, Matheus (Org.). *Direito e política*: um diálogo possível? Londrina: Thoth, 2023. p. 53-78.

[88] MOROZOV, Evgeny. *Big Tech*: a ascensão dos dados e a morte da política. São Paulo: Ubu, 2018. p. 36.

correlações profundas, que permitem obter seus dados genéticos, seus sistemas psíquicos, vulnerabilidades, comportamentos de consumo, políticos, financeiros, sexuais, religiosos.[89] Com tais dados e correlações, a IA é capaz de realizar predições, recomendações, manipular interesses e produzir os resultados almejados pelo algoritmo. Portanto, o acesso a dados privados, de pessoas e de empresas, é central para o modelo de negócios da IA tal como atualmente estabelecido.[90] Não por acaso, no meio acadêmico, os dados têm sido tratados como o "petróleo" do século em curso.[91]

Há pelo menos três aspectos que exigem atenção, relativamente ao tema da privacidade. O primeiro deles é a obtenção de dados dos usuários da internet, sem o seu consentimento, pelas plataformas digitais e *sites* da internet. Tais informações são utilizadas para venda comercial, para direcionamento de informações e publicidade ou mesmo para a manipulação da vontade dos usuários, como pesquisas acerca da neurociência demonstram. Um segundo aspecto diz respeito à vigilância e rastreamento pelo governo e por autoridades policiais, mediante tecnologias de reconhecimento facial e ferramentas de localização. Embora o fim legítimo seja o combate à criminalidade, os riscos de abuso são muito grandes. Esses riscos, como intuitivo, se agravam no caso de governos autoritários. Por fim, um terceiro ponto é que os sistemas de IA exigem a obtenção de vastas quantidades de dados para treinar os respectivos modelos, com os riscos de vazamento e ataques cibernéticos por atores maliciosos, por exemplo, em atividades de *spear*

---

[89] HUQ, Aziz. Constitutional Rights in the Machine Learning State. *Cornell Law Review*, v. 105, 2020. Disponível em: https://ssrn.com/abstract=3613282. Acesso em: 11 fev. 2024. Em especial p. 37, da versão disponível no SSRN.

[90] ZUBOFF, Shoshana. Surveillance Capitalism or Democracy? The Death Match of Institutional Orders and Politics of Knowledge in Our Information Civilization. *Organization Theory*, v. 3, p. 1-79, 2022. Muitas das demais restrições de direitos derivam da restrição à privacidade, como aquelas relacionadas a: danos físicos, reputacionais, relacionais, psicológicos (emocionais), econômicos, discriminatórios e relacionados à autonomia humana (coerção, manipulação, desinformação, deformação de expectativas, perda de controle entre outros) (CITRON, Danielle; SOLOVE, Daniel J. Privacy Harms. *Boston University Law Review*, v. 102, p. 793-863, 2022, em especial p. 831; HUQ, Aziz. Constitutional Rights in the Machine Learning State. *Cornell Law Review*, v. 105, 2020. Disponível em: https://ssrn.com/abstract=3613282. Acesso em: 11 fev. 2024. Em especial p. 35-41, da versão disponível no SSRN).

[91] REBOLLO DELGADO, Clicerio. *Inteligencia artificial y derechos fundamentales*. Madrid: Dykinson, 2023. p. 17.

phishing[92] e *doxxing*,[93] que não raro alimentam práticas de assédio, violência política, *malinformation* e desinformação.

5 Discriminação algorítmica

Os algoritmos são treinados sobre os dados existentes, que, a seu turno, expressam comportamentos humanos passados e presentes, repletos de vieses e preconceitos, profundamente determinados por circunstâncias históricas, culturais e sociais.[94] Tendem, por tal razão, a reproduzir estruturas sociais atuais e pretéritas de inclusão e exclusão. Nessa medida, dados sobre empregabilidade retratam uma menor contratação de mulheres, negros e indígenas, inclinação esta desprovida de relação com sua capacidade e produtividade, mas que pode induzir à reprodução de comportamentos futuros;[95] dados sobre segurança pública registram maior propensão à reincidência e violência envolvendo pessoas negras, não necessariamente porque sejam mais violentas, mas eventualmente porque vivem em contextos sociais mais adversos;[96] dados sobre custos com a saúde tendem a superdimensio-

---

[92] MUÑOZ VELA, José Manuel. *Retos, riesgos, responsabilidad y regulación de la inteligencia artificial. Un enfoque de seguridad física, lógica, moral y jurídica*. Pamplona: Arazandi, 2022. p. 64. Trata-se de *e-mail* ou mensagens mal-intencionadas, customizados para um destinatário específico, com aparência de credibilidade, visando a obter informações sensíveis (senhas, por exemplo) ou instalar *malwares*, que são programas maliciosos com efeitos gravosos sobre os sistemas afetados.

[93] PRADO, Michelle. *Tempestade ideológica*. Bolsonarismo: a altright e o populismo iliberal no Brasil. São Paulo: Todos Livros, 2023. p. 162. *Doxxing* significa a subtração maliciosa de informações acerca de alguma pessoa, seja em arquivos públicos seja *hackeando* computadores, com o propósito de assediar, intimidar ou extorquir, entre outros.

[94] Sobre vieses e heurísticas nos processos cognitivos e comportamentais humanos v. nota, HORTA, Ricardo Lins. Por que existem vieses cognitivos na tomada de decisão judicial? A contribuição da Psicologia e das Neurociências para o debate jurídico. *Revista Brasileira de Políticas Públicas*, v. 9, n. 3, p. 85-122, dez. 2019.

[95] De fato, a Amazon deixou de utilizar um sistema de seleção de candidatos a emprego depois de identificar que tal sistema discriminava em desfavor da contratação de mulheres. A empresa constatou que a discriminação decorria do fato de que o sistema de IA fora treinado sobre um conjunto de dados sobre contratação recolhido ao longo dos últimos 10 anos, quando as mulheres estavam menos inseridas no mercado de trabalho. O sistema interpretou a menor presença de mulheres como se a contratação de homens fosse preferível, descartando candidatas mulheres (DASTIN, Jeffrey. Amazon Scraps Secret AI Recruiting Tool That Showed Bias Against Women. *Reuters*, 10 out. 2018. Disponível em: https://www.reuters.com/article/us-amazon-com-jobs-automation-insight-idUSKCN1MK08G/. Acesso em: 12 fev. 2024).

[96] LARSON, Jeff et al. How We Analyzed the Compas Recidivism Algorithm. *ProPublica*, 23 maio 2016. Disponível em: https://www.propublica.org/article/how-we-analyzed-the-compas-recidivism-algorithm. Acesso em: 12 fev. 2024. Situação semelhante ocorre com

nar os gastos de alguns grupos e minimizar os gastos de outros, por motivos não necessariamente relacionados às suas condições físicas;[97] dados sobre risco de crédito majorarão os riscos e, consequentemente, os custos de financiamento daqueles com menor *status* econômico e social, mesmo quando tenham logrado aprimorar suas condições, a depender das circunstâncias de coleta dos dados.[98] Nessa medida, constata-se que alguns algoritmos de contratação podem tender a descartar mulheres; criminalizar homens negros; dificultar o acesso dos mais pobres ao crédito. Em tais condições, o modo de funcionar da IA pode ser profundamente reforçador de desigualdades existentes, em detrimento dos grupos mais vulneráveis da sociedade.[99]

6 Questões sobre propriedade intelectual e direitos autorais

O modelo de negócio da IA suscita questões importantes acerca de direitos autorais e de propriedade intelectual. A quem pertencem os direitos autorais do amplo universo de canções, filmes, reportagens e conteúdos recolhidos pelas *big techs* com o propósito de alimentar suas

---

tecnologias de reconhecimento facial, cuja aplicação tem indicado a ocorrência de viés racial, assim como a manifestação de reiterados "falsos positivos", conduzindo a prisões indevidas e a situações altamente vexatórias. Um episódio recente, ligado à detenção arbitrária de um torcedor em um estádio de futebol, levou o Estado de Sergipe a suspender a utilização do instrumento, v. DURÃES, Uesley. Reconhecimento facial: erros expõem falta de transparência e viés racista. *UOL*, 28 abr. 2024. Disponível em: https://noticias.uol.com.br/cotidiano/ultimas-noticias/2024/04/28/reconhecimento-facial-erros-falta-de-transparencia.htm. Acesso em: 7 maio 2024.

[97] OBERMEYER, Ziad *et al*. Dissecting Racial Bias in an Algorithm Used to Manage the Health of Populations. *Science*, 25 out. 2019. Disponível em: https://www.science.org/doi/full/10.1126/science.aax2342. Acesso em: 12 fev. 2024. No caso, os dados utilizados para treinar o algoritmo eram incompletos. Utilizaram-se dados sobre custos com pacientes brancos e negros para estimar o alcance das suas necessidades de saúde. Os recursos empregados em pacientes negros eram inferiores àqueles empregados em pacientes brancos, não porque suas necessidades eram menores, mas porque tinham maior dificuldade de acesso ao serviço. Em razão disso, as necessidades de pacientes negros foram erradamente subdimensionadas pela IA.

[98] PASQUALE, Frank. *The Black Box Society*: The Secret Algorithms That Control Money and Information. Cambridge: Harvard University Press, 2016. E-book. Capítulo 4.

[99] HUQ, Aziz. Constitutional Rights in the Machine Learning State. *Cornell Law Review*, v. 105, 2020. Disponível em: https://ssrn.com/abstract=3613282. Acesso em: 11 fev. 2024. Em especial p. 29-34, da versão disponível no SSRN; SILBERG, Jake; MANYIKA, James. Notes from the AI frontier: Tackling bias in AI (and in humans). *McKinsey Global Institute*, jun. 2019. p. 3. Disponível em: https://www.mckinsey.com/featuredinsights/artificial-intelligence/tackling-bias-in-artificial-intelligence-and-in-humans#. Acesso em: 17 jan. 2024.

IAs? A seus autores e criadores ou àqueles que passaram a empregá-los e explorá-los por meio de algoritmos? A IA generativa é alimentada com uma incrível quantidade de dados. No entanto, as respostas às indagações que lhe são formuladas vêm sem identificação da fonte e do autor. As discussões sobre esse tema vêm se acirrando e chegaram aos tribunais. Tome-se o exemplo da imprensa. Os conteúdos produzidos por empresas jornalísticas são recolhidos pelas empresas de IA, que os utiliza para treinar aplicativos que concorrem com os próprios veículos de imprensa na produção da informação.[100] A questão é objeto de uma ação judicial proposta pelo jornal *The New York Times* em face da *OpenAI* e da *Microsoft*.[101] Demanda semelhante envolve a Getty Images, empresa de mídia visual e fornecedora de imagens, e a Stability AI, empresa de inteligência artificial.[102]

Não há como ser exaustivo na exploração dos riscos envolvidos no desenvolvimento da IA, pois são incontáveis as possibilidades a serem consideradas, fora aquelas que não somos sequer capazes de

---

[100] Sobre a crise do modelo de negócio da imprensa e o impacto que produz na democracia, v. MINOW, Martha. *Saving the Press:* why the Constitution calls for government action to preserve freedom of speech. Oxford: Oxford University Press, 2021. p. 35; JACKSON, Vicki C. Knowledge Institutions in Constitutional Democracy: reflections on "the press". *Journal of Media Law*, v. 14, n. 2, p. 280 e ss., 2022. E, na literatura nacional, BARROSO, Luís Roberto; BARROSO, Luna van Brussel. Democracia, mídias sociais e liberdade de expressão: ódio, mentiras e a busca pela verdade possível. *Direitos fundamentais e Justiça*, ano 17, n. 49, p. 285-311, jul./dez. 2023; e MELLO, Patrícia Perrone Campos; RUDOLF, Renata H. S. B. A. Redes sociais e democracia: disrupção tecnológica, erosão democrática e novas perspectivas. In: FRANÇA, Eduarda Peixoto da Cunha; CASIMIRO, Matheus (Org.). *Direito e política:* um diálogo possível? Londrina: Thoth, 2023. p. 53-78.

[101] GRYNBAUM, Michael M.; MAC, Ryan. The Times Sues OpenAI and Microsoft Over A.I. Use of Copyrighted Work. *The New York Times*, 27 dez. 2023. Disponível em: https://www.nytimes.com/2023/12/27/business/media/new-york-times-open-ai-microsoft-lawsuit.html. Acesso em: 12 fev. 2024. ESTADOS UNIDOS DA AMÉRICA. The New York Times v. Microsoft Corporation, OpenAI Inc. *Case 1:23-cv-11195*. OpenAI LP, OpenAI GP LLC, OpenAI LLC, OpenAI OpCo LLC, OpenAI Global LLC, OAI Corporation, LLC, OpenAI Holdings, LLC. Federal District Court of Manhattan. 27 dez. 2023. Disponível em: https://nytco-assets.nytimes.com/2023/12/NYT_Complaint_Dec2023.pdf. Acesso em: 12 fev. 2024.

[102] A Getty Images alega que a Stability utilizou as imagens por ela produzidas para treinamento de um sistema de IA gerador de imagens denominado Stable Diffusion, sem autorização, violando seus direitos de propriedade intelectual e os direitos autorais de seus colaboradores, com o propósito de oferecer serviços semelhantes aos seus (VINCENT, Jame. Getty Images is suing the creators of AI art tool Stable Difusion for scraping its content. *The Verge*, 17 jan. 2023. Disponível em: https://www.theverge.com/2023/1/17/23558516/ai-art-copyright-stable-diffusion-getty-images-lawsuit. Acesso em: 12 fev. 2024; REINO UNIDO. Hight Court of Justice Business and Property Courts of England and Wales. *EWHC 30390*. Getty Images (US) Inc, Getty Images International UC, Letty Images UK Limited, Getty Images Devco UK Limited, Istockphoto LP, Thomas M Barwick Ink v. Stability AI Ltd. Case No. IL-2023-000007. 1º dez. 2023. Disponível em: https://www.documentcloud.org/documents/24183636-getty-images-v-stability-ai-uk-ruling. Acesso em: 12 fev. 2024).

imaginar e antecipar. Mas há uma última preocupação que merece uma reflexão especial. Diz respeito ao que se denomina de *singularidade*, termo empregado para identificar o risco de os computadores ganharem consciência, adquirirem vontade própria e se tornarem dominantes sobre a condição humana. Isso porque, sendo capazes de processar volume muito maior de dados em velocidade igualmente muito maior, se tiverem consciência e vontade se tornarão superiores a todos nós. O temor advém do fato de que os sistemas de AI podem se autoaperfeiçoar, atingindo a *superinteligência*, dominando conhecimentos científicos, cultura geral e habilidades sociais que os colocariam acima dos melhores cérebros humanos.

Alguém cético das potencialidades humanas poderia até mesmo supor que uma superinteligência extra-humana teria maior capacidade de equacionar algumas das grandes questões não resolvidas da humanidade, como pobreza, desigualdade ou degradação ambiental. Mas nunca se poderia saber se essa inteligência fora de controle serviria à causa e aos valores da humanidade. Por isso mesmo, a governança da AI, doméstica e internacional, precisa estabelecer protocolos de segurança e parâmetros éticos destinados a administrar e mitigar esse risco. Se a tecnologia puder chegar a esse ponto – o que é colocado em dúvida por muitos cientistas – estará em jogo o próprio futuro da civilização e da humanidade.

Yuval Noah Harari faz um curioso comentário a respeito do tema. Segundo ele, em 2022, cerca de 700 dos mais relevantes cientistas e pesquisadores de IA foram indagados sobre os perigos de essa tecnologia impactar a própria existência humana ou provocar um expressivo desempoderamento. Metade deles respondeu que o risco seria de 10% ou mais. Diante disso, faz ele a pergunta fatídica: você entraria num avião se os engenheiros que o construíram dissessem que haver um risco de 10% de ele cair?[103] Se for isso mesmo, não dá para dormir tranquilo.

---

[103] HARARI, Yuval Noah. You can have the blue pill or the red pill, and we are out of blue pills. *New York Times*, 24 mar. 2023. Disponível em: https://www.nytimes.com/2023/03/24/opinion/yuval-harari-ai-chatgpt.html. Acesso em: 28 maio 2024.

IV Alguns princípios para regulação da inteligência artificial

1 Complexidades da regulação

Por tudo o que foi exposto até aqui, constata-se que a regulação da inteligência artificial se tornou imprescindível. Nada obstante, a tarefa não é singela e enfrenta desafios e complexidades. A seguir, procuramos identificar alguns deles.

A regulação precisa ser feita com o trem em movimento. Em março de 2023, mais de mil cientistas, pesquisadores e empreendedores assinaram uma carta aberta pedindo uma pausa no desenvolvimento dos sistemas mais avançados de IA, diante dos "profundos riscos para a sociedade e para a humanidade" que representavam. A pausa, por pelo menos seis meses, destinar-se-ia a introduzir "um conjunto de protocolos de segurança compartilhados".[104] As preocupações se justificavam plenamente, mas a suspensão das pesquisas não aconteceu. O trem continuou em alta velocidade. Até porque os avanços nessa área se tornaram objeto de disputa entre nações, pesquisadores e empreendedores. A carta, porém, reforçou as demandas por governança, regulação, monitoramento e atenção para os impactos sociais, econômicos e políticos das novas tecnologias.

A velocidade das transformações é estonteante. Tal fato dificulta, imensamente, a previsibilidade do que está por vir e a apreensão das novas realidades em normas jurídicas, que correm o risco de se tornar obsoletas em pouco tempo. Não é difícil ilustrar o ponto. O telefone fixo tradicional levou 75 anos para atingir 100 milhões de usuários. O telefone móvel levou 16 anos. A internet, 7 anos. Pois bem: o ChatGPT atingiu 100 milhões de usuários em dois meses.[105] Não é fácil para a legislação e a regulação acompanhar o ritmo das inovações.

Riscos da regulação excessiva. A regulação se tornou imprescindível, como assinalado acima, mas ela própria envolve riscos. Dois deles merecem destaque. O primeiro é o de que as restrições e a responsabilização civil não podem ser tão gravosas a ponto de inibir o ímpeto

---

[104] FUTURE OF LIFE. *Pause AI Giant experiments:* an open letter. 22 mar. 2023. Disponível em: https://futureoflife.org/open-letter/pause-giant-ai-experiments/. Acesso em: 12 fev. 2024.

[105] THE FEED. ChatGPT witnesses massive rise, chatbot gains 100 million users in two months. *Economic Times*, 5 mar. 2023. Disponível em: https://economictimes.indiatimes.com/news/new-updates/chatgpt-witnesses-massive-rise-chatbot-gains-100-million-users-in-two-months/articleshow/98428443.cms?from=mdr. Acesso em:31 mar. 2024.

da inovação. Em segundo lugar, uma regulação desproporcional pode criar uma reserva de mercado para as empresas já estabelecidas, criando um fosso entre elas e a concorrência, agravando a concentração econômica nos grandes *players*. O conhecimento convencional vigente é que a regulação deve ter por foco os resultados, e não a pesquisa em si.

Assimetria de informação e de poder entre empresas e reguladores. A tecnologia da IA é controlada, sobretudo, pelas empresas envolvidas no seu desenvolvimento, que detêm conhecimento superior ao dos potenciais reguladores. A esse fato se soma que as empresas de tecnologia conhecidas como *big techs* são algumas das empresas mais valiosas do mundo, desfrutando de um poder econômico que é facilmente transformável em poder político. Tal poder ficou evidenciado quando da votação, no Congresso Nacional no Brasil, de projeto de lei que regulamentava a desinformação nas redes sociais. Algumas empresas de tecnologia deflagraram intensa campanha contra a medida, nas suas próprias plataformas, e em *lobbies* no Congresso Nacional, conseguindo que o projeto fosse retirado de pauta.[106]

Necessidade de harmonização global da regulação. A IA é uma tecnologia predominantemente privada, que não observa as fronteiras nacionais. As empresas operam globalmente e não costumam sequer ter sua sede nos principais centros de seus negócios. Dados podem ser coletados e alimentar o treinamento de sistemas em diferentes partes do mundo. Em tais condições, o modo de funcionar da IA coloca em xeque alguns elementos essenciais do direito, tal como o praticamos. Tais elementos são: a oponibilidade de direitos fundamentais e humanos aos Estados (e não propriamente a agentes privados) e o alcance das jurisdições nacionais, que encontram limite nas soberanias dos demais

---

[106] REZENDE, Constança. PF conclui que Google e Telegram agiram de modo abusivo contra PL das Fake News. Empresas, que lançaram ofensiva contra projeto no ano passado, negam irregularidades. *Folha de São Paulo*, 31 jan. 2024. Disponível em: https://www1.folha.uol.com.br/poder/2024/01/pf-conclui-que-google-e-telegram-agiram-de-modo-abusivo-contra-pl-das-fake-news.shtml. Acesso em: 31 jan. 2024; PL das fake news dá "poderes de censura" ao governo, diz Telegram. *Poder 360*, 9 maio 2023. Disponível em: https://www.poder360.com.br/tecnologia/pl-das-fake-news-da-poderes-de-censura-ao-governo-diz-telegram/. Acesso em: 19 jan. 2024; GOOGLE inclui texto contra PL da fake news na página inicial do buscador. Big tech exibe link para artigo nomeado "PL das fake news pode aumentar a confusão entre o que é verdade ou mentira no Brasil". *Poder 360*, 1º maio 2023. Disponível em: https://www.poder360.com.br/tecnologia/google-inclui-texto-contra-pl-das-fake-news-na-home-do-buscador/. Acesso em: 19 jan. 2024. Estima-se que não há grande interesse em conter notícias falsas ou na moderação de conteúdo. Quanto mais notícias falsas, maior o engajamento do usuário e maior a interação nas redes, portanto, maior é a produção de dados, matéria-prima das *big techs*.

países. Além disso, o tratamento regulatório heterogêneo do tema, nos distintos países, pode gerar fuga de investimentos e obstáculos ao desenvolvimento tecnológico em Estados restritivos e representar um convite a uma ampla violação a direitos em locais mais permissivos.

2 Alguns esforços de regulação

No plano internacional, algumas iniciativas envolvendo proposições não vinculantes (*soft law*) foram marcantes. Entre elas, destacam-se: a) a Recomendação do Conselho sobre Inteligência Artificial, da OCDE (Organização para a Cooperação e o Desenvolvimento Econômico), de 2019;[107] e b) a Recomendação sobre Ética na Inteligência Artificial, da Unesco (Organização das Nações Unidas para Educação, Ciência e Cultura), de 2021.[108] [109] Ambos os documentos procuram responder aos riscos já indicados acima, são convergentes e complementares e reúnem princípios bastante gerais sobre a IA, a serem detalhados pelas normas domésticas dos respectivos países.

Em âmbito nacional, os Estados Unidos da América editaram, no final de 2023, uma longa *Executive Order* (EO) sobre IA.[110] Trata-se de uma normativa ampla, que alcança múltiplas áreas de risco da tecnologia, por meio da qual o Presidente dos EUA se dirigiu essencialmente

---

[107] OCDE. Recommendation of the Council on Artificial Intelligence. *OECD/LEGAL/0449, 2019.* Disponível em: https://oecd.ai/en/wonk/documents/g20-ai-principles. Acesso em: 13 fev. 2024. Essa recomendação foi igualmente adotada pelo G-20 (G20, *Ministerial Statement on Trade and Digital Economy*).

[108] UNESCO. *Recommendation on the Ethics of Artificial Intelligence.* 23 nov. 2023. Disponível em: https://www.unesco.org/en/articles/recommendation-ethics-artificial-intelligence. Acesso em: 13 fev. 2024. O documento elenca os seguintes 10 princípios: 1 – Proporcionalidade e não produção de dano; 2 Segurança; 3 – Justiça e não discriminação; 4 – Sustentabilidade; 5 – Privacidade e proteção de dados; 6 – Supervisão e determinação humanas; 7 – Transparência e explicabilidade; 8 – Compreensão e educação (*Awareness and literacy*); 9 Responsabilização e controle (*Responsibility and accountability*); 10 – Pluralidade de participantes, governança adaptável e colaboração.

[109] A Organização das Nações Unidas adotou, ainda, Princípios para o Uso Ético da IA no Sistema das Nações Unidas, bastante similares àqueles objeto da recomendação da Unesco, v. NAÇÕES UNIDAS. Chief Executives Board for Coordination. *Principles for the Ethical Use of Artificial Intelligence in the United Nations System*. 20 set. 2022. Disponível em: https://unsceb.org/sites/default/files/2022-09/Principles%20for%20the%20Ethical%20Use%20of%20AI%20in%20the%20UN%20System_1.pdf. Acesso em: 15 maio 2024.

[110] A *Executive Order* é um diploma normativo, uma espécie de diretiva, editado pelo Presidente dos Estados Unidos da América, voltada à gestão do governo federal. É semelhante a um decreto, no Brasil. Encontra limites quanto à sua possibilidade de normatização, por não se tratar de uma lei produzida pelo Legislativo, e pode ser alterada por decisão do próximo presidente.

às agências federais, conforme sua expertise, determinando que estabelecessem *standards* e medidas para testar, assegurar a segurança e confiabilidade da tecnologia, evitar fraudes, impedir a discriminação algorítmica e a violação a direitos fundamentais dos cidadãos, de consumidores, competidores e estudantes. A EO previu, ainda, a identificação dos conteúdos produzidos por IA com marcas d'água. Estabeleceu a definição de boas práticas e a realização de estudos sobre os impactos da IA nas relações de trabalho, com medidas para mitigá-los. Contemplou o financiamento para a pesquisa e apoio a pequenas empresas no acesso à assistência técnica, recursos e mercado em IA; bem como a atração de novos talentos por meio de medidas de imigração. Determinou que desenvolvedores de modelos fundacionais que possam apresentar riscos para a segurança nacional, a economia nacional e a saúde pública notifiquem o Poder Público quando do treinamento dos seus sistemas e compartilhem com ele o resultado dos seus testes de segurança (*red-team safety tests*). E apelou ao Congresso para que aprovasse uma lei tutelando o direito à privacidade e protegendo os dados dos cidadãos.

Já a União Europeia (EU) aprovou, em março de 2024, o Ato da Inteligência Artificial (*EU AI Act*). A regulação proposta no âmbito da EU, diferentemente do que ocorre com a *Executive Order* norte-americana, se caracteriza por estabelecer diretamente regras e sanções em matéria de desenvolvimento, implementação e operação da IA. Ela prevê, ainda, a atuação concentrada de determinados órgãos na sua vigilância e implementação. Tais normas são, contudo, proporcionais ao risco oferecido pela tecnologia (*risk based approach*) para pessoas e bens.[111] Nessa linha, os sistemas são classificados em três níveis: a) *sistemas sujeitos a riscos inaceitáveis*, cuja implementação é proibida;[112] b) *sistemas de alto risco*, cuja implementação é permitida, desde que atendam a normas obrigatórias;[113] e c) *sistemas de IA que não oferecem alto risco*, para os quais

---

[111] V. UNIÃO EUROPEIA. *EU Artificial Intelligence Act*. 2024. Disponível em: https://artificialintelligenceact.eu/the-act/. Acesso em: 15 maio 2024.

[112] Nessa categoria se incluem as tecnologias de ranqueamento social (*social scoring*), identificação biométrica em locais públicos para fins de aplicação da lei (salvo exceções específicas), bem como práticas subliminares de manipulação de pessoas e/ou de exploração de vulnerabilidades de grupos vulneráveis.

[113] Por exemplo, quando o sistema de IA se destina a ser utilizado como componente de segurança de um produto ou, ainda, quando envolve dados biométricos, sistemas de reconhecimento de emoções e infraestruturas críticas, como trânsito rodoviário ou abastecimento de água, gás, aquecimento ou eletricidade, entre outros. UNIÃO EUROPEIA. *EU Artificial Intelligence Act*, 2024, art. 6º e Anexo III.

se preveem incentivos à adoção voluntária de códigos de conduta, uma espécie de autorregulação.[114]

No Brasil, tramitam no Congresso Nacional o Projeto de Lei (PL) nº 21/2020; e o PL nº 2.338/2023, havendo por aqui uma tendência de aproximação aos *standards* previstos nas propostas de norma da União Europeia.[115] Em linhas gerais, as propostas buscam: a) garantir direitos às pessoas diretamente afetadas pelos sistemas de IA; b) estabelecer responsabilidades de acordo com os níveis de riscos impostos por sistemas e algoritmos orientados por esse tipo de tecnologia; e c) estabelecer medidas de governança aplicáveis a empresas e organizações que explorem esse campo.

3 Algumas diretrizes

À luz de tudo o que foi exposto até aqui, é possível extrair alguns valores, princípios e objetivos que devem pautar a regulação da IA, para que essas tecnologias sirvam à causa da humanidade, potencializando-lhes os benefícios e minimizando os riscos. Tal regulação deve voltar-se à defesa dos direitos fundamentais, à proteção da democracia e à promoção da boa governança. A seguir, alguns elementos e aspectos ligados a cada uma dessas finalidades.

3.1 Defesa dos direitos fundamentais

a) *Privacidade*. O uso da IA deve respeitar os dados individuais das pessoas físicas e jurídicas, sem poder utilizá-los sem consentimento. A vigilância invasiva (*invasive surveillance*), como reconhecimento facial, biometria e monitoramento de localização deve ter emprego restrito e controlado. E, tendo em vista a vastidão de dados utilizados para alimentar a IA, deve haver mecanismos adequados de segurança contra vazamentos.

---

[114] UNIÃO EUROPEIA. *EU Artificial Intelligence Act*. 2024. Disponível em: https://artificialintelligenceact.eu/the-act/. Acesso em: 15 maio 2024.

[115] BRASIL. Câmara dos Deputados. *PL 21/2020*. Iniciativa Deputado Eduardo Bismark, situação: aprovado com alterações no Plenário e remetido ao Senado. Disponível em: https://www.camara.leg.br/propostas-legislativas/2236340. Acesso em: 17 fev. 2024; BRASIL. Senado Federal. *PL n. 2338/2023*. Iniciativa Senador Rodrigo Pacheco, relator atual Senador Eduardo Gomes, situação: com a relatoria. Disponível em: https://www25.senado.leg.br/web/atividade/materias/-/materia/157233. Acesso em: 17 fev. 2024.

b) *Igualdade (não discriminação).* A igualdade de todas as pessoas, em sua dimensão formal, material e de reconhecimento, é um dos mais valiosos pilares da civilização contemporânea. Já se alertou aqui, anteriormente, para os perigos da discriminação algorítmica. É preciso que a regulação da IA impeça que as pessoas sejam desequiparadas com base em categorias suspeitas, que exacerbem vulnerabilidades, como gênero, raça, orientação sexual, religião, idade e outras características. Há maus antecedentes nessa matéria.[116]

c) *Liberdades.* No que toca à *autonomia individual*, o uso da neurociência e da publicidade dirigida (*microtargeting*) tem o poder de manipular o comportamento e a vontade das pessoas, pelo sentimento do medo, do preconceito, da euforia e de outros vieses cognitivos, induzindo-as a comprar bens, contratar serviços ou adotar comportamentos contrários ao seu interesse, violando sua liberdade cognitiva ou autodeterminação mental. Além disso, *o direito* à *informação, ao pluralismo de ideias* e à *liberdade de expressão* pode ser comprometido por algoritmos de recomendação ou de moderação, que filtram, direcionam e excluem conteúdos, em condutas equivalentes a uma censura privada.

3.2 Proteção da democracia

a) *Combate* à *desinformação.* A democracia é um regime de autogoverno coletivo, que pressupõe a participação esclarecida e bem informada dos cidadãos. Por isso mesmo, a circulação da desinformação e das teorias conspiratórias enganam ou geram medos infundados nas pessoas, comprometendo seu discernimento e suas escolhas. Como já observado,

---

[116] DASTIN, Jeffrey. Amazon Scraps Secret AI Recruiting Tool That Showed Bias Against Women. *Reuters*, 10 out. 2018. Disponível em: https://www.reuters.com/article/us-amazon-com-jobs-automation-insight-idUSKCN1MK08G/. Acesso em: 12 fev. 2024; LARSON, Jeff *et al.* How We Analyzed the Compas Recidivism Algorithm. *ProPublica*, 23 maio 2016. Disponível em: https://www.propublica.org/article/how-we-analyzed-the-compas-recidivism-algorithm. Acesso em: 12 fev. 2024; OBERMEYER, Ziad *et al.* Dissecting Racial Bias in an Algorithm Used to Manage the Health of Populations. *Science*, 25 out. 2019. Disponível em: https://www.science.org/doi/full/10.1126/science.aax2342. Acesso em: 12 fev. 2024; HEAVEN, Will Douglas Heaven, Predictive Policing is Still Racist–Whatever Data it Uses. *MIT Technology Review*, Feb. 5, 2021. Disponível em: https://www.technologyreview.com/2021/02/05/1017560/predictive-policing-racist-algorithmic-bias-data-crime-predpol.

tudo isso é agravado pelas *deep fakes*, que simulam vídeos e falas inexistentes, com aparência de realidade. Todos nós somos educados para acreditar no que vemos e ouvimos. Manipulações dessa natureza quebram os paradigmas da experiência[117] e são destrutivas da democracia.

b) *Combate aos discursos de* ódio. Desde que consagrado historicamente o sufrágio universal, a democracia envolve a participação igualitária de todas as pessoas. Discursos de ódio consistem em ataques a grupos vulneráveis, manifestações racistas, discriminatórias ou capacitistas relativamente a negros, *gays*, pessoas com deficiência e indígenas, entre outros. Ao pretenderem desqualificar, enfraquecer ou calar alguns grupos sociais, os discursos de ódio minam a proteção da dignidade humana e fragilizam a democracia.

c) *Combate aos ataques* às *instituições democráticas*. As redes sociais, auxiliadas pela IA, têm sido instrumentais na articulação de ataques às instituições democráticas, visando à sua desestabilização. Atos insurrecionais como o 6 de janeiro de 2021, nos Estados Unidos, ou o 8 de janeiro, no Brasil, com tentativas golpistas de desrespeito ao resultado das eleições colocam em risco a democracia e não podem ser tolerados.[118]

3.3 Promoção da boa governança

À luz das recomendações e dos atos normativos internacionais, regionais e domésticos já referidos, e do amplo debate público em curso, na academia, na sociedade civil e na imprensa, é possível extrair alguns consensos sobrepostos no tocante à governança da IA, alinhavados nas cinco diretrizes expostas a seguir:

a) *Centralidade do bem comum*. A IA deve ser desenvolvida e estar orientada ao bem-estar das pessoas, dos países e do planeta. Seus benefícios devem ser distribuídos de maneira

---

[117] A experiência acumulada nos induz a compreender vídeos e registros fotográficos como elementos de atestação da veracidade das informações. Contudo, a IA baseada em tecnologias de aprendizado profundo permite a produção de mídias fraudulentas, mas ultrarrealistas, que confundem as mentes e permitem a produção sintética de falsas representações da realidade (FILIMOWICZ, Michael. Introduction. *In*: FILIMOWICZ, Michael. *Deep Fakes*. Algorithms and Society. New York: Routeledge, 2022. p. X-XI).

[118] V. sobre o tema: RAMONET, Ignacio. *La era del conspiracionismo*. Trump, el culto a la mentira y el asalto al Capitolio. Buenos Aires: Siglo XXI, 2022.

justa entre todos e seus impactos negativos devem ser mitigados por meio da legislação e da regulação.¹¹⁹

b) *Governança plural*. A governança da IA deve contemplar, em suas distintas etapas, com a proporcionalidade própria, a participação de um conjunto variado de atores, que inclui: o Poder Público, cientistas e pesquisadores, sociedade civil, academia, empresas e entidades de direitos humanos. A diversidade de perspectivas e o sopesamento de valores e de interesses são muito importantes para a legitimidade das decisões e normatizações adequadas.

c) *Transparência e explicabilidade*. A transparência identifica o conhecimento mínimo do usuário sobre o funcionamento do sistema e a informação de que está interagindo com um sistema de IA. A explicabilidade significa tornar inteligível as razões das decisões tomadas, inclusive para permitir eventuais questionamentos dos resultados. Ambas as exigências se conjugam para mitigar preocupações com a precisão e a imparcialidade dos algoritmos, assim como para incentivar o uso responsável das tecnologias de automação.¹²⁰

d) *Segurança*. Os sistemas de IA devem ser internamente seguros no sentido de evitar erros que produzam resultados indesejados, bem como devem, igualmente, estar protegidos contra ataques externos. A segurança no uso da IA inclui análise de impacto, cuidados com a qualidade dos dados, com a cibersegurança e o mapeamento dos processos e decisões que integram o ciclo de vida da IA (*traceability*).

e) *Controle e responsabilidade*. A supervisão ou controle humanos são fundamentais para que a IA esteja operando dentro das balizas da legalidade, da ética e da justiça. Apesar da relativa autonomia nos seus processos decisórios, a responsabilidade

---

[119] A regulação deve ser vista como uma condição necessária, mas insuficiente. O tratamento dos riscos associados à inteligência artificial, nesse sentido, perpassa a dimensão do direito para alcançar, igualmente, outros campos, entre os quais se destaca a ética aplicada à economia e à programação. Para Lucrecio Rebollo: "Conceber o Direito como única forma de ordenar e equalizar a sociedade digital é um erro grave. O Direito deve ser, como sempre foi, uma forma de resolver os conflitos sociais com uma perspectiva de bem comum, mas em todos os casos ele necessita da colaboração de outras áreas do conhecimento, de todos os elementos que conformam a estrutura social" (REBOLLO DELGADO, Lucrecio. *Inteligencia artificial y derechos fundamentales*. Madrid: Dykinson, 2023. p. 52) (tradução livre).

[120] BENDER, Sarah M. L. Algorithmic Elections. *Michigan Law Review*, v. 121, n. 3, 2022. p. 12.

será sempre de uma pessoa física ou jurídica. Em caso de uso indevido ou malicioso, uma delas ou ambas estarão sujeitas à responsabilização civil, administrativa e penal.

V Conclusão do capítulo

O papel do conhecimento é confortar os aflitos e afligir os confortados.[121] O presente artigo tem a pretensão de haver cumprido esse papel. A inteligência artificial, como aqui demonstrado, apresenta potencialidades e riscos em quase todas as áreas em que pode ser aplicada. No plano *político*, pode ajudar a aprimorar o sistema representativo e a captar melhor o sentimento e a vontade dos cidadãos. Mas pode, também, massificar a desinformação, os discursos de ódio e as teorias conspiratórias, enganando os eleitores, fragilizando grupos vulneráveis ou disseminando temores infundados, extraindo o pior das pessoas.

No plano *econômico*, a IA pode contribuir para o aumento da produtividade em áreas diversas, do agronegócio à indústria, bem como aprimorar significativamente o setor de serviços. Mas pode, também, concentrar riquezas nos setores mais favorecidos e nas nações mais ricas, aumentando a desigualdade no mundo. No plano *social*, pode ser um instrumento importante no equacionamento de problemas ligados à pobreza e às desigualdades injustas, mas pode, por outro lado, levar ao desemprego massas de trabalhadores. Existem, também, dualidades éticas. Uma maior compreensão da natureza humana pode elevar o patamar humanístico ou espiritual no mundo, mas não é descartável a perda da centralidade da pessoa humana.

Em suma, vivemos uma era de ambiguidades e de escolhas decisivas. Na visão dos autores, a história do mundo tem sido um fluxo constante – embora não linear – na direção do bem, da justiça e do avanço civilizatório. Viemos de tempos de asperezas, sacrifícios humanos e despotismos, até chegamos à era dos direitos humanos. Por essa razão, é possível ter uma visão e uma atitude construtivas em relação

---

[121] Esta frase é uma paráfrase de "The job of the newspaper is to comfort the afflicted and afflict the comfortable", atribuída a um personagem de ficção – Mr. Dooley –, criado pelo jornalista Finley Peter Dunne, do *Chicago Evening Post*. V. SHEDDEN, David. Today in Media History: Mr. Dooley: 'The job of the newspaper is to comfort the afflicted and afflict the comfortable'. *Poynter*, 7 out. 2014. Disponível em: https://www.poynter.org/reporting-editing/2014/today-in-media-history-mr-dooley-the-job-of-the-newspaper-is-to-comfort-the-afflicted-and-afflict-the-comfortable/. Acesso em: 7 maio 2024.

à inteligência artificial. Sem medos paralisantes, mas, também, sem ingenuidades ou fantasias. Vamos precisar de legislação, de regulação e, sobretudo, de educação e conscientização de cientistas, empresas e cidadãos para não nos perdermos pelo caminho. E, como já referido, a bússola, o rumo indicado pelas estrelas, são os valores que conduzem à vida boa: virtude, razão prática e coragem moral. Se perdermos as referências do bem, da justiça e da dignidade humana, aí seria o caso, mesmo, de deixar as máquinas tomarem conta e apostar que poderão fazer melhor.

    Mas não há de ser assim. Talvez, paradoxalmente, a inteligência artificial possa ajudar a resgatar e aprofundar a nossa própria humanidade, valorizando a empatia, a fraternidade, a solidariedade, a alegria, a capacidade de amar e demais atributos que sempre nos diferenciarão de máquinas.

Capítulo II

DEMOCRACIA, MÍDIAS SOCIAIS E LIBERDADE DE EXPRESSÃO: ÓDIO, MENTIRAS E A BUSCA DA VERDADE POSSÍVEL[1]

Sumário: I. Democracia e populismo autoritário. II. Internet, mídias sociais e liberdade de expressão. 1. O impacto da Internet. 2. O papel dos algoritmos. 3. Algumas consequências indesejáveis. III. Um quadro regulatório para as plataformas digitais. 1. Responsabilidade intermediária pelo conteúdo gerado pelo usuário. 2. Regras para moderação de conteúdo pelas plataformas. 2.1. Transparência e auditoria. 2.2. Devido processo e justiça. 3. Deveres mínimos para moderar conteúdo ilícito. IV. O papel da sociedade. V. Novos desenvolvimentos sobre o tema. 1. Estados Unidos: Twitter v. Taamneh e Gonzalez v. Google. 2. Brasil: não votação do PL 2630. 3. Brasil: declaração de inelegibilidade do ex-Presidente Jair Bolsonaro. VI. Conclusão do capítulo.

I Democracia e populismo autoritário

A democracia constitucional foi a ideologia que prevaleceu no século XX, na maior parte do planeta, superando os projetos alternativos que se apresentaram: comunismo, fascismo, nazismo, regimes militares e fundamentalismo religioso. O constitucionalismo democrático

---

[1] Artigo escrito em coautoria com Luna van Brussel Barroso. Esse texto foi publicado originariamente no *Chicago International Law Journal*, outono de 2023, sob o título *Democracy, Social Media, and Freedom of Expression*: Hate, lies, and the Search for the possible truth (tradução para o português feita com a colaboração de Matheus Verano).

gira em torno de duas ideias principais que se fundiram no final do século XX. O *constitucionalismo*, herdeiro das revoluções liberais na Inglaterra, Estados Unidos da América e França, expressa as ideias de poder limitado, Estado de direito e respeito aos direitos fundamentais. A *democracia*, por sua vez, é o regime de soberania popular, eleições livres e justas e governo da maioria. Em muitos países, a democracia só se consolidou verdadeiramente ao longo do século XX, com o sufrágio universal garantido pelo fim das restrições à participação política baseada em condição social, religião, raça, sexo ou nível de educação.[2]

As democracias contemporâneas são feitas de votos, direitos e razões. Elas não se limitam à integridade dos processos eleitorais, mas exigem, também, o respeito pelos direitos fundamentais de todos os cidadãos e um debate público permanente que informa e legitima as decisões políticas.[3] Para garantir a proteção desses três elementos essenciais, a maioria dos regimes democráticos inclui em sua estrutura constitucional uma suprema corte ou um tribunal constitucional com jurisdição para arbitrar as tensões inevitáveis que surgem entre democracia e constitucionalismo, ou seja, entre soberania popular e valores constitucionais.[4] Tais tribunais são, em última análise, as instituições responsáveis por proteger os direitos fundamentais e as regras do jogo democrático contra qualquer tentativa de abuso de poder por parte da maioria. Experiências recentes na Hungria, Polônia, Turquia, Venezuela e Nicarágua mostram que, quando falham em cumprir esse papel, a democracia entra em colapso ou sofre grandes retrocessos.[5]

Nos últimos anos, vários eventos desafiaram a prevalência do constitucionalismo democrático em muitas partes do mundo. Esse fenômeno tem sido caracterizado como recessão democrática,[6] retrocesso

---

[2] BARROSO, Luís Roberto. O constitucionalismo democrático ou neoconstitucionalismo como ideologia vitoriosa do século XX. *Revista Publicum*, v. 4, 2018. p. 14.
[3] DWORKIN, Ronald. *Is democracy possible here?* Princeton: Princeton University Press, 2008. p. 12; DWORKIN, Ronald. *Taking rights seriously*. Cambridge: Harvard University Press, 1997. p. 181.
[4] BARROSO, Luís Roberto. O constitucionalismo democrático ou neoconstitucionalismo como ideologia vitoriosa do século XX. *Revista Publicum*, v. 4, 2018. p. 14.
[5] ISSACHAROFF, Samuel. *Fragile Democracies*: Contested Power in the Era of Constitutional Courts. Cambridge: Cambridge University Press, 2015. p. 1.
[6] DIAMOND, Larry. Facing up to the Democratic Recession. *Journal of Democracy*, v. 26, 2015. p. 141.

democrático,⁷ constitucionalismo abusivo,⁸ autoritarismo competitivo,⁹ democracia iliberal,¹⁰ legalismo autocrático,¹¹ entre outros. Mesmo democracias consolidadas enfrentaram momentos de turbulência e descrédito institucional,¹² à medida que o mundo testemunhou a ascensão de uma onda populista autoritária, antipluralista e anti-institucional que representa séria ameaça à democracia.

Populismo pode ser de direita ou de esquerda,¹³ mas a onda recente tem sido caracterizada pela prevalência do extremismo de direita, frequentemente racista, xenófobo, misógino e homofóbico.¹⁴ Enquanto no passado existia uma Internacional Comunista, hoje é a extrema direita que tem uma grande rede global.¹⁵ A marca do populismo de direita é a divisão da sociedade em nós – o povo puro, decente e conservador – e eles – as elites corruptas, liberais e cosmopolitas. O populismo autoritário decorre dos desvãos da democracia,

---

[7] HUQ, Aziz; GINSBURG, Tom. How to Lose a Constitutional Democracy. *UCLA Law Review*, v. 65, 2018. p. 91.

[8] LANDAU, David. Abusive Constitutionalism. *U.C. Davis Law Review*, v. 47, 2013. p. 189.

[9] LEVITSKY, Steven; WAY, Lucan A. The rise of competitive authoritarianism. *Journal of Democracy*, v. 13, 2002. p. 51.

[10] Aparentemente, o termo foi utilizado pela primeira vez por ZAKARIA, Fareed. The rise of illiberal democracies. *Foreign Affairs*, v. 76, p. 22, 1997.

[11] SCHEPPELE, Kim Lane. Autocratic Legalism. *University of Chicago Law Review*, v. 85, 2018. p. 545.

[12] BALZ, Dan. A Year After Jan. 6, Are the guardrails that protect democracy real or illusory? *The Washington Post*, Washington, 6 jan. 2022. Disponível em: https://www.washingtonpost.com/politics/democracy-january-6/2022/01/06/2a1fc41e-6db4-11ec-a5d2-7712163262f0_story.html. Acesso em: 5 maio 2023; BREXIT: Reaction from around the UK. *BBC*, Londres, 24 jun. 2016. Disponível em: https://www.bbc.com/news/uk-politics-eu-referendum-36619444. Acesso em: 5 maio 2023.

[13] MUDDE, Cas. The populist zeitgeist. *Government and Opposition*, v. 39, 2014. p. 541-544.

[14] MUDDE, Cas. The populist zeitgeist. *Government and Opposition*, v. 39, 2014. p. 541; 544. Para uma discussão geral sobre o extremismo de direita na Índia, veja: SIYECH, Mohammed Sinan. An Introduction to Right-Wing Extremism in India. *New Eng. J. Pub. Pol.*, 1, 2021. p. 33. Para traçar a história do "Hindutva" e constatar que se tornou *mainstream* desde 2014 sob Modi, v. LEIDIG, Eviane. Hindutva as a Variant of Right-Wing Extremism. *Patterns of Prejudice*, v. 54, n. 3, p. 215-237, 2020. Para uma discussão do extremismo de direita no Brasil sob Bolsonaro, veja GOLDSTEIN, Ariel. Brazil leads the third wave of the Latin American far right. *C-REX – Center for Research on Extremism*, 1º mar. 2021. Disponível em: https://www.sv.uio.no/c-rex/english/news-and-events/right-now/2021/brazil-leads-the-third-wave-of-the-latin-american-.html. Acesso em: 5 maio 2023. Para uma discussão do extremismo de direita nos Estados Unidos sob Trump, veja JONES, Seth G. The rise of far-right extremism in the United States. *Center for Strategic & International Studies*, nov. 2018. Disponível em: https://www.csis.org/analysis/rise-far-right-extremism-united-states. Acesso em: 5 maio 2023.

[15] FAUSTO, Sergio. O desafio democrático. *Revista Piauí*, v. 8, 2022. p. 191.

das promessas não cumpridas de oportunidade e prosperidade para todos.[16] São muitos os fatores que levam a essa frustração democrática, dos quais se destacam três: *políticos* – as pessoas não se sentem representadas pelos sistemas eleitorais existentes, sentindo-se sem voz ou relevância –; *sociais* – pobreza, estagnação ou decréscimo de renda e aumento da desigualdade –; *cultural-identitários* – uma reação conservadora à agenda progressista de direitos humanos que prevaleceu nas últimas décadas, com a proteção dos direitos fundamentais de mulheres, afrodescendentes, minorias religiosas, gays, populações indígenas e meio ambiente.[17]

O populismo extremista-autoritário adota, muitas vezes, estratégias semelhantes em diferentes partes do mundo, incluindo: a) comunicação direta com apoiadores, mais recentemente por meio das redes sociais; b) contorno ou cooptação das instituições intermediárias que fazem a interface entre o povo e o governo, como o Legislativo, a imprensa e a sociedade civil; e c) ataques às supremas cortes e aos tribunais constitucionais, bem como tentativas de capturá-los por meio da nomeação de juízes submissos.[18] Como o título do presente artigo sugere, uma das principais preocupações nessa temática é o uso de campanhas de desinformação, discursos de ódio, crimes contra a honra, mentiras e teorias conspiratórias para avançar esses objetivos antidemocráticos. Essas táticas ameaçam a democracia e as eleições livres e justas, porque enganam os eleitores, violam direitos fundamentais, silenciam minorias e distorcem o debate público, minando os valores que justificam a proteção especial da liberdade de expressão. A "decadência da verdade"

---

[16] KUO, Ming-Sung. Against instantaneous democracy. *International Journal of Constitutional Law*, v. 17, p. 554-575, 2019. Disponível em: https://doi.org/10.1093/icon/moz029. Acesso em: 5 maio 2023. V. tb., ECPS – EUROPEAN CENTER FOR POPULISM STUDIES. *Digital Populism*. Disponível em: https://www.populismstudies.org/Vocabulary/digital-populism/. Acesso em: 5 maio 2023.

[17] Sobre o assunto, v.: BARROSO, Luís Roberto. Technological Revolution, Democratic Recession and Climate Change: The Limits of Law in a Changing World. *International Journal of Constitutional Law*, v. 18, p. 334-349, 2020.

[18] Para o uso das mídias sociais, v.: ENGESSER, Sven *et al*. Populism and Social Media: How Politicians Spread a Fragmented Ideology. *Information, Communication & Society*, v. 20, 2017. p. 1109. Sobre ataques à imprensa, v. WPFD 2021: Attacks on Press Freedom Growing Bolder Amid Rising Authoritarianism. *International Press Institute*, 30 abr. 2021. Disponível em: https://ipi.media/wpfd-2021-attacks-on-press-freedom-growing-bolder-amid-rising-authoritarianism/. Acesso em: 5 maio 2023. Para ataques ao Judiciário, v.: DICHO, Michael; LOGVINENKO, Igor. Authoritarian Populism, Courts and Democratic Erosion. *Just Security*, 11 fev. 2021. Disponível em: https://www.justsecurity.org/74624/authoritarian-populism-courts-and-democratic-erosion/. Acesso em: 5 maio 2023.

e a "polarização dos fatos" desacreditam as instituições e, consequentemente, fomentam a desconfiança na democracia".[19]

II Internet, mídias sociais e liberdade de expressão[20]

O mundo vive sob a égide da terceira revolução industrial, também conhecida como a revolução tecnológica ou digital.[21] Algumas de suas principais características são a massificação de computadores pessoais, a universalização dos telefones celulares inteligentes e, acima de tudo, a internet, conectando bilhões de pessoas no planeta. Um dos principais subprodutos da revolução digital e da internet foi o surgimento de plataformas de mídias sociais como o Facebook, Instagram, YouTube, TikTok e aplicativos de mensagens como o WhatsApp e Telegram. Vivemos em um mundo de *apps*, algoritmos, inteligência artificial e inovação em ritmo acelerado, em que nada parece realmente novo por muito tempo. Esse é o cenário em que se desenrola a narrativa a seguir.

1 O impacto da internet

A internet revolucionou o mundo da comunicação interpessoal e social, expandiu exponencialmente o acesso à informação e ao conhecimento e criou uma esfera pública em que qualquer um pode expressar ideias, opiniões e disseminar fatos.[22] Antes da internet, a participação no debate público dependia, principalmente, da imprensa profissional,[23]

---

[19] JACKSON, Vicki C. Knowledge institutions in constitutional democracies: reflections on the "press". *The Jorunal of Meida Law*, v. 14, 2022. p. 275. Disponível em: https://doi.org/10.1080/17577632.2022.2142733. Acesso em: 5 maio 2023.
[20] BARROSO, Luna van Brussel. *Liberdade de expressão e democracia na era digital*: o impacto das mídias sociais no mundo contemporâneo. Belo Horizonte: Fórum, 2022.
[21] A primeira revolução industrial é simbolizada pelo uso do vapor como fonte de energia, a partir do meio do século XVIII. A segunda teve início com o uso da eletricidade e a invenção do motor de combustão interna, na virada do século XIX para o XX. E já se fala da Quarta Revolução Industrial, fruto da fusão de tecnologias, que está afetando as fronteiras entre as esferas física, digital e biológica. Sobre esse último ponto, v. SCHWAB, Klaus. *A Quarta Revolução Industrial*. Tradução de Cássio Leite Vieira. 1. ed. São Paulo: Edipro, 2018.
[22] MAGARIAN, Gregory P. A internet e as mídias sociais. *In*: STONE, Adrienne; SCHAUER, Frederick. *Liberdade de expressão*. Oxford: Oxford University Press, 2021. p. 350-368.
[23] WU, Tim. Is the First Amendment Obsolete?. *In*: POZEN, David E. (Ed.). *The Perilous Public Square*. N. York: Columbia University Press, 2020. E-book.

que investigava fatos, seguia padrões da técnica e da ética jornalística[24] e era responsável por danos se publicasse informações falsas, deliberadamente ou por negligência.[25] Havia controle editorial e responsabilidade civil relativamente à qualidade e à veracidade do que era publicado. Isso não significa que fosse um mundo perfeito. O número de meios de comunicação é limitado e nem sempre plural, empresas jornalísticas têm seus próprios interesses e nem todas distinguem com o cuidado necessário fato de opinião. Ainda assim, havia um grau mais refinado de controle sobre o que se tornava público, bem como consequências negativas pela publicação de notícias falsas ou discursos de ódio.

A internet, com o surgimento de sites, *blogs* pessoais e redes sociais, revolucionou esse universo. Criou comunidades *on-line* para textos, imagens, vídeos e *links* gerados pelo usuário, publicados sem controle editorial e sem custo. Tais inovações amplificaram o número de pessoas que participam do debate público, diversificaram as fontes de informação e aumentaram exponencialmente o acesso a elas.[26] Essa nova realidade deu voz às minorias, à sociedade civil, aos políticos, aos agentes públicos, aos influenciadores digitais e permitiu que as demandas por igualdade e democracia adquirissem dimensões globais. Tudo isso representou uma poderosa contribuição para o dinamismo político e a resistência ao autoritarismo, e estimulou a criatividade, o conhecimento científico e as trocas comerciais.[27] Cada vez mais, as comunicações políticas, sociais e culturais relevantes ocorrem através desse meio.

No entanto, o surgimento das redes sociais também levou a um aumento exponencial na disseminação de discurso abusivo e criminoso. Embora essas plataformas não tenham criado desinformação, discursos de ódio ou discursos que atacam a democracia, a capacidade de publicar livremente, sem controle editorial e com pouca ou nenhuma

---

[24] A ética jornalística inclui a distinção entre fato e opinião, verificação da veracidade do que é publicado, não ter interesse próprio no assunto relatado, ouvir o outro lado e retificar erros. Para um exemplo de carta internacional de ética jornalística, v. GLOBAL Charter of Ethics for Journalists. *The International Federation of Journalists*, jun. 2019. Disponível em: https://perma.cc/7A2C-JD2S. Acesso em: 5 maio 2023.

[25] *E.g.*, *New York Times Co. v.* Sullivan, 376 U.S. 254, 1964.

[26] BALKIN, Jack M. Free Speech is a Triangle. *Columbia Law Review*, v. 118, n. 7, p. 2011-2056, 2018. Disponível em: https://columbialawreview.org/wp-content/uploads/2018/11/Balkin-FREE_SPEECH_IS_A_TRIANGLE.pdf. Acesso em: 5 maio 2023.

[27] MAGARIAN, Gregory P. The Internet and Social Media. *In*: STONE, Adrienne; SCHAUER, Frederick (Eds.). *Freedom of Speech*. Oxford: Oxford University Press, 2021. p. 350-368.

responsabilidade, aumentou o uso dessas táticas. Além disso, e mais fundamentalmente, os modelos de negócio das plataformas agravaram o problema pela utilização de algoritmos que controlam e distribuem conteúdo *on-line*.

2 O papel dos algoritmos

A capacidade de participar e de ser ouvido no discurso público *on-line* é atualmente definida pelos algoritmos de moderação de conteúdo das grandes empresas de tecnologia. Embora as plataformas digitais tenham se apresentado inicialmente como espaços neutros, em que os usuários poderiam publicar livremente, elas na verdade desempenham funções legislativas, executivas e judiciais, pois (i) instituem unilateralmente as regras de discurso em seus termos e condições, (ii) definem, por seus algoritmos, como o conteúdo é distribuído e moderado e, por fim, (iii) decidem como essas regras são aplicadas.[28]

Especificamente, as plataformas digitais dependem de algoritmos para duas funções diferentes: recomendar e moderar conteúdo.[29] Primeiramente, um aspecto fundamental do serviço que oferece envolve a curadoria do conteúdo disponível, de modo a proporcionar a cada usuário uma experiência personalizada e aumentar o tempo gasto *on-line*. Elas recorrem a algoritmos de *deep learning* que monitoram cada ação na plataforma, extraem dados e preveem qual conteúdo manterá um usuário específico engajado e ativo, com base em sua atividade anterior ou de usuários semelhantes.[30] A transição de um mundo de escassez de informação para um mundo de abundância de informação gerou uma concorrência acirrada pela *atenção* do usuário – esse, sim, o recurso escasso na era digital.[31] Portanto, o poder de modificar o

---

[28] KADRI, Thomas E.; KLONICK, Kate. Facebook v. Sullivan: public figures and newsworthiness in online speech. *Southern California Law Review*, v. 93, p. 37-99, 2019. p. 94. Disponível em: https://scholarship.law.stjohns.edu/faculty_publications/292/. Acesso em: 5 maio 2023.
[29] ELKIN-KOREN, Niva; PEREL, Maayan. Speech Contestation by Design: Democratizing Speech Governance by AI. *Florida State University Law Review*. Forthcoming. Disponível em: https://papers.ssrn.com/sol3/papers.cfm?abstract_id=4129341https://papers.ssrn.com/sol3/papers.cfm?abstract_id=4129341. Acesso em: 5 maio 2023.
[30] MESEROLE, Chris. How do recommender systems work on digital platforms? *Tech Stream, Brookings*, 21 set. 2022. Disponível em: https://www.brookings.edu/techstream/how-do-recommender-systems-work-on-digital-platforms-social-media-recommendation-algorithms/. Acesso em: 5 maio 2023.
[31] SHAFFER, Kris. *Data versus democracy*: how big data algorithms shape opinions and alter the course of history. Colorado: Apress, 2019. p. 11-15.

ambiente informacional de uma pessoa tem um impacto direto no seu comportamento e nas suas crenças. E como os sistemas de IA podem rastrear o histórico *on-line* de um indivíduo, eles podem adaptar mensagens específicas para maximizar o impacto. Mais importante ainda, eles monitoram como o usuário interage com a mensagem personalizada, utilizando esse *feedback* para influenciar a segmentação de conteúdo futuro, tornando-se cada vez mais eficazes na moldagem de comportamentos.[32] Dado que os seres humanos se envolvem mais com conteúdo polarizador e provocativo, esses algoritmos acabam por provocar emoções fortes, incluindo raiva.[33] O poder de organizar o conteúdo *on-line*, portanto, tem impactos diretos sobre a liberdade de expressão, o pluralismo e a democracia.[34]

Além dos sistemas de recomendação, as plataformas também dependem de algoritmos para a moderação de conteúdo, que consiste na prática de classificar o conteúdo para verificar se viola os padrões da comunidade.[35] Como mencionado, o crescimento das redes sociais e seu uso por pessoas ao redor do mundo permitiram a propagação da ignorância, mentiras e a prática de crimes de diferentes naturezas com pouco custo e quase nenhuma responsabilização, ameaçando a estabilidade até mesmo de democracias duradouras. Nesse cenário, tornou-se inevitável a criação e imposição de termos e condições que definem os valores e normas que cada plataforma deseja para sua comunidade digital e que pautarão a moderação do discurso.[36] Mas a quantidade

---

[32] RUSSELL, Stuart. *Human Compatible*: Artificial Intelligence and the Problem of Control. N. York: Penguin Books, 2019.

[33] V. SHAFFER, Kris. *Data versus* democracy: how big data algorithms shape opinions and alter the course of history. Colorado: Apress, 2019. p. 11-15.

[34] Mais recentemente, com o avanço da neurociência, as plataformas aprimoraram sua capacidade de manipular e mudar nossas emoções, sentimentos e, consequentemente, nosso comportamento de acordo não com nossos próprios interesses, mas com os deles (ou daqueles a quem vendem este serviço). Nesse contexto, já se fala em um novo direito fundamental à liberdade cognitiva, à autodeterminação mental ou ao direito ao livre arbítrio.

[35] A moderação de conteúdo refere-se a "sistemas que classificam o conteúdo gerado pelo usuário com base em correspondência ou previsão, resultando em uma decisão e governança (por exemplo, remoção, bloqueio geográfico, suspensão de conta)" (ORWA, Robert; BINNS, Reuben; KATZENBACH, Christian. Moderação de conteúdo algorítmico: desafios técnicos e políticos na automação da governança de plataformas. *Big Data & Society*, v. 7, p. 1-15, 2020. Disponível em: https://journals.sagepub.com/doi/full/10.1177/2053951719897945. Acesso em: 7 maio 2023.

[36] BALKIN, Jack M. Free speech in the algorithmic society: big data, private governance, and new school speech regulation. *University of California*, Davis, v. 51, p. 1149-1210, 2018. Disponível em: https://lawreview.law.ucdavis.edu/issues/51/3/Essays/51-3_Balkin.pdf. Acesso em: 7 maio 2023.

potencialmente infinita de conteúdo publicado *on-line* significa que esse controle não pode ser exercido exclusivamente por seres humanos.

Algoritmos de moderação de conteúdo otimizam a varredura do material publicado *on-line* para identificar violações dos padrões da comunidade ou termos de serviço em escala e aplicar medidas que variam desde remoção até redução/amplificação do alcance ou inclusão de esclarecimentos ou referências a informações alternativas. As plataformas frequentemente dependem de dois modelos algorítmicos para moderação de conteúdo. O primeiro é o modelo de *detecção de reprodução*, que usa o *hashing*, uma tecnologia que atribui um ID único a textos, imagens e vídeos, para identificar reproduções idênticas de conteúdo previamente rotulado como indesejado.[37] O segundo sistema, o *modelo preditivo*, usa técnicas de *machine learning* para identificar potenciais ilegalidades em conteúdo novo e não classificado.[38] O *machine learning* é um subtipo de inteligência artificial que depende de algoritmos treinados em vez de programados, capazes de aprender a partir de dados sem codificação explícita.[39] Embora úteis, ambos os modelos têm limitações.

O modelo de detecção de reprodução é ineficiente para conteúdos como discurso de ódio e desinformação, em que o potencial de novas e diferentes publicações é praticamente ilimitado e os usuários podem fazer alterações deliberadas para evitar a detecção.[40] O *modelo preditivo*, por sua vez, ainda é limitado em sua capacidade de lidar com situações às quais não foi exposto durante o treinamento, principalmente

---

[37] THAKUR, Dhanaraj; LLANSÓ, Emma. Do you see what I see? capabilities and limits of automated multimedia content analysis. *Center for Democracy & Technology*, Washington, 20 maio 2021. Disponível em: https://cdt.org/insights/do-you-see-what-i-see-capabilities-and-limits-of-automated-multimedia-content-analysis/. Acesso em: 7 maio 2023.

[38] Idem.

[39] WOOLDRIDGE, Michael. *A Brief History of Artificial Intelligence*: What It Is, Where We Are, and Where We Are Going. New York: Flatiron Book, 2021.

[40] No entanto, essa tecnologia tem sido eficaz no combate à pornografia infantil, que muitas vezes envolve a reprodução de imagens repetidas, dada a dificuldade de produzir esse conteúdo do zero. As empresas de tecnologia mantêm um banco de dados compartilhado e, portanto, são capazes de lidar com esse material com relativa eficiência. Essa tecnologia também é frequentemente usada para conteúdo terrorista e de direitos autorais (BUCKMAN, Ian. Hashing it out: how an automated crackdown on child pornography is shaping the Fourth Amendment. *Berkeley Journal of Criminal Law*, Berkeley, 13 abr. 2021. Disponível em: https://www.bjcl.org/blog/hashing-it-out-how-an-automated-crackdown-on-child-pornography-is-shaping-the-fourth-amendment/. Acesso em: 7 maio 2023; FUSSEL, Sidney. Why the New Zealand shooting video keeps circulating. *The Atlantic*, 21 mar. 2019. Disponível em: https://www.theatlantic.com/technology/archive/2019/03/facebook-youtube-new-zealand-tragedy-video/585418/. Acesso em: 7 maio 2023).

por uma incapacidade de entender significados e levar em conta considerações contextuais que influenciam a legitimidade do discurso.[41] Além disso, os algoritmos de *machine learning* também dependem de dados coletados do mundo real e podem incorporar preconceitos ou vieses, levando a aplicações assimétricas do filtro. E como os conjuntos de dados de treinamento são muito grandes, é difícil auditá-los para detectar essas falhas.

Apesar dessas limitações, os algoritmos continuarão a ser um recurso crucial no monitoramento de conteúdo, dada a escala das atividades *on-line*.[42] Somente nos últimos dois meses de 2020, o Facebook aplicou alguma medida de moderação de conteúdo a 105 milhões de publicações, e o Instagram, a 35 milhões. O YouTube tem 500 horas de vídeo carregadas por minuto e removeu mais de 9,3 milhões de vídeos. No primeiro semestre de 2020, o Twitter analisou reclamações relacionadas a 12,4 milhões de contas em potencial violação de suas regras e removeu 1,9 milhões.[43] Portanto, o monitoramento humano é impossível, e os algoritmos são uma ferramenta necessária para reduzir a disseminação de conteúdo ilícito e prejudicial. Responsabilizar as plataformas por erros ocasionais nesses sistemas criaria incentivos errados para abandonar os algoritmos na moderação de conteúdo, com a consequência negativa de aumentar significativamente a propagação do discurso indesejado. Por outro lado, reivindicações genéricas para que as plataformas implementem algoritmos para otimizar a moderação de conteúdo, ou leis que imponham prazos muito curtos para

---

[41] A compreensão da linguagem natural é prejudicada pela ambiguidade da linguagem, dependência contextual de palavras não imediatamente próximas, referências, metáforas e regras de semântica geral. A compreensão da linguagem de fato requer conhecimento ilimitado de senso comum sobre o mundo real, que os humanos possuem e é impossível de codificar (LARSON, Erik J. The Myth of Artificial Intelligence: Why Computers Can't Think the Way We Do. *Belknap Press*, abr. 2021). Um caso decidido pelo Conselho de Supervisão do Facebook ilustra o ponto: o filtro preditivo da empresa para combater pornografia removeu imagens de uma campanha de conscientização sobre câncer de mama, um conteúdo claramente legítimo que não deveria ser alvo do algoritmo. No entanto, com base no treinamento prévio, o algoritmo removeu a publicação porque detectou pornografia e não conseguiu levar em consideração o contexto de que se tratava de uma campanha de saúde legítima (FACEBOOK OVERSIGHT BOARD. *Case 2020-004-IG-UA, Breast Cancer Symptoms and nudity*. Disponível em: https://www.oversightboard.com/decision/IG-7THR3SI1. Acesso em: 7 maio 2023).

[42] DOUEK, Evelyn. Governing online speech. *Columbia Law Review*, v. 121, n. 3, 2021. p. 791. Disponível em: https://columbialawreview.org/wp-content/uploads/2021/04/Douek-Governing_Online_Speech-from_Posts_As-Trumps_To_Proportionality_And_Probability.pdf. Acesso em: 7 maio 2023.

[43] Idem.

responder a solicitações de remoção enviadas pelos usuários, podem criar pressão excessiva para o uso desses sistemas imprecisos em uma escala maior. Reconhecer as limitações dessa tecnologia é fundamental para uma regulamentação precisa.

3 Algumas consequências indesejáveis

Um dos impactos mais marcantes deste novo ambiente informacional é o aumento exponencial na escala das comunicações sociais e na circulação de notícias. Ao redor do mundo, jornais, publicações impressas e estações de rádio têm alguns milhares de leitores e ouvintes.[44] A televisão atinge milhões de espectadores, embora diluídos em dezenas ou centenas de canais. Por outro lado, o Facebook tem cerca de 3 bilhões de usuários ativos.[45] O YouTube tem 2,5 bilhões de contas.[46] O WhatsApp, mais de 2 bilhões.[47] Os números são desconcertantes. No entanto, como já assinalado, assim como democratizou o acesso ao conhecimento, à informação e ao espaço público, a revolução digital também introduziu consequências negativas que devem ser abordadas. São elas:

a) *o aumento da circulação de desinformação*, mentiras deliberadas, discursos de ódio, teorias conspiratórias, ataques à democracia e comportamentos inautênticos, potencializados por algoritmos de recomendação que otimizam o engajamento do usuário e algoritmos de moderação de conteúdo que ainda são incapazes de identificar adequadamente conteúdo indesejável;

---

[44] MINOW, Martha. *Saving the Press*: why the Constitution calls for government action to preserve freedom of speech. Oxford: Oxford University Press, 2021. p. 20. Por exemplo, o jornal mais vendido do mundo, *The New York Times*, encerrou o ano de 2022 com cerca de 10 milhões de assinantes, entre digitais e impressas (Disponível em: https://www.nytimes.com/2022/11/02/business/media/nyt-q3-2022-earnings.html). A revista *The Economist* teve aproximadamente 1,5 milhão em dados de 2019 (Disponível em: https://en.wikipedia.org/wiki/The_Economist). Em todo o mundo, são raras as publicações que atingem um milhão de assinantes (THESE are the most popular paid ubscription news websites. *Wordl Econ. F.*, 29 abr. 2021. Disponível em: https://perma.cc/L2MK-VPNX).

[45] FACEBOOK statistics and trends. *Datareportal*, 19 fev. 2023. Disponível em: https://datareportal.com/essential-facebook-stats. Acesso em: 8 maio 2023.

[46] YOUTUBE User Statistic. *Global Media Insight*, 27 fev. 2023. Disponível em: https://www.globalmediainsight.com/blog/youtube-users-statistics/. Acesso em: 8 maio 2023.

[47] WHATSAPP 2023 User Statistics: How Many People Use WhatsApp? *Backlinko*, 5 jan. 2023. Disponível em: ⊕ https://backlinko.com/whatsapp-users. Acesso em: 8 maio 2023.

b) *a tribalização da vida*, com a formação de câmaras de eco em que grupos falam apenas para si mesmos, reforçando o viés de confirmação,[48] tornando o discurso progressivamente mais radical e contribuindo para a polarização e intolerância;
c) *uma crise global no modelo de negócios da imprensa profissional*. Embora as plataformas de mídia social tenham se tornado uma das principais fontes de informação, elas não produzem seu próprio conteúdo. Elas contratam engenheiros, não repórteres, e seu interesse é o engajamento, não as notícias.[49] No entanto, com a migração da maior parte da publicidade para plataformas tecnológicas, a imprensa sofreu com a falta de receita, o que forçou centenas de publicações, nacionais e locais, a fechar as portas ou demitir jornalistas.[50] Mas imprensa livre e forte é vital para uma sociedade aberta e livre.

A imprensa profissional, tradicional e institucional é mais do que um negócio privado. Ela serve ao interesse público na busca pela verdade possível em um mundo plural e na disseminação de notícias, opiniões e ideias, condições indispensáveis para o exercício informado da cidadania. O conhecimento e a verdade – nunca absolutos, mas sinceramente buscados – são elementos essenciais para o funcionamento de uma democracia constitucional. Os cidadãos precisam compartilhar um conjunto mínimo de fatos objetivos comuns a partir dos quais formam os seus próprios juízos de valor. Se eles não puderem aceitar os mesmos fatos, o debate público se torna impossível. Intolerância e violência são produtos da incapacidade de se comunicar. Daí a importância das "instituições do conhecimento", como universidades, entidades de pesquisa e imprensa institucional. Sintomaticamente, em diferentes partes do mundo, a imprensa é um dos poucos negócios privados especificamente mencionados na Constituição. Apesar de sua importância

---

[48] Viés de confirmação (*confirmation bias*) é um obstáculo ao bom pensamento, pois busca apenas informações que correspondem ao que alguém já acredita.
[49] MINOW, Martha. *Saving the Press*: why the Constitution calls for government action to preserve freedom of speech. Oxford: Oxford University Press, 2021. p. 49.
[50] MINOW, Martha. *Saving the Press*: why the Constitution calls for government action to preserve freedom of speech. Oxford: Oxford University Press, 2021. p. 3; 11.

para a sociedade e para a democracia, pesquisas revelam o declínio no prestígio do ensino superior e da imprensa.⁵¹ Isso é preocupante.

No início da revolução digital, havia a crença de que a internet deveria ser um espaço livre, aberto e não regulado, tanto do ponto de vista econômico e comercial, quanto da perspectiva da liberdade de expressão. Com o tempo, surgiram preocupações de diferentes ordens, e a necessidade de regulação da internet gradualmente se tornou um consenso, com abordagens propostas em diferentes áreas,⁵² incluindo: a) *econômica*, por meio de legislação antitruste, proteção ao consumidor, tributação justa e respeito aos direitos autorais; b) *privacidade*, por meio de leis que restringem a coleta de dados do usuário sem consentimento, para direcionamento de conteúdo ou comercialização; e c) *combate aos comportamentos inautênticos, controle de conteúdo e regras de responsabilidade da plataforma*.

Encontrar o equilíbrio adequado entre a indispensável preservação da liberdade de expressão, de um lado, e a repressão do conteúdo ilegal nas redes sociais, de outro, é um dos problemas mais complexos de nossa geração. A liberdade de expressão é um direito fundamental incorporado em praticamente todas as constituições contemporâneas e, em muitos países, é considerada uma liberdade preferencial, que deve prevalecer *prima facie* quando em confronto com outros valores. Várias razões procuram justificar a sua proteção especial, incluindo: (i) *a busca pela verdade possível* em uma sociedade aberta e plural; (ii) como *elemento essencial para a democracia*, pois permite a livre circulação de ideias, informações e pontos de vista que informam a opinião pública e o voto; e (iii) como *elemento essencial da dignidade humana*, permitindo a expressão da personalidade de cada pessoa.

A regulação das plataformas digitais não pode comprometer esses valores. Pelo contrário, deve visar a sua proteção e fortalecimento. No entanto, na era digital, esses mesmos valores que historicamente

---

[51] Sobre a importância do papel da imprensa como instituição de interesse público e sua "relação crucial" com a democracia, v. MINOW, Martha. *Saving the Press*: why the Constitution calls for government action to preserve freedom of speech. Oxford: Oxford University Press, 2021. p. 35. Sobre a imprensa como uma "instituição de conhecimento", a ideia de "imprensa institucional" e dados sobre a perda de prestígio de jornais e estações de televisão, v. JACKSON, Vicki C. Knowledge Institutions in Constitutional Democracy: reflections on "the press". *Journal of Media Law*, v. 14, n. 2. p. 280 e ss.

[52] BALKIN, Jack M. How to Regulate (and Not Regulate) Social Media. *Journal of Free Speech Law*, v. 71, 2021; *Knight Institute Occasional Paper Series*, n. 1, March 2020; Yale Law School, *Public Law Research Paper Forthcoming*, 20 nov. 2019. Disponível em: https://papers.ssrn.com/sol3/papers.cfm?abstract_id=3484114. Acesso em: 7 maio 2023.

justificaram a proteção reforçada da liberdade de expressão agora podem justificar a sua regulação. Como o Secretário-Geral da ONU, António Guterres, registrou com propriedade: "A capacidade de promover desinformação em larga escala e minar fatos cientificamente estabelecidos é um risco existencial para a humanidade".[53]

Dois aspectos do modelo de negócio da internet são particularmente problemáticos. O primeiro é que, embora o acesso à maioria das plataformas e aplicativos tecnológicos seja gratuito, os usuários pagam pelo acesso com sua privacidade.[54] Como Lawrence Lessig observou, assistimos à televisão, mas a internet assiste a nós. Tudo o que fazemos *on-line* é monitorado e monetizado. Os dados são o novo ouro.[55] O segundo aspecto é que os algoritmos são programados para maximizar o tempo gasto *on-line*, o que muitas vezes leva à amplificação de conteúdo provocativo, radical e agressivo. Isso compromete a liberdade de expressão, porque, ao visar ao engajamento, os algoritmos sacrificam a busca pela verdade – com a ampla circulação de *fake news* –, a democracia – com ataques às instituições e defesa de golpes e autoritarismo – e a dignidade humana – com ofensas, ameaças, racismo e outros. A busca por atenção e engajamento para obter receita nem sempre é compatível com os valores que sustentam a proteção da liberdade de expressão.

III Um modelo regulatório para as redes sociais

Os modelos de regulação de plataformas podem ser amplamente classificados em três categorias. A primeira é a (a) *regulação estatal ou governamental*, por meio de legislação e regras que criam um arcabouço obrigatório e abrangente; (b) *autorregulação*, por meio de regras elaboradas pelas próprias plataformas e materializadas em seus termos de uso; e (c) *autorregulação regulada ou corregulação*, por meio de padrões fixados pelo Estado, mas com flexibilidade das plataformas em materializá-los e implementá-los. Este artigo defende o terceiro modelo, com uma combinação adequada de responsabilidades governamentais e privadas. O cumprimento das regras deve ser supervisionado por

---

[53] A GLOBAL dialogue to guide regulation worldwide. *Unesco*, 2023. Disponível em: https://www.unesco.org/en/internet-conference. Acesso em: 8 maio 2023.

[54] BEYER, R. Can we fix what's wrong with social media? *Yale Law Report*, verão de 2022.

[55] LESSIG, Lawrence. *They don't represent us*: reclaiming our democracy. Providence: Dey Street Books, 2019. p. 105.

um comitê independente, com minoria de representantes do governo e maioria de representantes do setor empresarial, academia, entidades de tecnologia, usuários e sociedade civil.

O quadro regulatório deve visar à redução da assimetria de informações entre as plataformas e os usuários, salvaguardar o direito fundamental à liberdade de expressão de intervenções privadas ou estatais indevidas e proteger e fortalecer a democracia. As limitações técnicas atuais dos algoritmos de moderação de conteúdo exploradas acima e a discordância substancial sobre o que deve ser considerado ilegal ou prejudicial trazem uma implicação inevitável: o objetivo da regulamentação deve ser encontrar um modelo capaz de otimizar o equilíbrio entre os direitos fundamentais dos usuários e das plataformas, reconhecendo que sempre haverá casos em que o consenso é inatingível. O foco da regulamentação deve ser o desenvolvimento de procedimentos adequados para a moderação de conteúdo, capazes de minimizar erros e legitimar decisões, mesmo quando alguém discorda do resultado substantivo.[56] Com essas premissas como pano de fundo, a proposta de regulação formulada aqui é dividida em três níveis: (i) o modelo apropriado de responsabilidade intermediária para conteúdo gerado pelo usuário; (ii) deveres procedimentais para a moderação de conteúdo; e (iii) deveres mínimos para moderar conteúdo que represente ameaças concretas à democracia e/ou à liberdade de expressão em si.

1 Responsabilidade intermediária por conteúdo gerado pelo usuário

Existem três regimes principais de responsabilidade da plataforma pelo conteúdo de terceiros. Nos modelos de *responsabilidade objetiva*, as plataformas são responsáveis por todas as postagens geradas pelos usuários. Como as plataformas não têm controle editorial sobre o que é postado e não têm condições materiais de supervisionar milhões de postagens feitas diariamente, esse regime seria potencialmente destrutivo

---

[56] DOUEK, Evelyn. Governing online speech. *Columbia Law Review*, v. 121, abr. 2021. p. 791. Disponível em: https://columbialawreview.org/wp-content/uploads/2021/04/Douek-Governing_Online_Speech-from_Posts_As-Trumps_To_Proportionality_And_Probability.pdf. Acesso em: 8 maio 2023; ZITTRAIN, Jonathan. Answering impossible questions: content governance in an age of disinformation. *Harvard Kennedy School – Misinformation Review*, 4 jan. 2020. Disponível em: https://misinforeview.hks.harvard.edu/article/content-governance-in-an-age-of-disinformation/. Acesso em: 8 maio 2023.

e, por isso, não foi adotado por nenhuma democracia. No modelo de *responsabilidade subjetiva após notificação extrajudicial*, a responsabilidade das plataformas surgiria se elas não agissem para remover o conteúdo após uma notificação extrajudicial dos usuários. Por fim, na *responsabilidade subjetiva após decisão judicial*, as plataformas seriam responsáveis pelo conteúdo postado pelos usuários somente em caso de não conformidade com uma ordem judicial de remoção do conteúdo. Este último modelo foi adotado no Brasil com o Marco Civil da Internet. A única exceção na legislação brasileira a essa regra geral é a chamada *pornografia de vingança*:[57] se houver violação da intimidade resultante da divulgação, sem consentimento dos participantes, de imagens, vídeos ou outros materiais contendo nudez privada ou atos sexuais privados, a notificação extrajudicial é suficiente para criar uma obrigação de remoção do conteúdo sob pena de responsabilidade.

Em nossa opinião, a regra geral prevista no modelo brasileiro, embora possa comportar exceções, é a que equilibra mais adequadamente os direitos fundamentais envolvidos.[58] Como mencionado, nos casos mais complexos relacionados à liberdade de expressão, as pessoas vão discordar sobre a legalidade do discurso. Regras que responsabilizam as plataformas por não remover o conteúdo após uma simples notificação do usuário criam incentivos para a remoção excessiva de qualquer conteúdo potencialmente controverso, restringindo excessivamente a liberdade de expressão dos usuários. Ou seja: haveria um incentivo para remover todo o conteúdo que ofereça risco de ser

---

[57] "Art. 21. O provedor de aplicações de internet que disponibilize conteúdo gerado por terceiros será responsabilizado subsidiariamente pela violação da intimidade decorrente da divulgação, sem autorização de seus participantes, de imagens, de vídeos ou de outros materiais contendo cenas de nudez ou de atos sexuais de caráter privado quando, após o recebimento de notificação pelo participante ou seu representante legal, deixar de promover, de forma diligente, no âmbito e nos limites técnicos do seu serviço, a indisponibilização desse conteúdo. Parágrafo único. A notificação prevista no caput deverá conter, sob pena de nulidade, elementos que permitam a identificação específica do material apontado como violador da intimidade do participante e a verificação da legitimidade para apresentação do pedido".

[58] Em pronunciamento na Conferência Global da Unesco "Por uma Internet de Confiança", em 23.2.2023, o primeiro autor defendeu as ideias a seguir. No caso de comportamentos criminosos, as plataformas devem remover os conteúdos ilícitos de ofício, isto é, independentemente de provocação. Em casos de clara violação de direitos, como compartilhamento de fotos íntimas sem autorização e violação de direitos autorais, entre outras, as plataformas devem remover o conteúdo imediatamente após a notificação da parte interessada. Nos demais casos, sobretudo onde possa haver dúvida razoável, a remoção deve se dar após a primeira ordem judicial.

considerado ilícito pelos tribunais para evitar a responsabilidade,[59] criando um ambiente de autocensura.

No entanto, esse regime de responsabilidade deve coexistir com uma estrutura regulatória mais ampla impondo princípios, limites e deveres à moderação de conteúdo pelas plataformas digitais, tanto para aumentar sua legitimidade na aplicação de seus próprios termos e condições, quanto para minimizar os impactos potencialmente devastadores de discursos ilícitos ou prejudiciais.

2 Regras para moderação de conteúdo pelas plataformas

As plataformas têm liberdade de iniciativa e de expressão para definir suas próprias regras e decidir o tipo de ambiente que desejam criar, bem como moderar conteúdo prejudicial que poderia afastar os usuários. No entanto, porque esses algoritmos de moderação de conteúdo são os novos governantes da esfera pública[60] e definem a capacidade de participar e ser ouvido no discurso público *on-line*, as plataformas devem atender a deveres procedimentais mínimos de transparência, auditoria, devido processo e isonomia.

a) Transparência e auditoria

As medidas de transparência e auditoria têm como principal objetivo garantir que as plataformas sejam responsabilizáveis (*accountable*) pelas decisões de moderação de conteúdo e pelos impactos de seus algoritmos. Elas fornecem aos usuários um maior entendimento e conhecimento sobre a intensidade com que as plataformas regulam o discurso, e dão aos órgãos de supervisão e aos pesquisadores informações para entender as ameaças advindas dos serviços digitais e o papel das plataformas em amplificá-las ou minimizá-las.

Impulsionado pelas demandas da sociedade civil, várias plataformas digitais já publicam relatórios de transparência. No entanto, a falta

---

[59] BALKIN, Jack M. Free Speech is a Triangle. *Columbia Law Review*, v. 118, p. 2011-2056, 2018. Disponível em: https://columbialawreview.org/wp-content/uploads/2018/11/Balkin-FREE_SPEECH_IS_A_TRIANGLE.pdf. Acesso em: 7 maio 2023.
[60] KLONICK, Kate. The new governors: the people, rules, and processes governing online speech. *Harvard Law Review*, v. 131, p. 1598-1670, 2018. Disponível em: https://harvardlawreview.org/2018/04/the-new-governors-the-people-rules-and-processes-governing-online-speech/. Acesso em: 7 maio 2023.

de normas vinculativas significa que esses relatórios têm lacunas relevantes, inexistindo verificação independente das informações fornecidas,[61] tampouco padronização entre as plataformas, o que impede a análise comparativa.[62] Nesse contexto, iniciativas regulatórias que imponham requisitos e padrões mínimos são cruciais para tornar a supervisão mais eficaz. Por outro lado, critérios de transparência excessivamente amplos podem forçar as plataformas a adotar regras de moderação de conteúdo mais simples para reduzir custos, com impacto negativo na precisão da moderação de conteúdo ou na qualidade da experiência do usuário.[63] Uma abordagem escalonada para a transparência, em que certas informações são públicas e outras informações são limitadas a órgãos de supervisão ou pesquisadores previamente qualificados, garante proteção adequada a interesses contrapostos, como privacidade do usuário e confidencialidade empresarial.[64] O *Digital Services Act*, aprovado pela União Europeia em 16.11.2022, contém disposições robustas de transparência que, no geral, estão alinhadas com essas considerações.[65]

As informações que devem ser publicamente fornecidas incluem, entre outras coisas, termos de uso claros e inequívocos, as sanções disponíveis para lidar com violações (remoção, redução de amplificação, esclarecimentos, suspensão de conta etc.) e a divisão de trabalho entre algoritmos e humanos. Mais importante ainda, os relatórios públicos de

---

[61] HUMAN RIGHTS COMMITTEE. *Report of the Special Rapporteur on the promotion and protection of the right to freedom of opinion and expression*. UN Doc A/HRC/32/38. 11 maio 2016. Disponível em: https://undocs.org/en/A/HRC/32/38. Acesso em: 8 maio 2023.

[62] LEERSSEN, Paddy. The soap box as a black box: regulating transparency in social media recommender systems. *European Journal of Law and Technology*, v. 11, 2020. Disponível em: https://ssrn.com/abstract=3544009. Acesso em: 7 maio 2023.

[63] KELLER, Daphne. Some humility about transparency. *The Center for Internet and Society Blog*, 19 mar. 2021. Disponível em: https://cyberlaw.stanford.edu/blog/2021/03/some-humility-about-transparency. Acesso em: 7 maio 2023.

[64] MACCARTHY, Mark. Transparency requirements for digital social media platforms: recommendations for policy makers and industry. *Transatlantic Working Group*, 24 jun. 2020. Disponível em: https://ssrn.com/abstract=3615726 ou http://dx.doi.org/10.2139/ssrn.3615726. Acesso em: 8 maio 2023.

[65] O Ato de Serviços Digitais – DSA (promulgado juntamente com o Ato de Mercados Digitais – DMA) foi aprovado pelo Parlamento Europeu em 5.7.2022 e em 4.10.2022 o Conselho Europeu deu sua aprovação final à regulamentação. O DSA aumenta a transparência e a responsabilidade das plataformas, fornecendo, por exemplo, a obrigação de "informações claras sobre moderação de conteúdo ou o uso de algoritmos para recomendar conteúdo (os chamados sistemas de recomendação); os usuários poderão contestar decisões de moderação de conteúdo" (Disponível em: https://www.europarl.europa.eu/news/en/press-room/20220701IPR34364/digital-services-landmark-rules-adopted-for-a-safer-open-online-environment).

transparência devem incluir informações sobre a precisão das medidas de moderação automatizada e o número de ações de moderação de conteúdo desagregadas por tipo (remoção, bloqueio, exclusão de conta etc.).[66] Também deve haver obrigações de transparência para pesquisadores, dando-lhes acesso a informações e estatísticas cruciais, incluindo o conteúdo analisado para as decisões de moderação de conteúdo.[67]

Embora valiosos, os requisitos de transparência são insuficientes para promover a responsabilização adequada porque dependem de usuários e pesquisadores para monitorar ativamente a conduta da plataforma e pressupõem que eles tenham o poder de chamar a atenção para falhas e promover mudanças.[68] A auditoria algorítmica por terceiros é, portanto, um complemento importante para garantir que esses modelos satisfaçam padrões legais, éticos e de segurança, assim como para deixar claras as ponderações feitas, como entre a segurança do usuário e a liberdade de expressão.[69] Como ponto de partida, as auditorias de algoritmos devem considerar questões como sua precisão, qualquer viés ou discriminação potencial incorporada nos dados e em que medida as mecânicas internas são explicáveis para humanos.[70] O *Digital Services Act* contém uma proposta semelhante.[71]

---

[66] MACCARTHY, Mark. Transparency Requirements for Digital Social Media Platforms: Recommendations for Policy Makers and Industry. *Transatlantic Working Group*, 24 jun. 2020. Disponível em: https://ssrn.com/abstract=3615726 ou http://dx.doi.org/10.2139/ssrn.3615726. Acesso em: 8 maio 2023.

[67] Nesse sentido, o professor da Universidade de Stanford, Nathaniel Persily, apresentou recentemente um projeto de lei ao Congresso americano, propondo um modelo para conduzir pesquisas sobre os impactos das comunicações digitais de maneira que proteja a privacidade do usuário. O projeto exige que as plataformas digitais compartilhem dados com pesquisadores previamente autorizados pela Comissão Federal de Comércio (FTC) e divulguem publicamente certos dados sobre conteúdo, algoritmos e publicidade (Disponível em: https://www.coons.senate.gov/imo/media/doc/text_pata_117.pdf. Acesso em: 8 maio 2023).

[68] NAHMIAS, Yifat; PEREL, Maayan. The oversight of content moderation by AI: impact assessment and their limitations. *Harvard Journal on Legislation*, v. 58, 2021. Disponível em: https://papers.ssrn.com/sol3/papers.cfm?abstract_id=3565025. Acesso em: 8 maio 2023.

[69] AUDITING Algorithms: the existing landscape, role of regulator and future outlook. *Digital Regulation Cooperation Forum*, 23 set. 2022. Disponível em: https://www.gov.uk/government/publications/auditing-algorithms-the-existing-landscape-role-of-regulators-and-future-outlook. Acesso em: 7 maio 2023.

[70] KOSHIYAMA, Adriano; KAZIM, Emre; TRELEAVEN, Philip. Algorithm Auditing: Managing the Legal, Ethical, and Technological Risks of Artificial Intelligence, Machine Learning, and Associated Algorithms. *IEEE Transactions on Technology and Society*, v. 3, p. 128-142, Apr. 2022. Disponível em: https://ieeexplore.ieee.org/document/9755237. Acesso em: 8 maio 2023.

[71] No Artigo 37, o DSA estabelece que plataformas digitais de determinado tamanho devem ser responsáveis, por meio de auditoria independente anual, pelo cumprimento das obrigações

O mercado de auditoria algorítmica ainda é emergente e cheio de incertezas. Ao tentar navegar esse cenário, os reguladores devem: (i) definir com que frequência as auditorias devem ocorrer; (ii) desenvolver padrões e melhores práticas para os procedimentos de auditoria; (iii) obrigar a divulgação específica para que os auditores tenham acesso aos dados necessários; e (iv) definir como os danos identificados devem ser abordados.[72]

b) Devido processo legal e razoabilidade (*fairness*)

Para garantir o devido processo legal, as plataformas devem informar aos usuários afetados pelas decisões de moderação de conteúdo qual a cláusula dos termos de uso supostamente violada, além de oferecer um sistema interno de recursos contra essas decisões. As plataformas também devem criar sistemas que permitam a denúncia fundamentada de conteúdo ou contas por outros usuários, e notificar os usuários denunciantes da decisão tomada.

Quanto à razoabilidade (*i.e.*, critérios básicos de justiça das decisões), as plataformas devem garantir que as regras sejam aplicadas de maneira igualitária a todos os usuários. Embora seja admissível que as plataformas adotem critérios diferentes para pessoas públicas ou informações de interesse público, essas exceções devem estar claras nos termos de uso. Esse problema tem sido objeto de controvérsia entre o Comitê de Supervisão do Facebook e a empresa.[73]

Devido à enorme quantidade de conteúdo publicado nas plataformas e à inevitabilidade do uso de mecanismos automatizados para moderação de conteúdo, as plataformas não devem ser responsabilizadas

---

estabelecidas na regulamentação e por quaisquer compromissos assumidos de acordo com códigos de conduta e protocolos de crise.

[72] AUDITING Algorithms: the existing landscape, role of regulator and future outlook. *Digital Regulation Cooperation Forum*, 23 set. 2022. Disponível em: https://www.gov.uk/government/publications/auditing-algorithms-the-existing-landscape-role-of-regulators-and-future-outlook. Acesso em: 7 maio 2023.

[73] Em um relatório de transparência publicado ao final de seu primeiro ano de operação, o Facebook Oversight Board (FOB) destacou a inadequação das explicações apresentadas pelo Meta sobre a operação de um sistema conhecido como *cross-check*, que aparentemente dava a alguns usuários maior liberdade na plataforma. Em janeiro de 2022, o Meta explicou que o sistema *cross-check* concede um grau adicional de revisão a determinados conteúdos que os sistemas internos marcam como violando os termos de uso da plataforma. O Meta submeteu uma consulta à FOB sobre como melhorar o funcionamento desse sistema e a FOB fez recomendações relevantes. Mais informações em: https://www.oversightboard.com/news/501654971916288-oversight-board-publishes-policy-advisory-opinion-on-meta-s-cross-check-program/.

por uma violação desses deveres em casos específicos, mas somente quando a análise revelar uma falha sistemática no cumprimento.[74]

c) Deveres mínimos para moderar conteúdo ilícito

O quadro regulamentar também deve conter obrigações específicas para lidar com certos tipos de discurso especialmente prejudiciais. As seguintes categorias são consideradas pertencentes a este grupo: (a) desinformação, (b) discurso de ódio, (c) ataques antidemocráticos, (d) *cyberbullying*, (e) terrorismo e (f) pornografia infantil. É certo que definir e identificar o discurso incluído nessas categorias – exceto no caso da pornografia infantil, naturalmente – é uma tarefa difícil e amplamente subjetiva. Precisamente por esse motivo, as plataformas devem ser livres para definir como os conceitos serão operacionalizados, desde que guiados pelas normas internacionais de direitos humanos e de maneira transparente. Isso não significa que todas as plataformas chegarão às mesmas definições nem aos mesmos resultados substantivos em casos concretos, por valorações diferentes e pela impossibilidade de consenso. No entanto, a obrigação de observar parâmetros internacionais de direitos humanos reduz a discricionariedade das empresas, permitindo a diversidade de políticas entre elas. Após definir essas categorias, as plataformas devem estabelecer mecanismos que permitam aos usuários denunciar violações.

Além disso, as plataformas também devem desenvolver mecanismos para lidar com comportamentos inautênticos coordenados, que envolvem o uso de sistemas automatizados ou meios enganosos para amplificar artificialmente mensagens falsas ou perigosas, usando *bots*, perfis falsos, *trolls* e provocadores.[75] Por exemplo: se uma pessoa publicar uma postagem dizendo que querosene é bom para curar a Covid-19 e essa mensagem alcançar seus vinte seguidores, é ruim, mas

---

[74] DOUEK, Evelyn. Content Moderation as Systems Thinking. *Harvard Law Review*, v. 2, 2022. p. 136. Disponível em: https://harvardlawreview.org/2022/12/content-moderation-as-systems-thinking/. Acesso em: 8 maio 2023.

[75] O Facebook define comportamento coordenado inautêntico como "o uso de múltiplos recursos do Facebook ou do Instagram, trabalhando em conjunto para se engajar em comportamento inautêntico, onde o uso de contas falsas é central para a operação". Comportamento inautêntico é definido como "o uso de recursos do Facebook ou do Instagram (contas, Páginas, Grupos ou Eventos), para enganar as pessoas ou o Facebook: (i) Sobre a identidade, propósito ou origem da entidade que eles representam; (ii) Sobre a popularidade do conteúdo ou recursos do Facebook ou do Instagram; (iii) Sobre o propósito de uma audiência ou comunidade; (iv) Sobre a fonte ou origem do conteúdo; ou (v) Para evitar a aplicação das nossas Normas da Comunidade" (Disponível em: https://transparency.fb.com/policies/community-standards/inauthentic-behavior/).

o efeito é limitado. Contudo, se essa mensagem for amplificada para milhares de usuários, haverá um problema de saúde pública. Ou, em outro exemplo, se a mensagem falsa de que as eleições foram fraudadas alcançar milhões de pessoas, há um risco democrático devido à perda de credibilidade nas instituições.

O papel dos órgãos de supervisão deve ser verificar se as plataformas adotaram termos de uso que proíbam o compartilhamento dessas categorias de discurso e garantir que os sistemas de recomendação e moderação de conteúdo estejam treinados para moderar esse conteúdo.

IV O PAPEL DA SOCIEDADE

Apesar da importância da ação regulatória, a responsabilidade pela preservação da internet como uma esfera pública saudável reside, acima de tudo, nos cidadãos. A educação midiática e a conscientização dos usuários são etapas fundamentais para a criação de um ambiente livre, mas positivo e construtivo na rede mundial de computadores. Os cidadãos devem estar cientes de que as redes sociais podem ser injustas e perversas, violar direitos fundamentais e regras básicas da democracia. Eles devem estar atentos para não passar informações recebidas sem questionamento crítico. Nas palavras de Jonathan Haidt,[76] "[q]uando nossa esfera pública é governada pela dinâmica da multidão, sem mínima observância do devido processo legal, o resultado não é justiça e inclusão; mas, ao contrário, uma sociedade que ignora o contexto, a proporcionalidade, a misericórdia e a verdade". Os cidadãos são a força mais importante para lidar com essas ameaças.

V NOVOS DESENVOLVIMENTOS SOBRE O TEMA

1 Estados Unidos: Twitter *v.* Taamneh e Gonzalez *v.* Google

Em maio de 2023, a Suprema Corte norte-americana decidiu dois casos relacionados à responsabilização de plataformas digitais. O

---

[76] HAIDT, Jonathan. Why the past 10 years of American life have been uniquely stupid. *The Atlantic*, 2022. Disponível em: https://www.theatlantic.com/magazine/archive/2022/05/social-media-democracy-trust-babel/629470/. Acesso em: 8 maio 2023. Tradução livre e ligeiramente editada.

primeiro, Twitter *v*. Taamneh,[77] discutiu a responsabilidade do Facebook, do Twitter e da Google por um ataque terrorista executado pelo Estado islâmico em Istambul no ano de 2017. A família de uma das vítimas fatais processou os réus alegando que eles teriam conhecimento do uso de suas plataformas pela organização terrorista e teriam falhado ao não impedir essas atividades, em violação a dispositivo da Lei de Antiterrorismo (18 U.S.C. §2333(d)(2)).[78] Os autores alegaram ainda que os algoritmos de recomendação das plataformas teriam facilitado as atividades de recrutamento, financiamento e propaganda do Estado islâmico, e que os réus teriam se beneficiado financeiramente de arrecadações publicitárias incluídas nesse material.

Em decisão unânime, a Suprema Corte rejeitou a alegação, concluindo que a mera disponibilização de plataforma digital com algoritmos que recomendam conteúdo a partir de *inputs* e histórico de usuários não caracteriza, por si só, conduta ilícita. A Corte entendeu que a relação dos réus com o Estado Islâmico era igual à mantida com todos os demais usuários: impessoal, passiva e indiferente. Os algoritmos de recomendação são agnósticos quanto ao conteúdo recomendado, sendo influenciados exclusivamente por dados coletados dos usuários, de modo que a Corte entendeu que os requerentes não demonstraram ação deliberada ou vontade consciente de favorecer especificamente a organização terrorista. A capacidade do Estado islâmico de se beneficiar dessas plataformas foi considerada meramente incidental aos serviços prestados e ao modelo de negócio dos réus.

No segundo caso, Gonzalez *v*. Google,[79] discutia-se igualmente a responsabilidade da Google pela morte de uma cidadã americana em

---

[77] Twitter, Inc. v. Taamneh, 598 US ___ (2023).
[78] "In an action under subsection (a) for an injury arising from an act of international terrorism committed, planned, or authorized by an organization that had been designated as a foreign terrorist organization under section 219 of the Immigration and Nationality Act (8 U.S.C. 1189), as of the date on which such act of international terrorism was committed, planned, or authorized, liability may be asserted as to any person who aids and abets, by knowingly providing substantial assistance, or who conspires with the person who committed such an act of international terrorism". Tradução livre: "Em uma ação processada sob a subseção (a) por dano decorrente de um ato de terrorismo internacional cometido, planejado ou autorizado por uma organização designada como uma organização terrorista estrangeira nos termos da seção 219 da Lei de Imigração e Nacionalidade (8 U.S.C. 1189), a partir da data em que tal ato de terrorismo internacional foi cometido, planejado ou autorizado, a responsabilidade pode ser reconhecida em relação a qualquer pessoa que ajude e incite, conscientemente fornecendo assistência substancial, ou que conspire com a pessoa que cometeu tal ato de terrorismo internacional".
[79] Gonzalez v. Google LLC, 598 U.S. ___ (2023).

um atentado terrorista ocorrido em Paris. Os autores da ação, irmãos da vítima, alegaram que a Google seria responsável direta e subsidiariamente pelo ataque terrorista por ter permitido o uso de sua plataforma YouTube por integrantes do Estado islâmico. A Corte, novamente de forma unânime, considerou que a resolução desse caso deveria ser idêntica à conferida ao caso Twitter *v.* Taamneh. Na decisão de apenas três páginas, porém, ressalvou que nenhum desses dois casos foi proposto para discutir o dispositivo legal que confere às plataformas imunidade por conteúdo publicado por terceiros, deixando aberta a possibilidade de revisão judicial desse modelo de responsabilidade civil, atualmente previsto na Seção 230 do *Communications Decency Act*.[80]

2 Brasil: não votação do PL nº 2.630

Em maio de 2020, o Senado Federal iniciou discussões sobre o Projeto de Lei nº 2.630/2020, que institui a Lei Brasileira de Liberdade, Responsabilidade e Transparência na Internet. A versão final, aprovada no Senado em 30.6.2020 e remetida à Câmara dos Deputados, estabelece normas sobre transparência para provedores de redes sociais e serviços de mensageria privada com dois milhões ou mais de usuários registrados no Brasil. Em abril de 2023, depois de quase três anos aguardando votação na Câmara, o relator, Deputado Orlando Silva, apresentou novo texto e foi aprovado um regime de urgência com previsão de votação em 2.5.2023. Não obstante, no dia previsto para votação, o relator pediu a retirada de pauta, alegando falta de tempo hábil para examinar todas as sugestões recebidas quanto à nova versão do projeto. Entre os pontos mais controvertidos estão a definição da autoridade responsável pela fiscalização da lei e o compartilhamento de receitas de publicidade com entidades jornalísticas. Desde então, o PL novamente perdeu força.

---

[80] §230: "No provider or user of an interactive computer service shall be treated as the publisher or speaker of any information provided by another information content provider". Tradução livre: "Nenhum provedor ou usuário de um serviço de computador interativo deve ser tratado como o editor ou orador de qualquer informação fornecida por outro provedor de conteúdo de informação".

3 Brasil: declaração de inelegibilidade do ex-Presidente Jair Bolsonaro

Em 30.6.2023, o Tribunal Superior Eleitoral declarou a inelegibilidade do ex-Presidente Jair Bolsonaro por 8 anos por abuso de poder político e uso indevido dos meios de comunicação.[81] A condenação teve como fundamento reunião realizada no Palácio da Alvorada com embaixadores no dia 18.7.2022, na qual o ex-presidente fez campanha eleitoral direcionada aos seus eleitores atacando o sistema de votação. Dentre outros fundamentos, a Corte equiparou o caso ao julgado no RO nº 0603975-86 (caso do Deputado Francischini), que já havia reconhecido que a disseminação de fatos inverídicos acerca da lisura do pleito, em benefício do candidato, configura abuso de poder político ou de autoridade e/ou uso indevido dos meios de comunicação quando redes sociais são usadas para esse fim. Esse entendimento decorre da constatação de que a liberdade de expressão não protege a disseminação de desinformação eleitoral, sob pena de a democracia sucumbir ao charlatanismo político.

VI Conclusão do capítulo

A rede mundial de computadores permitiu o acesso ao conhecimento, à informação e ao espaço público por bilhões de pessoas, mudando o curso da história. No entanto, o uso indevido da internet e das mídias sociais pode trazer sérias ameaças à democracia e aos direitos fundamentais. Algum grau de regulação, portanto, tornou-se necessário para enfrentar os comportamentos inautênticos e os conteúdos ilegítimos. É essencial, no entanto, agir com transparência, proporcionalidade e procedimentos adequados, para que o pluralismo, a diversidade e a liberdade de expressão sejam preservados. A educação midiática e a conscientização das pessoas de boa-fé – que felizmente constituem a grande maioria – são medidas decisivas para o uso construtivo das novas tecnologias.

---

[81] POR maioria de votos, TSE declara Bolsonaro inelegível por 8 anos. *Tribunal Superior Eleitoral*, 30 jun. 2023. Disponível em: https://www.tse.jus.br/comunicacao/noticias/2023/Junho/por-maioria-de-votos-tse-declara-bolsonaro-inelegivel-por-8-anos.

Capítulo III

POPULISMO, AUTORITARISMO E RESISTÊNCIA DEMOCRÁTICA: AS CORTES CONSTITUCIONAIS NO JOGO DO PODER

Sumário: I. Introdução. II. A democracia no mundo: a ascensão do populismo autoritário. 1. A democracia e suas três dimensões. 2. A democracia como ideologia vitoriosa do século XX e o retrocesso atual. 3. Três fenômenos diversos e suas causas: populismo, extremismo e autoritarismo. III. A democracia no Brasil: ameaças, resistência e superação. 1. O cenário da ascensão de Jair Bolsonaro. 2. Ameaças às instituições. 3. A resistência democrática. IV. Como as democracias sobrevivem. 1. O papel decisivo (e ambíguo) das supremas cortes e cortes constitucionais. 2. Histórias de sucesso e de derrota na resistência democrática. 3. As cortes constitucionais no jogo do poder. V. Conclusão do capítulo

I Introdução

O texto que se segue procura fazer uma reflexão objetiva acerca do estado da arte da democracia no mundo e no Brasil. De início, assenta-se a ideia de democracia constitucional, com a demonstração de que foi ela a ideologia vitoriosa do século XX. Em seguida passa-se à análise do desgaste da democracia no mundo contemporâneo, num contexto que vem sendo referido como recessão democrática, democracias iliberais e constitucionalismo abusivo, em meio a outras qualificações depreciativas. O diagnóstico dos problemas do momento atual passa pela identificação de três fenômenos conceitualmente distintos, mas frequentemente associados, que são o populismo, o extremismo e o autoritarismo, bem como suas causas políticas, econômico-sociais e culturais-identitárias. Na sequência, abre-se um capítulo específico sobre o estado da democracia no Brasil, notadamente após as eleições de 2018 e, já agora, às vésperas das eleições de 2022. O capítulo final discute como as democracias sobrevivem, com ênfase no papel das cortes supremas ou cortes constitucionais, narrando histórias de sucesso e de fracasso. Em desfecho, procura-se identificar os fatores por trás dos casos em que as cortes constitucionais foram capazes de proteger a democracia em face do populismo autoritário.

II A democracia no mundo: a ascensão do populismo autoritário

1 A democracia e suas três dimensões

O constitucionalismo democrático foi a ideologia vitoriosa do século XX. Nesse arranjo institucional fundiram-se duas ideias que não se confundem, quer nas suas origens, quer no seu conteúdo: constitucionalismo e democracia. *Constitucionalismo* remonta às revoluções liberais dos séculos XVII e XVIII e significa, essencialmente, Estado de direito, poder limitado e respeito aos direitos fundamentais. Sua consolidação nos países da Europa e nos Estados Unidos se deu ao longo do século XIX. No Brasil, a Constituição de 1824 possuía alguns traços liberais, mas, na sua essência, trazia a marca da origem absolutista imprimida por D. Pedro I, ainda que atenuada, substancialmente, ao longo do segundo reinado. *Democracia*, por sua vez, desde suas origens gregas, significa participação popular no exercício do poder, soberania do povo, governo da maioria. O ideal democrático apenas se consolida, verdadeiramente, quando já avançado o século XX, com a consagração do sufrágio universal. Somente então viram-se inteiramente superadas as restrições à participação de todos no processo eleitoral, como as de renda, religião, raça e gênero.

Nada obstante, a maior parte das democracias do mundo reserva uma parcela de poder político para um órgão que não é eleito, mas que extrai sua legitimidade da competência técnica e da imparcialidade. Trata-se do Poder Judiciário, em cujo topo, no caso brasileiro, está o Supremo Tribunal Federal. Desde o final da 2ª Guerra Mundial, praticamente todos os Estados democráticos adotaram um modelo de *supremacia da Constituição*, tal como interpretada por uma suprema corte ou por um tribunal constitucional, encarregados do controle de constitucionalidade das leis e atos do Poder Executivo. Foi a prevalência do modelo americano de constitucionalismo, com a superação da fórmula que predominara na Europa, até então, que era a *supremacia do Parlamento*. Tais cortes e tribunais podem declarar a inconstitucionalidade de atos do Legislativo e do Executivo, tendo como um de seus principais papéis arbitrar as tensões que muitas vezes existem entre constitucionalismo e democracia – *i.e.*, entre direitos fundamentais e soberania popular. Cabe a essas cortes e tribunais proteger as regras do jogo democrático e os direitos de todos contra eventuais abusos de poder por parte da maioria, bem como resolver impasses entre os poderes. Em muitas partes do planeta, elas têm sido um importante antídoto contra o autoritarismo.[1]

Em suma: o *Estado democrático de direito*, como referido no art. 1º da Constituição brasileira, é um regime político fundado na soberania popular, com eleições livres e governo da maioria, bem como em poder limitado, Estado de direito e respeito aos direitos fundamentais de todos, aí incluído o mínimo existencial. Sem terem as suas necessidades vitais satisfeitas, as pessoas não têm condições de ser verdadeiramente livres e iguais. Há também um elemento emocional, humanístico, na democracia, que é o sentimento de pertencimento, de participação efetiva em um projeto coletivo de autogoverno, em que todos e cada um merecem igual consideração e respeito.[2] Quem se sente excluído não tem razão para apoiá-la e é presa fácil de tentações populistas e autoritárias.

A democracia contemporânea é feita de votos, direitos e razões. Isso dá a ela três dimensões diversas: a) a *democracia representativa*, que tem como elemento central o voto e como protagonistas o Congresso Nacional e o presidente da República, que são agentes públicos eleitos pela vontade popular; b) a *democracia constitucional*, que tem como elemento central os direitos fundamentais e como protagonista o Poder Judiciário, em cuja cúpula está o Supremo Tribunal Federal;[3] e c) a

---

[1] ISSACHAROFF, Samuel. *Fragile Democracies*: Contested Power in the Era of Constitutional Courts. Cambridge: Cambridge University Press, 2015. p. i.

[2] DWORKIN, Ronald. *Is democracy possible here?* Princeton: Princeton University Press, 2008. p. iii; e DWORKIN, Ronald. *Taking rights seriously*. Cambridge: Harvard University Press, 1997. p. 131.

[3] Para deixar claro, a corte suprema dá a última palavra, mas não é a "dona" da Constituição: sua interpretação deve levar em conta os demais atores institucionais e o sentimento social. V. BARROSO, Luís Roberto. Contramajoritário, representativo e iluminista: os papéis dos tribunais constitucionais nas democracias contemporâneas. *Direito e Práxis*, v. 9, 2017. p. 2219: "A jurisdição constitucional deve funcionar como uma etapa da interlocução mais ampla com o legislador e com a esfera pública, sem suprimir ou oprimir a voz das ruas, o

democracia deliberativa, que tem como elemento central o debate público, o oferecimento de razões, de justificações para as decisões políticas, e como protagonista a sociedade civil.[4] De fato, a democracia não se limita ao momento do voto. Ela se manifesta, também, no respeito aos direitos fundamentais de todos, inclusive das minorias. Os derrotados no processo político majoritário não perdem a condição de sujeitos de direito e de participantes do processo político-social. Além disso, a democracia é feita de um debate público contínuo, que deve acompanhar as decisões políticas. Um debate aberto a todas as instâncias da sociedade, o que inclui movimentos sociais, imprensa, universidades, sindicatos, associações, cidadãos comuns, autoridades etc.

2 A democracia como ideologia vitoriosa do século XX e a recessão democrática atual

Como assinalado logo ao início, o constitucionalismo democrático prevaleceu historicamente, em boa parte do mundo, sobre os projetos alternativos que com ele concorreram ao longo do século XX. Foram eles o comunismo, após a Revolução Russa de 1917; o fascismo, irradiado a partir da Itália de Mussolini, com início nos anos 20; o nazismo, sob a liderança de Hitler na Alemanha, a partir dos anos 30; os regimes militares, que dominaram a América Latina, a Ásia, a África e mesmo alguns países europeus no segundo pós-guerra; e o fundamentalismo religioso, que teve como marco a revolução dos aiatolás no Irã, em 1979. O modelo vencedor consagrou a centralidade e a supremacia da Constituição – e não do partido, das Forças Armadas ou das escrituras religiosas. Alguns autores chegaram mesmo a falar no *fim da história*, celebrando a democracia liberal como o ponto culminante da evolução institucional da humanidade.[5]

---

movimento social e os canais de expressão da sociedade. Nunca é demais lembrar que o poder emana do povo, não dos juízes".

[4] BARROSO, Luís Roberto. Contramajoritário, representativo e iluminista: os papéis dos tribunais constitucionais nas democracias contemporâneas. *Direito e Práxis*, v. 9, 2017. p. 2200.

[5] FUKUYAMA, Francis. The end of history. *The National Interest*, verão de 1989; e FUKUYAMA, Francis. *The End of History and the Last Man*. N. York: Free Press, 1992. V. tb. MOUNK, Yascha. The end of history revisited. *Journal of Democracy*, v. 31, p. 22, 2020.

De fato, foram diversas as ondas de democratização.⁶ Uma delas se deu ao final da Segunda Guerra Mundial, num ciclo que incluiu a Alemanha, a Itália, o Japão e mesmo o Brasil, que, no entanto, voltou a cair no autoritarismo nos anos 60. A segunda onda veio nos anos 70, atingindo países como Portugal, Espanha e Grécia. Uma terceira onda se formou nos anos 80, em países da América Latina, como Brasil, Chile, Argentina, Uruguai. E, logo à frente, com a queda do muro de Berlim, os anos 90 assistiram à democratização e reconstitucionalização dos países da Europa Central e Oriental, incluindo Hungria, Polônia e Tchecoslováquia. Também nos anos 90, com o fim do *apartheid*, veio a democratização da África do Sul e de outros países no continente. Na virada para o século XXI, mais de uma centena de países adotaram esse modelo, de acordo com a *Freedom House*.⁷

Apesar do sucesso narrado na breve retrospectiva feita acima, nos últimos tempos alguma coisa parece não estar indo bem. Há uma onda populista, extremista e autoritária atingindo inúmeras partes do mundo, levando muitos autores a se referirem a uma *recessão democrática*⁸ ou a um *retrocesso democrático*,⁹ como já mencionado anteriormente. Os exemplos foram se acumulando ao longo dos anos: Hungria, Polônia, Turquia, Rússia, Geórgia, Ucrânia, Bielorrússia, Filipinas, Venezuela, Nicarágua e El Salvador, entre outros. Em todos esses casos, a erosão da democracia não ocorreu por golpe de Estado, sob as armas de algum general e seus comandados. Nos exemplos acima, o processo de subversão democrática se deu pelas mãos de presidentes e primeiros-ministros inicialmente eleitos pelo voto popular.¹⁰

---

6 V. HUNTINGTON, Samuel P. The third wave: democratization in the late twentieth century. *Journal of Democracy*, v. 2, p. 12, 1991. Huntington foi o primeiro a utilizar a ideia de "ondas de democratização": a primeira onda teria ocorrido na primeira metade do século XIX, quando os países crescentemente foram adotando a ideia de sufrágio universal; a segunda se deu após o fim da Segunda Guerra Mundial; e a terceira a partir dos anos 70. O texto é anterior ao florescimento de democracias após o fim do modelo comunista.

7 Em 1900, nenhum país do mundo tinha seus governantes eleitos por sufrágio universal. Em dezembro de 1999, 119 países poderiam ser identificados como democráticos. V. END of century survey finds dramatic gains for democracy. *Freedom House*, 7 dec. 1999. Disponível em: https://freedomhouse.org/article/end-century-survey-finds-dramatic-gains-democracy. V. tb., BARROSO, Luís Roberto. *Constitucionalismo democrático*: a ideologia vitoriosa do século XX. Ribeirão Preto: Migalhas, 2019.

8 DIAMOND, Larry. Facing up to the Democratic Recession. *Journal of Democracy*, v. 26, 2015.

9 HUQ, Aziz; GINSBURG, Tom. How to Lose a Constitutional Democracy. *UCLA Law Review*, v. 65, 2018. p. 91 e ss.

10 LEVITSKY, Steven; ZIBLATT, Daniel. *How democracies die*. N. York: Crown, 2018. p. 3.

Em seguida, paulatinamente, vêm as medidas que pavimentam o caminho para o autoritarismo: concentração de poderes no Executivo, perseguição a líderes de oposição, mudanças nas regras eleitorais, cerceamento da liberdade de expressão, enfraquecimento das cortes supremas com nomeação de juízes submissos e expurgo dos independentes, novas constituições ou emendas constitucionais com abuso de poder pelas maiorias, inclusive para ampliação do período de permanência no poder, com reeleições sucessivas.[11] O grande problema com a construção dessas *democracias iliberais*[12] é que cada tijolo, individualmente, é colocado sem violação direta à ordem constitucional vigente. O conjunto final, porém, resulta em supressão de liberdades, de eleições verdadeiramente livres e competitivas, bem como a fragilização das instituições independentes e dos árbitros imparciais. Este processo tem sido caracterizado como *constitucionalismo abusivo*[13] ou *legalismo autocrático*.[14]

3 Três fenômenos diversos: populismo, extremismo e autoritarismo

Há três fenômenos distintos em curso em diferentes partes do mundo: a) o populismo; b) o extremismo; e c) o autoritarismo. Eles não se confundem entre si, apesar de muitas superposições, mas, quando se manifestam simultaneamente – o que tem sido frequente –, trazem graves problemas para a democracia constitucional. *Populismo* é um conceito que vem sendo intensamente revisitado nos últimos tempos, com a conotação frequentemente negativa de manipulação de medos, necessidades e anseios da população. Como regra, oferece soluções simplórias – e erradas – para problemas complexos, atendendo demandas

---

[11] Sobre o tema, v. o amplo levantamento feito por VERSTEEG, Mila *et al*. The law and politics of presidential term limit evasion. *Columbia Law Review*, v. 120:173, 2020, em que registrou: "Globally, no fewer than one-third of the incumbents who reached the end of their prescribed term pursued some strategy to remain in office".

[12] Aparentemente, o termo foi utilizado pela primeira vez por Fareed ZAKARIA, Fareed. The rise of illiberal democracies. *Foreign Affairs*, v. 76, p. 22, 1997. Na prática política contemporânea, foi encampado pelo líder autoritário húngaro Viktor Orbán.

[13] LANDAU, David. Abusive Constitutionalism. *U.C. Davis Law Review*, v. 47, 2013.

[14] SCHEPPELE, Kim Lane. Autocratic Legalism. *University of Chicago Law Review*, v. 85, 2018. p. 545.

imediatas que cobram preço alto no futuro.[15] O *extremismo* caracteriza-se pela intolerância, pela inaceitação do diferente e pela rejeição ao pluralismo político, valendo-se comumente de ameaças de violência. E o *autoritarismo* envolve a repressão truculenta aos opositores, a intimidação ou cooptação das instituições de controle e diferentes formas de censura, permitindo o mando autoritário e sem *accountability*. A seguir, uma breve nota sobre cada uma dessas disfunções.

O *populismo* tem um núcleo ideológico bastante tênue, que é a divisão artificial da sociedade em "nós, o povo" e "eles, a elite". Na maioria dos casos, tem a marca de lideranças personalistas e carismáticas, que chegam ao poder com um discurso *anti-establishment* – mesmo quando claramente fazem parte dele – e se apresentando como "diferentes de tudo isso que está aí". O populismo possui, ademais, uma natureza antipluralista, na medida em que seus líderes se apresentam como os únicos representantes legítimos do povo, com exclusão de todas as outras forças políticas. Em rigor, não se trata de uma ideologia, verdadeiramente, porque é imperativo que venha acompanhado de alguma doutrina política que lhe é externa, seja conservadora, liberal ou socialista. De fato, populismos podem ser de esquerda (Perón, Evo Morales, Rafael Correa) ou de direita (Orbán, Erdogan, Duterte). Dentro dessa visão, o populismo é um arremedo de ideologia, que precisa ser combinada com outra, constituindo antes uma estratégia de discurso e de ação. Com frequência, vem associado a uma postura nacionalista e à exploração do sentimento religioso. Outra característica é a necessidade de apontar um inimigo, para embasar o discurso antagônico e beligerante, seja contra o comunismo, a globalização, os judeus, a imigração, os muçulmanos, um partido, um líder político ou qualquer outro que a ocasião ofereça.[16]

---

[15] A esse propósito, escreveu ISSACHAROFF, Samuel. The corruption of popular sovereignty, *International Journal of Constitutional Law*, v. 18, 2020. p. 1135: "Populism tends to pitch itself to base impulses, to desires for immediate reward, to disregard for the future, whether it be the destruction of the rainforest, the prorogation of Parliament, or the momentary inflation of the currency".

[16] Sobre a definição e caracterização do populismo, v. MOFFITT, Benjamin. *Populism*. Cambridge: Polity, 2020. p. 10 e ss.; MUDDE, Cas. The populist zeitgeist. *Government and Opposition*, v. 39, 2014. p. 543; e MULLER, Jan-Werner. *What is populism?* Philadelphia: University of Pennsylvania Press, 2016. ProQuest Ebook Central. Disponível em: http://ebookcentral.proquest.com/lib/harvard-ebooks/detail.action?docID=4674419.

O *extremismo político*[17] se manifestou, ao longo da história, em ambos os campos ideológicos.[18] Na quadra atual, o mundo assiste a uma onda radical de direita. Três dos países mais populosos do mundo – Índia, Estados Unidos e Brasil – estão ou estiveram, recentemente, sob lideranças com essa identidade doutrinária. Não figura sob esse rótulo, naturalmente, o *conservadorismo* político, cuja filosofia não entra em tensão com as instituições democráticas tradicionais.[19] O extremismo ameaçador é o que prega medidas, como exemplo, fechamento do Legislativo, substituição integral dos juízes das supremas cortes, demonização da imprensa "elitista", das ONGs "esquerdistas" e que veem comunistas em toda parte. Intolerância, agressividade e violência frequentemente acompanham o ideário marcado por nativismo (nacionalismo mais xenofobia), machismo, misoginia, homofobia, racismo, negacionismo científico e ambiental, rejeição a organismos internacionais de direitos humanos, exploração abusiva da religião e discursos de ódio de naturezas diversas.[20] Com exceção de regimes ditatoriais, como o de Franco, na Espanha, e Pinochet, no Chile, a extrema direita, desde a 2ª Guerra Mundial, havia ficado confinada a minorias situadas na margem da história. Nos últimos anos, porém, ela vem ingressando no *mainstream* da política, chegando ao poder pelo voto popular e minando a democracia "por dentro".[21]

O *autoritarismo*, por sua vez, é recorrente na vida dos povos, desde o início do processo civilizatório. Com exceção dos breves e limitados períodos da era de ouro de Atenas e da República, em Roma, o despotismo, o mando feudal e o absolutismo acompanharam toda a trajetória humana. Esse quadro só começa a se alterar com as revoluções liberais do final dos séculos XVII e XVIII, sendo que a democracia só veio a se estabelecer, verdadeiramente, ao longo do século XX, como já assinalado. Ainda assim, houve recaídas dramáticas. Após a 2ª Guerra Mundial, a

---

[17] O extremismo pode se manifestar em diferentes domínios da vida, inclusive no plano religioso, como documentam inúmeros eventos históricos, da Inquisição ao jihadismo.

[18] À esquerda, por exemplo, com Stalin e Pol Pot, e à direita, com Mussolini e Hitler.

[19] Conservadorismo, no sentido de preservação dos valores tradicionais, prudência nos processos de transformação social e ênfase no individual sobre o coletivo é uma das opções legítimas do *mainstream* político, estando ou tendo estado no poder em democracias consolidadas, como Alemanha, Reino Unido, França e Estados Unidos.

[20] Sobre o apelo emocional das teorias conspiratórias e sobre a degeneração do conservadorismo em extremismo, v. APPLEBAUM, Anne. *Twilight of democracy*. N. York: Doubleday, 2020. p. 45 e ss.

[21] Sobre o tema e as ideias deste parágrafo, v. MUDDE, Cass. *The far right today*. Cambridge: Polity, 2019, especialmente p. 2-3; 18; 20; 168; 172.

democracia se generaliza pelo mundo ocidental, em processos históricos ocorridos em diferentes partes do planeta, sucessivamente, incluindo Europa continental, América Latina, Europa Central e Oriental e África, como já detalhado. Não obstante essas ondas de democratização na segunda metade do século passado, o autoritarismo subsiste como uma tentação permanente em todos os continentes. Regimes autoritários implicam concentração de poder, com baixo ou nenhum grau de controle, enfraquecimento do Estado de direito e da separação de poderes, perseguição a adversários políticos, censura à imprensa e ausência de eleições livres e competitivas. No mundo do populismo extremista, um fenômeno que tem se espalhado é a apropriação abusiva – porque formal, e não substantiva – do desenho institucional, conceitos e doutrinas da democracia constitucional para encobrir projetos autoritários.[22]

Como se procurou demonstrar acima, populismo, extremismo e autoritarismo são fenômenos distintos, apesar de eventuais superposições. Ultimamente, porém, têm andado juntos, ameaçando a subsistência de inúmeras democracias. Em casos mais agudos, podem degenerar em fascismo.[23] Episódios como o Brexit, a eleição de Donald Trump e a reação à sua derrota mostram que nem mesmo democracias consolidadas escapam dos vendavais contemporâneos. Em países como Turquia, Hungria e Polônia, há mesmo dificuldade em se afirmar que a democracia tenha sobrevivido em todos os seus elementos essenciais. O populismo extremista e autoritário se utiliza de estratégias semelhantes nos diferentes países em que procura se instalar, e que incluem: a) comunicação direta com seus apoiadores, mais recentemente utilizando as mídias sociais; b) *by-pass* ou cooptação das instituições intermediárias, que fazem a interface do povo com o governo, como o Legislativo, a imprensa e organismos da sociedade civil; e c) ataques às supremas cortes e tribunais constitucionais, com a tentativa de capturá-las e ocupá-las com juízes submissos. Tais cortes têm, precisamente, o papel constitucional de limitar o poder. Na verdade, as constituições

---

[22] DIXON, Rosalind; LANDAU, David. *Abusive constitutional borrowing*: legal globalization and the subversion of liberal democracy. Oxford: Oxford University Press, 2021. p. 3; 176: "[A]busive constitutional borrowing is a significant phenomenon, serving as a dark side of liberal democratic discourse and of comparative constitutional law".

[23] O fascismo se caracteriza por líderes que dividem em vez de unir, pela supressão de direitos dos não alinhados, pela exaltação exacerbada da grandeza da nação e pela disposição de utilizar da violência e quaisquer outros meios para atingir seus objetivos. Sobre o tema, v. ALBRIGHT, Madeleine. *Fascism*: a warning. N. York: HarpersCollins, 2018. p. 11; 118; 245.

institucionalizam e limitam o poder político, atribuindo a tais tribunais o papel de fazê-la valer.

Impossível não registrar, nesse contexto, o impacto da revolução tecnológica ou digital sobre a vida contemporânea, com destaque para o papel desempenhado pelas mídias sociais. A internet revolucionou o mundo da comunicação interpessoal e social, ampliou exponencialmente o acesso à informação e ao conhecimento e, ademais, criou um espaço público em que qualquer pessoa pode manifestar suas ideias, opiniões e divulgar fatos. Nesse sentido, é impossível exagerar sua importância para a democratização da sociedade em escala global, universalizando bens e utilidades que anteriormente constituíam privilégios de alguns. No plano político, ela foi igualmente fundamental para processos históricos importantes – ainda que não inteiramente bem-sucedidos – como foi, por exemplo, a *Primavera* Árabe.

Anteriormente à internet, a difusão de notícias e de opiniões dependia, em grande medida, da imprensa profissional. Cabia a ela apurar fatos, divulgar notícias e filtrar opiniões pelos critérios da ética jornalista. Havia, assim, um controle editorial mínimo de qualidade e de veracidade do que se publicava. Não que não houvesse problemas: o número de veículos de comunicação é limitado e nem sempre plural, as empresas jornalísticas têm seus próprios interesses e, além disso, nem todos distinguiam, com o cuidado que se impõe, fato de opinião. Ainda assim, havia um grau mais apurado de controle sobre aquilo que se tornava público. A internet, com o surgimento de sites, *blogs* pessoais e, sobretudo, das mídias sociais, possibilitou a ampla divulgação e circulação de ideias, opiniões e informações sem qualquer filtro. A consequência negativa, porém, foi que também permitiu a difusão da ignorância, da mentira e de atentados à democracia.

Em todo o mundo, plataformas tecnológicas como Facebook, Instagram, YouTube, WhatsApp, Twitter e TikTok passaram a ter um peso importante no processo político-eleitoral.[24] Embora haja variação de país para país, as mídias sociais tiveram papel decisivo em eleições nos Estados Unidos, Índia, Hungria e Brasil, entre outras, bem

---

[24] No Brasil, de acordo com pesquisa realizada pela Câmara dos Deputados e pelo Senado Federal em 2019, 79% da população tem como principal fonte de informação o WhatsApp. Em segundo lugar vem a televisão (50%), seguido do YouTube (49%), Facebook (44%) e portais de notícias (38%). Jornais impressos, apenas 8% (Disponível em: https://agenciabrasil.ebc.com.br/geral/noticia/2019-12/whatsapp-e-principal-fonte-de-informacao-do-brasileiro-diz-pesquisa).

como no processo de votação do Brexit. Um dos grandes problemas da atualidade tem sido o uso da internet e seus instrumentos para a disseminação de ódio, notícias falsas, desinformação e teorias conspiratórias por movimentos populistas, extremistas e autoritários, como estratégia para chegada ao poder e sua manutenção. Por isso mesmo, em diversas partes do mundo, legisladores e reguladores discutem a melhor forma de exercer o controle da internet, sem comprometer a liberdade de expressão.[25] Os alvos são os comportamentos coordenados inautênticos – uso de robôs, perfis falsos e outros esquemas para forjar engajamento e afogar manifestações de terceiros – e as campanhas de desinformação, além da prática de crimes (terrorismo, pedofilia etc.). Cria-se um ambiente no qual as pessoas já não divergem apenas quanto às suas opiniões, mas também quanto aos próprios fatos. *Pós-verdade* e *fatos alternativos* são palavras que ingressaram no vocabulário contemporâneo. Uma das manifestações do autoritarismo é a tentativa de desacreditar o processo eleitoral para, em caso de derrota, poder alegar fraude e deslegitimar o vencedor.

4 Algumas causas da erosão democrática

Há um conjunto de fatores que conduziram ao avanço do populismo de direita em países diversos, incluindo os Estados Unidos, a Grã-Bretanha (Brexit) e o Brasil. É possível sistematizar esses diferentes fatores em três categorias: políticas, econômico-sociais e culturais-identitárias.[26] As causas *políticas* estão na crise de representatividade das democracias contemporâneas, em que o processo eleitoral não consegue dar suficiente voz e relevância à cidadania. "Não nos representam", é o bordão da hora.[27] Em parte, porque a classe política se tornou um mundo estanque, descolado da sociedade civil, e em parte pelo sentimento de que o poder econômico-financeiro globalizado é que

---

[25] Sobre mídias sociais e seu impacto sobre a vida e as democracias contemporâneas, v. BARROSO, Luna van Brussel. *Liberdade de expressão e democracia na era digital*. Belo Horizonte: Fórum, 2022. V. tb. Francis Fukuyama, Making the internet safe for democracy, *Journal of Democracy* 32:37, 2021.
[26] Sobre o tema, v. BARROSO, Luís Roberto. Revolução tecnológica, crise da democracia e mudança climática. *Revista Estudos Institucionais*, v. 5, n. 3, p. 1262, 2019.
[27] V. CASTELLS, Manuel. *Ruptura*: a crise da democracia liberal. [s.l.]: [s.n.], 2018. Digital. loc. 103.

verdadeiramente dá as cartas. Daí a ascensão dos que fazem o discurso antielite, antiglobalização e contra a "velha política".

As causas *econômico-sociais* estão no grande contingente de trabalhadores e profissionais que perderam seus empregos[28] ou viram reduzidas as suas perspectivas de ascensão social,[29] quer pela pobreza endêmica quer porque se tornaram pouco relevantes[30] no mundo da globalização, da nova economia do conhecimento e da automação, que enfraquecem as indústrias e atividades mais tradicionais.[31] Sem mencionar as políticas de austeridade pregadas por organizações internacionais e países com liderança econômica mundial,[32] que reduzem as redes de proteção social. Por fim, as causas *culturais identitárias*: há um contingente de pessoas que não professam o credo cosmopolita, igualitário e multicultural que impulsiona a agenda progressista de direitos humanos, igualdade racial, políticas feministas, casamento *gay*, defesa de populações nativas, proteção ambiental e descriminalização de drogas, utilização da ciência como critério informador de políticas públicas, entre outras modernidades. Estas pessoas, que se sentem desfavorecidas ou excluídas no mundo do "politicamente correto", apegam-se a valores tradicionais que lhes dão segurança e o sonho da recuperação de uma hegemonia perdida.[33]

---

[28] Em final de 2018, quando se realizaram as eleições presidenciais no Brasil, por exemplo, a taxa de desemprego estava em torno de 12%, alcançando mais de 13 milhões de pessoas (POLITO, Rodrigo; CONCEIÇÃO, Ana. Desemprego no Brasil atinge mais de 12 milhões no fim de 2018. *Valor Econômico*, 31 jan. 2019).

[29] ISSACHAROFF, Samuel. Populism versus democratic governance. *In*: GRABER, Mark A.; LEVINSON, Sanford; TUSHNET, Mark. *Constitutional democracy in crisis?* Oxford: Oxford University Press, 2018. p. 447: "A combinação da desaceleração econômica depois de 2008 e o impacto do comércio globalizado nos salários nos países industrializados avançados manchou a legitimidade dos regimes democráticos como um jogo interno, um meio de institucionalizar as prerrogativas da elite"; e tb. CANZIAN, Fernando. Em 40 anos, metade dos EUA ganhou só US$ 200 a mais. Fonte: Global Inequality. *Folha de São Paulo*, 29 jul. 2019.

[30] V. HARARI, Yuval. *21 lessons for the 21st century*. N. York: Spiegel & Grau, 2018. p. 34 e ss.

[31] INGLEHART, Ronald F.; NORRIS, Pippa. Trump, Brexit, and the rise of populism: economic have-nots and cultural backlash. *Working Paper Series, Harvard University, John F. Kennedy School of Government*, 16-026, 2016, p. 2. V. tb. INGLEHART, Ronald F.; NORRIS, Pippa. *Cultural backlash*: Trump, Brexit and authoritarian populism. Cambridge: Cambridge University Press, 2019.

[32] TROTMAN, Andrew. Angela Merkel: 'Austerity makes it sound evil, I call it balancing the budget'. *The Telegraph*, 23 abr. 2013; CERULUS, Laurens; GABRIEL, Sigmar. 'Merkel's austerity is driving EU to brink of collapse'. *Politico*, 8 jan. 2017.

[33] V. CASTELLS, Manuel. *Ruptura:* a crise da democracia liberal. [s.l.]: [s.n.], 2018. Digital. loc. 178.

Em interessante *insight*, Yascha Mounk observa que a democracia liberal padece de duas disfunções: (i) as democracias iliberais ou democracias sem direitos; e (ii) o liberalismo sem democracia ou direitos sem democracias. Ao analisar as *democracias iliberais*, em que líderes populistas eleitos vão paulatinamente suprimindo direitos, identifica três fatores que lhes dão causa: a estagnação social, a perda da hegemonia racial e a perda do filtro da mídia na comunicação social, pelo advento das redes sociais. Por outro lado, identifica ele, também, o que denominou de liberalismo sem democracia. Trata-se de fenômeno associado à maior complexidade da vida moderna, com perda do protagonismo do Legislativo como órgão de representação popular. De fato, nas últimas décadas, assistiu-se à ascensão de órgãos não eletivos na tomada de decisões que influenciam drasticamente a vida das pessoas, como exemplo, as agências reguladoras, os bancos centrais, as cortes constitucionais e órgãos e agências internacionais, que concretizam tratados e convenções internacionais.[34]

III A democracia no Brasil: ameaças, resistência e superação

Assentadas algumas bases teóricas e descrito o cenário mundial, cumpre agora analisar como o processo histórico do populismo extremista autoritário impactou o Brasil. Em 1º.1.2019, Jair Bolsonaro assumiu a presidência da República, após derrotar Fernando Haddad, do Partido dos Trabalhadores, obtendo quase 58 milhões de votos (55,13%). O ex-Presidente Luís Inácio Lula da Silva não pôde concorrer em razão da Lei da Ficha Limpa, por possuir, na ocasião, condenação criminal em 2º grau. Capitão reformado do Exército, o presidente eleito apresentou-se como o candidato *anti-establishment*, apesar de ter sido deputado federal por sete mandatos, entre 1991 e 2018. Seus três filhos maiores também tinham carreiras políticas. Apesar da ironia, não é incomum membros da tradicional elite política, econômica ou empresarial se apresentarem como "verdadeiros" representantes do povo. Viktor Orbán, da Hungria, por exemplo, estudou na Universidade de Oxford com bolsa de estudo (*scholarship*) custeada por ninguém menos do que George Soros, de quem se tornaria arqui-inimigo. E Donald Trump,

---

[34] MOUNK, Yascha. *The people vs. democracy*. Cambridge: Harvard University Press, 2018. Edição Kindle. Partes I e II.

ícone populista, é um herdeiro bilionário que frequentou algumas das mais afamadas universidades americanas (*Ivy league schools*).[35]

1 O cenário da ascensão de Jair Bolsonaro

A Presidente Dilma Rousseff foi temporariamente afastada do cargo em 12.5.2016, após autorizada a instauração do procedimento de *impeachment*, sendo definitivamente destituída pelo Senado Federal em 31.8.2016. A justificativa formal foram as denominadas "pedaladas fiscais" – violação de normas orçamentárias –, embora o motivo real tenha sido a perda de sustentação política. O Vice-Presidente Michel Temer assumiu o cargo até a conclusão do mandato, tendo procurado implementar uma agenda liberal cujo percurso foi abalado por sucessivas acusações de corrupção. Em duas oportunidades a Câmara dos Deputados impediu a instauração de ações penais contra o presidente.

Até a queda da Presidente Dilma Rousseff, o Partido dos Trabalhadores havia permanecido 14 anos no governo. Não é o caso de se fazer aqui o balanço de realizações e desacertos do período. O fato inexorável é que, como não é incomum acontecer, após uma década e meia no poder, o desgaste político se tornara inevitável. Havia na sociedade expressiva demanda por alternância no poder. Escândalos ao longo do período incluíram o Mensalão, o Petrolão, os Sanguessugas e outros episódios de corrupção, relatados em diversas colaborações premiadas de agentes públicos e empresários. A tudo se somou o descontrole fiscal revelado a partir do final de 2014, dando lugar a um quadro grave de recessão, desemprego e desinvestimento, com a perda pelo país do grau de investimento atribuído por agências internacionais. Na verdade, o país chegou a sonhar que o futuro havia chegado, com indicadores extremamente favoráveis, que levaram a revista *The Economist* de 12.11.2009 a celebrar a decolagem e a perspectiva de o Brasil se tornar a quinta maior economia do mundo. Não aconteceu. E em 24.9.2013, quatro anos depois, a mesma revista noticiou que o Brasil, ainda uma vez, desperdiçara uma chance. A queda foi traumática.

Foi nesse contexto que surgiu e ganhou corpo a improvável candidatura de Jair Bolsonaro. Político que jamais estivera no *mainstream* ou no centro dos processos decisórios, era conhecido por manifestações

---

[35] FRIEDMAN, Nick. *The impact of populism on courts*: institutional legitimacy and the popular will. Oxford: The Foundation for Law, Justice and Society, 2019. p. 2.

retóricas radicais, como a defesa da ditadura, da tortura e a declaração de que se pudesse fuzilaria o ex-Presidente Fernando Henrique Cardoso. Ao votar a favor do *impeachment* da Presidente Dilma, prestou homenagem a um militar acusado de ser notório torturador durante o período ditatorial. A ascensão de Bolsonaro coincidiu com o sucesso de movimentos da direita radical em diferentes partes do mundo, capturando parte significativa das bases conservadoras, dos Estados Unidos à Hungria. Com utilização profissional e eficiente das mídias sociais, o candidato conseguiu catalisar o eleitorado que já não queria mais o PT no poder. Muitas das visões radicais acabaram encobertas por promessas que atendiam a demandas importantes da sociedade, como enfrentamento da corrupção, liberalismo econômico e supressão da *velha política* do "toma lá dá cá". Singularmente, o bolsonarismo aglutinou dois segmentos opostos: de um lado, os que estavam frustrados com as promessas constitucionais não cumpridas; e, de outro, os insatisfeitos com as promessas que foram cumpridas.[36]

Iniciado o governo, o combate à corrupção foi simbolizado pela indicação do ex-Juiz Sergio Moro para o Ministério da Justiça. Não durou. Moro deixou o Ministério, pouco mais de um ano após o início do governo, acusando o presidente de interferir na Polícia Federal, inibindo o enfrentamento da corrupção. Para tocar a agenda liberal, foi indicado o economista Paulo Guedes, formado na Escola de Chicago, apelidado de "Posto Ipiranga", pois resolveria todos os problemas. A agenda liberal tampouco durou. Passada a Reforma da Previdência, houve relaxamento da responsabilidade fiscal e paralisia das privatizações, gerando inúmeras baixas na equipe ministerial. Quanto à superação da *velha política*, o presidente aliou-se ao tradicional *Centrão*, estigmatizado pela imprensa pela voracidade por cargos e verbas públicas. É célebre a frase de Stephen Holmes de que "a democracia é feita de promessas, decepções e da administração da decepção".[37]

---

[36] Sobre o tema, v. NUNES, Daniel Capecchi. *Promessa constitucional e crise democrática:* o populismo autoritário na Constituição de 1988. Mimeografado. Tese (Doutorado) – PPGD, Unversidade do Estado do Rio de Janeiro, Rio de Janeiro, 2022.

[37] HOW democracies die. *Youtube.* Disponível em https://www.youtube.com/watch?v=nHr6Mcqq-Ek. Acesso em: 12 jul. 2019.

2 Ameaças às instituições

Bolsonaro elegeu-se seguindo a cartilha populista tradicional: o povo simples, puro e conservador contra as elites sofisticadas, corrompidas e "esquerdistas". Como inevitável, logo se colocou o conflito que marca as relações entre o populismo e a democracia: não há como cumprir as promessas de campanha sem se confrontar com as instituições supostamente ocupadas pelos representantes dessas elites. Na verdade, o populismo tem uma falha conceitual de origem: *elites* não são uma categoria homogênea, não correspondem a um bloco social único. Justamente ao contrário, existem diversas "elites". Existem, é certo, elites extrativistas que precisam ser enfrentadas, porque colocam o Estado a serviço dos seus interesses. Elas são poderosas no Brasil. Mas existem elites qualificadas e indispensáveis no serviço público, da carreira diplomática aos pesquisadores de instituições de ponta; existem elites intelectuais que pensam e indicam rumos para o país, nas universidades e em diversos *think tanks*; existem elites empresariais verdadeiramente empreendedoras, decisivas para o emprego e para a geração de riquezas. Na prática, o discurso antielite acaba se transformando num discurso antidemocrático, anticientífico e antiempreendedorismo. Além disso, *povo* tampouco é um conceito unitário.[38] Num mundo plural, qualquer grupo que se apresente como único representante do povo assume um viés excludente e autoritário.

Os ataques às instituições vieram articuladamente, de *sites*, *blogs* e canais de extrema direita, pregando invasão e fechamento do Congresso Nacional e do Supremo Tribunal Federal, com retirada à força de seus membros. Revelou-se a existência de esquemas profissionais de desestabilização democrática, com suspeita de financiamento público em alguns casos, potencializados pelo uso massivo das redes sociais, alimentadas por fanáticos, mercenários (que monetizam o ódio e a mentira), *trolls*[39] e seguidores acríticos. A participação pessoal do presidente em manifestações antidemocráticas gerou preocupações até mesmo em setores que o apoiavam politicamente. Os exemplos

---

[38] PRENDERGAST, David. The judicial role in protecting democracy from populism. *German Law Journal*, v. 20, 2019. p. 246: "Populist claims are misconceived to begin with in presupposing a definitive unitary people".

[39] *Troll*, na linguagem da internet, identifica o usuário que veicula mensagens inflamatórias, agressivas e frequentemente falsas para produzir engajamento pela raiva, indignação, ódio e radicalismo.

foram se multiplicando: a) comparecimento a uma manifestação na porta da sede do comando do Exército, na qual se pedia a volta da ditadura militar; b) ataques diários à Justiça Eleitoral, ofensas pessoais aos seus integrantes e acusações falsas de fraude eleitoral em pleitos anteriores; c) desfile de tanques de guerra na Praça dos Três Poderes, com claros propósitos intimidatórios; d) pedido de *impeachment* de ministro do Supremo Tribunal Federal, em razão de decisões judiciais que desagradavam o presidente; e) mudança de diretor-geral e de superintendentes da Polícia Federal por atuarem com independência; e f) ataques reiterados a jornalistas e órgãos de imprensa, assim como uso da verba publicitária oficial para cooptar apoio de conglomerados de comunicação social.

Curiosa e paradoxalmente, o momento que gerou maior temor para a estabilidade do regime democrático foi, também, o ponto de reversão do golpismo institucional. Tratou-se da grande manifestação convocada para o 7 de setembro, Dia da Independência. Com aluguel de centenas de ônibus no interior e pagamento de refeições, os organizadores concentraram as manifestações em São Paulo e Brasília, com a expectativa de mais de um milhão de pessoas em cada uma delas. As bandeiras das manifestações eram heterogêneas e incluíam o fechamento do Supremo Tribunal Federal, o *impeachment* de ministros da Corte e o voto impresso com contagem pública manual. Alguns manifestantes defendiam a volta do regime militar, com manutenção do presidente no poder. Outros exigiam o fechamento da representação diplomática da China, fora outras idiossincrasias. O presidente compareceu a ambas as manifestações, ofendeu diretamente um ministro do STF, acusou outro de pretender fraudar as eleições e afirmou que não mais cumpriria decisões judiciais com as quais não concordasse.

O comparecimento popular, todavia, foi menos de um décimo do esperado, demonstrando o tamanho diminuto da direita radical. Também causou frustração a muitos na militância a não adesão das polícias militares à manifestação, tendo as tropas estaduais permanecido disciplinadas. Nenhum oficial militar graduado fez qualquer sinal de apoio. Além disso, houve reação imediata das instituições e da imprensa. Em suma, não havia respaldo popular nem de qualquer setor relevante à quebra da legalidade. A verdade surpreendente é que 48 horas após a manifestação, o presidente modificou inteiramente o discurso, justificando-se pelo "calor do momento"[40] e procurando aqueles a quem havia ofendido para se explicar como podia. Dias depois, em entrevista à revista *Veja*, negou qualquer intenção de golpe e, subitamente, passou a afirmar ter confiança nas urnas eletrônicas e no processo eleitoral, que havia atacado por meses a fio.[41]

3 A resistência democrática

As repetidas ameaças à legalidade constitucional e à estabilidade das instituições geraram firme reação de múltiplos setores. Em primeiro lugar, a imprensa, a despeito de boicotes publicitários e das próprias dificuldades contemporâneas do seu modelo de negócios, foi um bastião de resistência. Distinguindo com propriedade fato de opinião, manteve o tom crítico e desempenhou com desassombro o papel fiscalizador que lhe cabe. Apesar dos muitos temores de envolvimento das Forças Armadas, também as suas lideranças souberam resistir a seduções indevidas. O Ministro da Defesa e os comandantes militares deixaram o cargo com altivez, por não concordarem, segundo divulgado, com o uso político e intimidatório da instituição.[42] O Supremo Tribunal Federal, que vinha dividido no tema do combate à corrupção, uniu-se na defesa da democracia. Nessa linha, reiterou compromissos com a liberdade de expressão, com a preservação de conselhos da sociedade civil, com o devido processo legal legislativo e, sobretudo, confrontando os ataques às instituições desferidos por grupos extremistas. Em diferentes investigações, que vieram a ser reunidas em um único inquérito, que apura a atuação de organizações criminosas, o Tribunal coibiu, com

---

[40] BOLSONARO recua e diz que fala golpista no 7/9 decorreu do calor do momento. *UOL*, 9 set. 2021. Disponível em: https://noticias.uol.com.br/politica/ultimas-noticias/2021/09/09/jair-bolsonaro-nota-stf.htm.

[41] "A CHANCE de um golpe é zero", diz Bolsonaro em entrevista à Veja. *Veja*. Disponível em: https://veja.abril.com.br/politica/a-chance-de-um-golpe-e-zero-diz-bolsonaro-em-entrevista-a-veja/.

[42] Segundo o ex-Ministro da Defesa e da Segurança Pública, Raul Jungmann, o Presidente da República teria determinado que jatos da Força Aérea brasileira sobrevoassem o prédio do Supremo Tribunal Federal acima da velocidade do som para estourar os vidros do prédio, em ameaça aos juízes da Corte. A recusa teria motivado a demissão (JUNGMANN: Bolsonaro determinou que jatos sobrevoassem STF para quebrar vidros. *Poder 360*, 20 ago. 2021. Disponível em: https://www.poder360.com.br/brasil/jungmann-bolsonaro-determinou-que-jatos-sobrevoassem-stf-para-quebrar-vidros/).

oitivas, buscas e apreensões e mesmo prisões preventivas, as ameaças de violência contra seus ministros e suas instalações.[43]

Relativamente à pandemia, diante de posições de autoridades que negavam ou minimizavam sua importância e consequências, o Supremo Tribunal Federal (STF) produziu uma longa série de decisões que preservaram a saúde da população e salvaram milhares de vida. De fato, o Tribunal (i) assegurou o poder dos estados e dos municípios de tomarem medidas para proteger a população, (ii) impediu o lançamento da campanha convocando a população a voltar para as ruas e para o trabalho, quando todas as entidades médicas recomendavam recolhimento, (iii) afirmou constituir erro grosseiro, para fins de responsabilização de agentes públicos, a não observância dos consensos médico-científicos, (iv) determinou a divulgação do plano de vacinação, (v) ordenou a vacinação compulsória e (vi) a proteção das comunidades indígenas, entre outros julgados. Em ação movida por senadores, o STF determinou, igualmente, a instauração de Comissão Parlamentar de Inquérito (CPI) pelo Senado Federal para apurar a atuação do governo federal durante a pandemia. Nos termos da Constituição, se um terço dos parlamentares da casa legislativa requerer, a instauração é obrigatória, por constituir direito das minorias parlamentares. O relatório final da CPI foi devastador para o governo.

Finalmente, após as manifestações de 7 de setembro, com as graves ameaças do presidente da República às instituições, houve duros pronunciamentos do presidente do Congresso Nacional, do presidente do Supremo Tribunal Federal e, igualmente, do presidente do Tribunal Superior Eleitoral.[44]

Feita a análise do contexto mundial de ascensão do populismo autoritário e do seu impacto específico no Brasil, cabe, por fim, analisar como as democracias têm reagido ao fenômeno, com foco especial no papel desempenhado por supremas cortes e cortes constitucionais.

---

[43] Também o Tribunal Superior Eleitoral, integrado por três ministros do STF, enfrentou os comportamentos antidemocráticos instaurando procedimentos para apurar falsas alegações de fraude contra o sistema eletrônico de votação, bem como determinando a "desmonetização" de *sites* e canais que difundiam desinformação contra o processo eleitoral e contra a democracia.

[44] Os episódios de 8 de janeiro de 2023 estão narrados mais à frente, na Parte II, sob o título "Um dia para não esquecer".

IV Como as democracias sobrevivem

1 O papel decisivo (e ambíguo) das supremas cortes e cortes constitucionais

Já se encontra assentado de longa data na teoria constitucional que as supremas cortes e as cortes constitucionais, ao exercerem o controle de constitucionalidade (*judicial review*), desempenham dois grandes papéis que legitimam sua atuação: (i) a proteção das regras de funcionamento da democracia e (ii) a proteção dos direitos fundamentais de todos. O desempenho de tais tribunais é um antídoto contra o abuso de poder por parte das maiorias. Governos populistas, no entanto, com frequência, são hostis aos valores constitucionais,[45] por defenderem o poder ilimitado das maiorias políticas, atacarem os mecanismos de *checks and balances,* desprezarem as minorias (políticas, raciais, religiosas, sexuais) e até mesmo subordinarem os direitos fundamentais à "vontade do povo". Sem surpresa, é comum a existência de uma exacerbada tensão entre governos populistas e cortes supremas, cujo papel é, precisamente, manter o poder político nos limites da Constituição. Não por acaso, são elas – juntamente com as autoridades eleitorais – alvos frequentes de ataques do populismo autoritário.

Supremas cortes e cortes constitucionais têm um papel decisivo em governos populistas, às vezes para bem e outras para mal. Quando conseguem preservar sua efetiva independência, elas funcionam como importante anteparo contra o avanço sobre as instituições democráticas. Há algumas histórias de sucesso no desempenho dessa função. É certo, por outro lado, que lideranças autoritárias procuram capturar ou enfraquecer as supremas cortes, atacando-as verbalmente e, também, mediante dois comportamentos replicados mundo afora: (i) "empacotamento" das cortes com juízes submissos, forçando a abertura de vagas com mudanças nas regras de aposentadoria, *impeachments* ou aumento no número de cadeiras; e (ii) aprovação de emendas constitucionais e legislação que retiram poderes jurisdicionais e administrativos dos tribunais ou dificultam sua atuação. Na verdade, atores antidemocráticos se valem dessas duas estratégias para colocar os tribunais a serviço dos propósitos governamentais, beneficiando-se da legitimidade que o

---

[45] MULLER, Jan-Werner. *What is populism?* Philadelphia: University of Pennsylvania Press, 2016. ProQuest Ebook Central. Disponível em: http://ebookcentral.proquest.com/lib/harvard-ebooks/detail.action?docID=4674419.

endoso do Judiciário pode dar às suas ações.⁴⁶ Em diferentes países essas duas estratégias funcionaram, transformando as cortes em linhas auxiliares do poder político autoritário. Nesse cenário, elas deixam, por exemplo, de declarar a inconstitucionalidade de emendas, leis e atos que claramente afrontam a Constituição, em razão de sua posição de subordinação aos outros poderes. Ou, em quadro ainda mais grave, assumem um papel proativo no autoritarismo, banindo partidos adversários do governo de plantão e contribuindo para a persecução de membros da oposição.⁴⁷ Em suma: no combate ao populismo extremista e antidemocrático, cortes supremas e tribunais constitucionais podem ser parte da solução ou parte do problema. Alguns exemplos ilustram o ponto.

2 Histórias de sucesso e de derrota na resistência democrática

O Brasil tem sido um caso de sucesso na resistência democrática ao populismo extremista e autoritário, como já noticiado acima. O Supremo Tribunal Federal reagiu energicamente aos ataques contra as instituições e contra o próprio tribunal, com decisões que preservaram a democracia, com procedimentos criminais e com pronunciamentos incisivos de seu presidente. Da mesma forma, o Tribunal Superior Eleitoral (TSE), órgão do Poder Judiciário que organiza e supervisiona nacionalmente as eleições no país, também teve papel decisivo na reação a ataques antidemocráticos. O Brasil adota, desde 1996, um sistema de votação por urnas eletrônicas que eliminou um passado de fraudes eleitorais que ocorriam com o voto de papel. Pois o presidente da República, por meses a fio, acusou falsamente o sistema de ser fraudulento, na velha lógica do populismo autoritário de se antecipar a eventual derrota acusando o sistema de não ser idôneo. No caso brasileiro, dando um toque de surrealismo ao enredo, o presidente atacava o sistema pelo qual se elegera por larga margem. O TSE se opôs fortemente, e

---

⁴⁶ DIXON, Rosalind; LANDAU, David. *Abusive constitutional borrowing*: legal globalization and the subversion of liberal democracy. Oxford: Oxford University Press, 2021. p. 92; 177.

⁴⁷ Foi o que ocorreu, por exemplo, em países como Camboja e Tailândia, onde as cortes superiores se valeram da doutrina "da democracia militante para suprimir a competição eleitoral" (*militant democracy to suppress electoral competition*), e na Venezuela, país no qual a Suprema Corte atuou para neutralizar e paralisar o Congresso de oposição. V. DIXON, Rosalind; LANDAU, David. *Abusive constitutional borrowing*: legal globalization and the subversion of liberal democracy. Oxford: Oxford University Press, 2021. p. 178.

com sucesso, à proposta de retorno ao voto impresso "com contagem pública manual", apresentada ao Congresso Nacional, com apoio do presidente, e que veio a ser rejeitada. Como o voto de papel com contagem manual sempre foi o caminho para a fraude eleitoral no Brasil, muitos suspeitavam de intenções ocultas e golpistas na tentativa de retroceder ao modelo antigo. Isso num momento em que o presidente aparecia em larga desvantagem nas pesquisas de intenção de voto para as eleições de 2022.

Nos Estados Unidos, nas eleições de 2020, o Presidente Donald Trump, candidato à reeleição, alegou sem provas a existência de fraude, mesmo antes do início da votação. Foi derrotado por Joe Biden no Colégio Eleitoral – 306 votos a 232 – e na contagem nacional por mais de 7 milhões de votos. Ainda assim, Trump jamais reconheceu a vitória do adversário. Antes pelo contrário, seus apoiadores propuseram mais de 60 ações judiciais procurando anular eleições em diferentes estados, sem êxito em qualquer delas. A própria Suprema Corte rejeitou duas ações endossadas pelo presidente.[48] Em 6.1.2021, centenas de pessoas invadiram e vandalizaram o Capitólio, sede do Congresso, tentando impedir a proclamação do resultado das eleições. Houve sete mortos e mais de uma centena de feridos. Uma semana após o ataque, Trump sofreu *impeachment* na Câmara dos Deputados, por incitação à insurreição. Foi igualmente condenado no Senado, por 57 votos a 43, número que não atingiu a maioria de 2/3 necessária para o seu afastamento, que seria de 67 votos. O ponto que se quer ressaltar aqui, no entanto, é que o Judiciário, inclusive a Suprema Corte, não cedeu aos apelos do líder populista inconformado com a derrota, tendo preservado o resultado eleitoral e a democracia. No aniversário de um ano do episódio, em 6 de janeiro de 2022, ainda subsistiam uma guerra de narrativas e muitas cicatrizes abertas.[49]

Alguns anos antes, em cenário menos dramático, mas em decisão de grande importância histórica, a Corte Constitucional da Colômbia, em 2010, declarou inconstitucional emenda à Constituição que permitia

---

[48] CUMMINGS, William; GARRISON, Joey; SERGENT, Jim. By the numbers: President Donald Trump's failed efforts to overturn the elections. *USA Today*, 6 jan. 2021. Disponível em: https://www.usatoday.com/in-depth/news/politics/elections/2021/01/06/trumps-failed-efforts-overturn-election-numbers/4130307001/.

[49] THE EDITORIAL Board, Everyday is Jan. 6 now. *The New York Times*, 1 jan. 2022. Disponível em: https://www.nytimes.com/2022/01/01/opinion/january-6-attack-committee.html; CARTER, Jimmy. I fear for our democracy. *New York Times*, 6 jan. 2022. Disponível em: https://www.nytimes.com/2022/01/05/opinion/jan-6-jimmy-carter.html.

a reeleição do Presidente da República para um terceiro mandato, emenda que beneficiaria o incumbente Álvaro Uribe.⁵⁰ A decisão seguiu a linha de um precedente antigo da Suprema Corte da Índia⁵¹ e veio a reforçar uma tendência que se consolidaria mais à frente – para bem e para mal – do reconhecimento de inconstitucionalidade de emendas constitucionais, por fundamentos processuais ou substantivos.⁵² Tal inconstitucionalidade se caracteriza por emendas que rompem com a identidade do texto constitucional originário, em violação a princípios estruturantes, caracterizando verdadeira *substituição* da Constituição, como enfatizou a Corte Constitucional colombiana.⁵³ O primeiro precedente na matéria, relativamente à vedação da possibilidade de reeleição, ocorrera na Costa Rica, em situação inversa: a Sala Constitucional da Suprema Corte, em 2003, afirmou que a proibição absoluta de reeleição, mesmo que para mandato não consecutivo, interferia de maneira inconstitucional com um direito político fundamental. Com isso, o ex-Presidente Oscar Arias pôde voltar a concorrer, dezesseis anos depois de haver deixado o cargo. Tal decisão, no entanto, que era razoável e foi proferida em um país de democracia estável, viria a ser invocada por populistas autoritários para derrubar vedações à reeleição e perpetuarem-se no cargo.⁵⁴

A prática populista de esvaziar, capturar e aparelhar supremas cortes tem como marco histórico o expurgo de quatro dos cinco juízes da Suprema Corte da Argentina por Juan Domingo Perón, logo após sua eleição em 1946.⁵⁵ Ali teve início uma longa tradição de interferência do

---

⁵⁰ CORTE CONSTITUCIONAL DA COLÔMBIA. *Sentencia C-141/10*. Comunicado de 26 fev. 2010. Disponível em: https://www.corteconstitucional.gov.co/comunicados/No.%20 09%20Comunicado%2026%20de%20febrero%20de%202010.php. Sobre o tema, v. BERNAL PULIDO, Carlos. Unconstitutional Constitutional Amendments in the case study of Colombia: an analysis of the justification and meaning of the constitutional replacement doctrine. *International Journal of Constitutional Law*, v. 11, 2013.

⁵¹ *Kesavananda v. State of Kerala* (1973) SCR (Supp) 1 (India). Disponível em: https://indiankanoon.org/doc/257876/.

⁵² Um dos pioneiros na discussão doutrinária desse tema foi ALBERT, Richard. Nonconstitutional amendments. *Canadian Journal of Law and Jurisprudence*, v. 22, 2009. p. 21-31.

⁵³ Sobre o tema, v. BARROSO, Luís Roberto. The life and death of Constitutions in Latin America: constitutional amendments, the role of courts and democracy. Foreword. *In*: ALBERT, Richard; BERNAL PULIDO, Carlos; BENVINDO, Juliano Zaiden (Ed.). *Constitutional Change and Transformation in Latin America*. Oxford: Hart Publishing, 2019.

⁵⁴ V. ROZNAI, Yaniv. Constitutional Unamendability in Latin America gone wrong? *In*: ALBERT, Richard; BERNAL PULIDO, Carlos; BENVINDO, Juliano Zaiden (Ed.). *Constitutional Change and Transformation in Latin America*. Oxford: Hart Publishing, 2019. p. 93-116.

⁵⁵ ARATO, Andrew. *Populism, the Courts and Civil Society*. December 4, 2017. p. 1. Disponível em: https://ssrn.com/abstract=3082596: "Admittedly, no current populist government has

Executivo na corte daquele país.⁵⁶ Na história recente, são muitos os casos que seguiram esse caminho. Um dos exemplos mais emblemáticos é o da Corte Constitucional da Hungria, que desfrutou de poder, prestígio e independência após a redemocratização do país, com a dissolução da União Soviética. Após a chegada ao poder de Viktor Orbán e de seu partido, Fidez, em 2010, esse quadro se deteriorou progressivamente. O roteiro seguido foi o previsível: empacotamento, retirada de poderes relevantes e captura. Nessa linha, emendas constitucionais e ampla legislação aprovadas no Parlamento dominado pelo Fidez aumentaram o número de juízes da Corte de 11 para 15, reduziram a idade de aposentadoria para abrir novas vagas,⁵⁷ alteraram critérios de nomeação de juízes aumentando a ingerência político-partidária e retiraram competências de controle de constitucionalidade (*judicial review*), especialmente em relação às emendas constitucionais. Em 2013, o governo já detinha total controle da Corte e de outras instituições, como o Parlamento, a mídia e as universidades. Ícone do populismo autoritário de direita no mundo, Orbán é considerado por alguns estudiosos um "típico ditador do século XXI" (*the ultimate twenty-first-century dictator*).⁵⁸

O Tribunal Constitucional da Polônia também passou por vicissitudes análogas, até ser inteiramente controlado pelo Partido Lei e Justiça (*Law and Justice Party*). As tensões entre o Tribunal e o governo começaram ainda em 2015, quando se deu a recusa em dar posse a cinco juízes que haviam sido indicados pelo Sejm (Câmara dos Deputados) que se encontrava em final de mandato.⁵⁹ Na sequência, vieram leis que

---

gone as far as Peron's in 1947 when he has initiated the impeachment and trial of 4 out of 5 Supreme Court justices, with one of them resigning before impeachment succeeded".

⁵⁶ CASTAGNOLA, Andrea. *Manipulating courts in new democracies*: forcing judges off the bench in Argentina. Milton: Routledge, 2018.

⁵⁷ O Tribunal de Justiça da União Europeia considerou que a lei que reduzia a idade de aposentadoria de juízes, procuradores e notários públicos de 70 para 62 anos é incompatível com as normas que regeu a União Europeia (COMISSÃO EUROPEIA. *Court of Justice rules Hungarian forced early retirement of judges incompatible with EU law*. 6 nov. 2012. Disponível em: https://ec.europa.eu/commission/presscorner/detail/mt/MEMO_12_832).

⁵⁸ SCHEPPELE, Kim Lane. Why conservatives around the world have embraced Hungary's Viktor Orbán. Entrevista a: CHOTINER, Isaac. *The New Yorker*, 21 ago. 2021. Sobre a deterioração institucional da Hungria, v. SCHEPPELE, Kim Lane. Autocratic Legalism. *University of Chicago Law Review*, v. 85, 2018. p. 549 e ss.; e DIXON, Rosalind; LANDAU, David. *Abusive constitutional borrowing*: legal globalization and the subversion of liberal democracy. Oxford: Oxford University Press, 2021. p. 89; 92; e MOUNK, Yascha. The end of history revisited. *Journal of Democracy*, v. 31, 2020. p. 31.

⁵⁹ A manobra do Partido *Civic Platform* era de fato questionável, uma vez que três dos cinco juízes substituídos somente concluiriam seus mandatos após as eleições. V. ARATO, Andrew.

antecipavam a aposentadoria dos juízes,[60] limitavam sua jurisdição, exigiam supermaioria para a invalidação de leis (de maioria passou para 2/3) e, mais grave ainda, davam poder discricionário ao Executivo para publicar ou não as decisões do Tribunal.[61] Em fevereiro de 2020, uma carta aberta assinada por mais de duas dezenas de ex-juízes que o haviam integrado, inclusive diversos de seus ex-presidentes, denunciou que o Tribunal "havia sido virtualmente abolido" (*has virtually been abolished*).[62]

O Tribunal Constitucional da Turquia, a seu turno, era conhecido por sua importante atuação na promoção de um Estado laico e de um governo secular. Em 2010, no entanto, quando Recep Tayyp Erdogan era primeiro-ministro, uma emenda constitucional alterou as normas referentes à composição do Tribunal, ao processo de seleção de juízes e às regras de votação.[63] Segundo críticos, o Tribunal foi "domesticado" (*tamed*), passando a ser controlado pelo governo.[64] Raras e eventuais decisões desfavoráveis ao Executivo despertam ameaças de retaliação, como o fechamento do Tribunal[65] e a limitação ou fragmentação de seus poderes por uma nova Constituição.[66]

Na América Latina, os casos de retaliação às cortes constitucionais e tentativas de captura se sucedem. Um precedente mais remoto ocorreu em 1997, no Peru, quando três juízes do Tribunal Constitucional que votaram contra a interpretação que permitia um terceiro mandato

---

Populism, the Courts and Civil Society. December 4, 2017. p. 6. Disponível em: https://ssrn.com/abstract=3082596.

[60] Tal como se passou com procedimento análogo na Hungria, o Tribunal de Justiça da União Europeia considerou que tal legislação violava princípios da União Europeia, com destaque para a inamovibilidade de juízes (TJUE. *Commission vs. Poland*, j. 24.06.2019. Disponível em: https://eur-lex.europa.eu/legal-content/EN/TXT/?uri=ecli%3AECLI%3AEU%3AC%3A2019%3A531).

[61] DIXON, Rosalind; LANDAU, David. *Abusive constitutional borrowing*: legal globalization and the subversion of liberal democracy. Oxford: Oxford University Press, 2021. p. 93.

[62] CONSTITUTIONAL Tribunal has virtually been abolished, announce retired judges. *Rule of Law*, 20 fev. 2020. Disponível em: https://ruleoflaw.pl/constitutional-tribunal-has-virtually-been-abolished-announce-retired-judges/.

[63] ARATO, Andrew. *Populism, the Courts and Civil Society*. December 4, 2017. p. 5. Disponível em: https://ssrn.com/abstract=3082596.

[64] ŞEN, İlker Gökhan. The final death blow to the Turkish Constitutional Court. *VerfBlog*, 28 jan. 2021. Disponível em: https://verfassungsblog.de/death-blow-tcc/.

[65] ERDOGAN allies call for closure of Turkey's Constitutional Court. *Arab News*, 2 abr. 2021. Disponível em: https://www.arabnews.com/node/1836056/middle-east.

[66] ERDOGAN'S nationalist ally prepares draft Turkish constitution. *Reuters*, 4 maio 2021. Disponível em: https://www.reuters.com/world/middle-east/erdogans-nationalist-ally-prepares-draft-turkish-constitution-2021-05-04/.

ao Presidente Alberto Fujimori foram afastados.[67] Nos dias atuais, o caso mais dramático e emblemático é o da República Bolivariana da Venezuela. Hugo Chávez foi eleito presidente em 1998, tomou posse em 1999, mesmo ano em que fez aprovar uma nova Constituição, tendo permanecido no poder, em sucessivas reeleições, até sua morte, em 2013. Em 2002, sofreu uma tentativa de golpe de Estado, tendo logrado retornar ao poder dois dias depois. Em 2004, em retaliação ao Tribunal Supremo de Justiça, que havia absolvido os comandantes militares rebeldes, o Congresso dominado por Chávez aumentou o número de juízes do Tribunal de 20 para 32, na primeira intervenção de "empacotamento" do órgão de cúpula do Judiciário. A mesma lei facilitou o afastamento de juízes pelo Congresso, o que logo foi posto em prática com a remoção do vice-presidente do Tribunal. Desde então, Chávez e seu governo assumiram o controle da corte suprema.[68]

Entre 2005 e 2014, não houve sequer uma decisão desfavorável ao governo central.[69] [70] Após a morte de Chávez, em 2013, e a ascensão de Nicolau Maduro, a deterioração econômica levou a uma expressiva vitória da oposição na eleição parlamentar de 2015. Antes da posse do novo Congresso, no entanto, o Legislativo que concluía o seu termo nomeou, em 23.12.2015, 13 novos juízes titulares e 21 substitutos para o Tribunal, sem a observância do procedimento próprio previsto na Constituição e na legislação.[71] A partir daí, o Tribunal Supremo de Justiça desempenhou o seu pior papel: tornou-se aliado do presidente

---

[67] SIMS, Calvin. Peru's Congress is assailed over its removal of judges. *New York Times*, 31 maio 1997. Disponível em: https://www.nytimes.com/1997/05/31/world/peru-s-congress-is-assailed-over-its-removal-of-judges.html. A Corte Interamericana de Direitos Humanos, em 31.1.2001, condenou o Peru por violação às garantias da magistratura (*the right to judicial protection*) e ao pagamento de indenização aos três juízes afastados (CORTE INTERAMERICANA DE DIREITOS HUMANOS. *Case of the Constitutional Court v. Peru*. Disponível em: https://www.corteidh.or.cr/docs/casos/articulos/seriec_71_ing.pdf).

[68] VENEZUELA: Chávez allies pack Supreme Court. *Human Rights Watch*, 13 dez. 2004.

[69] V. CORRALES, Javier. Autocratic legalism in Venezuela. *Journal of Democracy*, v. 26, 2015. p. 44.

[70] Nesse período, o Tribunal validou inúmeras leis que transformavam a Venezuela em um regime ditatorial, por cercearem a liberdade de expressão, perseguirem adversários, mudarem regras eleitorais em favor do governo e retirarem a concessão de veículos de mídia de oposição. V. SANCHEZ URRIBARRI, Raul A. Courts between democracy and hybrid authoritarianism: Evidence from the Venezuelan Supreme Court. *Law & Social Inquiry*, v. 36, 2011, p. 876.

[71] ORE, Diego. Venezuela's outgoing Congress names 23 Supreme Court Justices. *Reuters*, 23 dez. 2015. Disponível em: https://www.reuters.com/article/us-venezuela-politics-idUSKBN0U626820151223. V. Constituição da Venezuela, art. 264 e Lei Orgânica do Tribunal Supremo de Justiça, art. 38.

para neutralizar e paralisar o Congresso oposicionista. Por entender descumprida uma decisão de afastamento de parlamentares eleitos, o Tribunal considerou o Congresso em desacato (*contempt*) e declarou inconstitucionais todas as leis e atos que praticava. Em 2017, o Tribunal validou a convocação de uma Assembleia Constituinte, que não produziu Constituição alguma, mas concentrou em si os principais poderes da República, inclusive antecipando uma eleição presidencial de cartas marcadas, da qual foram excluídos os principais partidos de oposição. Em suma: na Venezuela, o Tribunal Supremo de Justiça foi um ator proativo na desconstrução do Estado democrático.

Outro país latino-americano que tomou o rumo desvirtuado da ditadura foi a Nicarágua. Também aqui tendo a Corte Suprema de Justiça como aliada. Daniel Ortega, líder dos sandinistas, já havia sido presidente no período revolucionário, iniciado em 1979, vindo a ser eleito pelo voto popular em 1984. Em 1990 foi derrotado, não se reelegendo. Em 1995, a Assembleia Nacional aprovou emenda constitucional à Constituição de 1987, proibindo reeleições sucessivas. Em 2007, Ortega voltou a ser eleito presidente. Foi então que, em 2009, obteve de uma Corte Suprema altamente partidarizada a eliminação sem limite da restrição à reeleição, num procedimento considerado ardiloso, quando não desonesto: juízes que não apoiavam a medida não foram convocados adequadamente para a sessão de julgamento e foram substituídos *ad hoc* por aliados do presidente.[72] Com a manobra e inúmeras medidas de perseguição a adversários, foi reeleito em 2011, em 2016 e em 2021. Organismos internacionais denunciaram as eleições na Nicarágua como sendo uma farsa antidemocrática.[73]

A onda de banimento à vedação de reeleições sucessivas, que já atingira anteriormente a Venezuela, estendeu-se à Bolívia, onde a Corte Suprema de Justiça, em decisão de 2017, aboliu a proibição, abrindo caminho para a candidatura de Evo Morales a um quarto mandato. Isso a despeito de texto expresso da Constituição vedando a possibilidade de mais de dois mandatos e da expressa rejeição da proposta em

---

[72] ASSOCIATED Press, Nicaragua court allows Ortega to seek new term in 2011. *The Guardian*, 20 out. 2009. Disponível em: https://www.theguardian.com/world/2009/oct/20/nicaragua-ortega-sandinista-reelection.

[73] IDEA – INSTITUTE FOR DEMOCRACY AND ELECTORAL ASSISTANCE. *The election has greatly aggravated the crisis.* 7 nov. 2021. Disponível em: https://www.idea.int/news-media/news/election-has-greatly-aggravated-crisis-nicaragua.

consulta popular.⁷⁴ Ao final, Morales foi levado a afastar-se do cargo em novembro de 2019 e novas eleições foram convocadas.

Também em Honduras, a Constituição de 1982 somente permitia um mandato presidencial, previsão contida em cláusula pétrea e, consequentemente, insuscetível de emenda.⁷⁵ Nada obstante, em decisão de 2015, a Corte Suprema de Justiça derrubou, por inconstitucional, a cláusula constante do texto *original* da Constituição, o que, naturalmente, refoge à hipótese que ganhou curso mais recentemente de se considerar determinadas *emendas* constitucionais inconstitucionais.⁷⁶ A decisão abriu caminho para a reeleição de Juan Orlando Hernandez no controvertido pleito de 2017. Ironicamente, na eleição presidencial de 2021, foi eleita a candidata de oposição, Xiomara Castro, esposa do ex-Presidente Manuel Zelaya, que havia sido deposto por um golpe de Estado, em 2009, sob a acusação de procurar, pela via transversa de uma emenda à Constituição, burlar a proibição de reeleição.

Finalmente, no Equador, Rafael Correa permaneceu no poder de 2007 a 2017. Em um referendo validado pela Corte Constitucional em 2011, ele adquiriu amplos poderes no processo de nomeação de juízes, o que permitiu que substituísse integralmente os membros do Tribunal.⁷⁷ Em 2015, Correa conseguiu aprovar, por um questionável procedimento simplificado, que veio a ser validado pela Corte, emenda constitucional permitindo a reeleição sem limites do presidente.⁷⁸ Após uma onda de protestos, foi incluída na emenda uma cláusula pela qual a regra não valeria para a eleição imediatamente subsequente, de 2017. Na sequência histórica, no governo do novo presidente eleito, Lenín

---

⁷⁴ RAMOS, Daniel. Bolivia Morales' defies term limits, launches bid for fourth term. *Reuters*, 18 maio 2019.

⁷⁵ Constituição de Honduras: "Art. 374. No podrán reformarse, en ningun caso, el articulo anterior, el presente articulo, los articulos constitucionales que se refieren a la forma de gobierno, al territorio nacional, al periodo presidencial, a la prohibicion para ser nuevamente Presidente de la Republica, el ciudadano que lo haya desempenado bajo cualquier titulo y el referente a quienes no pueden ser Presidentes de la Republica por el periodo subsiguiente".

⁷⁶ LANDAU, David. Honduras: Term limits drama 2.0 – how the Supreme court declared the Constitution unconstitutional. *Constitutionet*, 27 maio 2015.

⁷⁷ CASTRO-MONTERO, José Luis; VAN DIJCK, Gijs. Judicial politics in unconsolidated democracies: an empirical analysis of the Ecuadorian Constitutional Court. *Justice System Journal*, v. 38, 2017. p. 384; e DIXON, Rosalind; LANDAU, David. *Abusive constitutional borrowing*: legal globalization and the subversion of liberal democracy. Oxford: Oxford University Press, 2021. p. 95.

⁷⁸ ECUADOR legislature lifts presidential re-election limit. *BBC News*, 4 dez. 2015.

Moreno, um plebiscito voltou a limitar a dois mandatos a permanência no poder.[79]

3 As cortes constitucionais no jogo do poder

Como se constata da narrativa acima, não é fácil para as cortes supremas cumprir bem o papel de resistência democrática. De um lado, uma atitude passiva ou omissiva de cautela, para evitar o embate com líderes populistas, frustra a sua missão. De outra parte, o confronto aberto e solitário não costuma ter final feliz para os tribunais. É exemplar o que se passou na Rússia. Em 1989, após a queda do Muro de Berlim e já próximo do final da União Soviética, a Corte Constitucional ascendeu como um ator importante na transição democrática. Proferiu, assim, decisões de alto relevo, inclusive quanto à dissolução do Partido Comunista e a reorganização partidária. Em 1993, contudo, a Corte entrou em confronto com Boris Yeltzin a propósito de decretos que suspendiam o Parlamento, entendendo que o presidente excedera os seus poderes. Yeltzin convocou, então, um referendo popular e conseguiu apoio para dissolver tanto o Parlamento quando a própria Corte. Ao final de 1993, a Rússia tinha uma nova Constituição, mas não mais uma Corte Constitucional. Ela só veio a ser restabelecida em 1995, com um papel bem menor, e já submissa ao novo presidente, Vladimir Putin.[80]

Quando existe um partido hegemônico, que controle o Legislativo, tenha apoio amplo nas instituições da sociedade civil e da população, impedir movimentos majoritários autoritários se torna muito mais difícil. Quando, por outro lado, haja maior equilíbrio e competição política entre partidos e segmentos diversos, o papel de contenção dos processos antidemocráticos é mais viável. Na verdade, a conjuntura específica e a cultura constitucional do povo fazem toda a diferença. E, também, o grau de independência e credibilidade da própria corte constitucional. Nos Estados Unidos, a tentativa de golpe pela invasão do Capitólio gerou reação imediata do Congresso e da imprensa. Embora, surpreendentemente, um número bastante relevante de eleitores do Partido Republicano, insuflados pelo Presidente derrotado, acredite

---

[79] ASSOCIATED Press, Ecuador votes do limit presidents' term in blow to Rafael Correa. *The Guardian*, 5 fev. 2018. Disponível em: https://www.theguardian.com/world/2018/feb/05/ecuador-votes-to-limit-presidents-terms-in-blow-to-rafael-correa.

[80] V. ISSACHAROFF, Samuel. *Fragile Democracies*: Contested Power in the Era of Constitutional Courts. Cambridge: Cambridge University Press, 2015. p. 273.

que houve fraude, a despeito da falta de provas.[81] No Brasil, embora uma democracia bem mais jovem – o regime militar expirou em 1985 e a Constituição em vigor é de 1988 –, também houve reação maciça das instituições, da imprensa e da sociedade, contendo as veleidades de golpe.

Portanto, a capacidade de cortes supremas e cortes constitucionais impedirem a escalada autoritária de líderes populistas depende de múltiplos fatores: pluralismo político efetivo na sociedade, com partidos fortes de situação e de oposição; eleições livres e competitivas; cortes com tradição de independência e reconhecimento da sociedade; apoio das demais instituições à democracia e à própria corte; e sociedade que tenha uma cultura constitucional capaz de repudiar aventuras ditatoriais. Vale dizer: tribunais são importantes, mas não são capazes de fazer o trabalho sozinhos. E, por evidente, devem escapar da armadilha de se tornar eles próprios atores movidos por preferências ou sentimentos intrinsecamente políticos, quando não partidarizados, deixando de fundamentar suas decisões, genuinamente, em valores e princípios constitucionais.

V Conclusão do capítulo

A democracia contemporânea vem enfrentando inúmeras adversidades. Algumas decorrem de sua própria incapacidade de solucionar problemas graves, que vêm de longe e a enfraquecem. Embora o cenário possa variar substancialmente de país para país, alguns desses problemas incluem: (i) a pobreza extrema, as desigualdades injustas e outros fatores que levam à exclusão ou à estagnação sociais; (ii) a apropriação privada do Estado por elites políticas e econômicas extrativistas, que o colocam a serviço dos seus interesses, alienando a maioria da população; e (iii) o sentimento de não pertencimento de muitos, seja pela exclusão social, seja porque os sistemas de representação política já não conseguem mais dar suficiente voz e relevância aos cidadãos. Num mundo marcado por inovações e destruição criativa, a democracia precisa

---

[81] CUTHBERT, Lane; THEODORIDIS, Alexander. Do republicans really believe Trump won the 2020 election? Our research suggest that they do. *Washington Post*, 7 jan. 2022: "[A]mong a nationally representative sample of the U.S. voting-age population, only 21 percent of Republicans say Joe Biden's victory was legitimate".

encontrar novos desenhos institucionais que a preservem e reavivem os valores que a tornaram a ideologia vitoriosa do século XX.

Ao mesmo tempo que enfrenta velhos fantasmas, a democracia constitucional se depara com as novas ameaças trazidas pelo populismo extremista e autoritário. Tudo isso num mundo em que boa parte da comunicação social e política migrou dos meios de comunicação tradicionais – imprensa, televisão e rádio – para mídias sociais que operam com poucos filtros, abrindo espaço para a desinformação, as teorias conspiratórias ou o ódio puro e simples. Alguns países têm conseguido resistir, embora não sem sequelas, a esse processo de deterioração democrática. Em outros, no entanto, as instituições sucumbiram à hegemonia de líderes e partidos populistas, de viés antidemocrático. Nesse ambiente, as cortes supremas e as cortes constitucionais têm protagonizado histórias de sucesso e histórias de fracasso. Em alguns casos, elas foram pilares de resistência. Em outros, foram incapazes de reação. E em situações mais dramáticas, foram parte do problema. Não se deve ter a ingenuidade de crer que tribunais, por si sós, consigam manter de pé o edifício constitucional. Como um projeto coletivo, a democracia precisa de povo participante e leal a ela, governantes idôneos e um conjunto de instituições inclusivas.

Capítulo IV

LIBERDADE DE EXPRESSÃO, IMPRENSA E MÍDIAS SOCIAIS: JURISPRUDÊNCIA, DIREITO COMPARADO E NOVOS DESAFIOS

Sumário: I. Generalidades. 1. A comunicação humana. 2. A liberdade de expressão no Brasil: o passado condena. II. Liberdade de expressão na Constituição de 1988. III. Liberdade de expressão na jurisprudência do Supremo Tribunal Federal. 1. Liberdade de imprensa. 2. Discursos de ódio. 3. Liberdade de expressão artística e intelectual. 4. Direito ao esquecimento. 5. Manifestação do pensamento. 6. Ataque às instituições democráticas. IV. Notas sobre o direito comparado: liberdade de expressão nos EUA e na Alemanha. V. Revolução digital, Internet e mídias sociais. VI. Conclusão do capítulo

I GENERALIDADES

> *En este mundo traidor*
> *nada es verdad ni mentira*
> *todo es según el color*
> *del cristal con que se mira.*
> (Ramon de Campoamor)

1 A comunicação humana

Há cerca de 70 mil anos, com a Revolução Cognitiva, desenvolveu-se um dos traços essenciais que singularizam a condição humana: a comunicação, a linguagem, a capacidade de transmitir informação, conhecimento e ideias. Ao longo dos séculos, a comunicação social percorreu uma longa trajetória, que se iniciou com inscrições e desenhos em cavernas, sinais de fumaça e tambores, e que teve como marco transformador a invenção da escrita, entre 3.500 e 3.000 a.C. Até então, obras emblemáticas da história da humanidade, como a Bíblia hebraica, a Ilíada grega, o Mahabarata indiano e as primeiras escrituras budistas passaram de geração para geração como narrativas orais.[1]

Com o avanço da ciência, a comunicação humana beneficiou-se de inventos cada vez mais sofisticados, como a imprensa, o telefone, o rádio, a televisão aberta e a TV a cabo, até chegar aos computadores conectados em rede mundial. Vivemos a era da convergência de mídias – rádio, TV, jornais, *sites* de notícias – concentrados em uma mesma plataforma, acessível por computador, celular ou *tablet* –, do *streaming* e das redes sociais. Tudo é novo apenas temporariamente. Desde o início dos tempos, a liberdade de expressão sempre foi o tormento dos donos do poder: do poder político, do poder econômico e do poder religioso. Uma conquista obtida lenta e paulatinamente no curso da história.

2 A liberdade de expressão no Brasil: o passado condena

A censura no Brasil vem de longe. O primeiro documento a sofrê-la foi a carta de Pero Vaz de Caminha, considerada a certidão de nascimento do que viria a ser um dia o Brasil. Nela, Caminha, escrivão da frota de Cabral, descrevia para o Rei D. Manuel as índias nativas, com "suas vergonhas tão nuas". A carta ficou esquecida por mais de dois séculos na Torre do Tombo, em Lisboa, até vir a ser divulgada pelo Padre Manuel Aires do Casal. O padre, no entanto, cortou-lhe alguns trechos, que considerou "indecorosos".[2] Após a vinda da família real portuguesa para o Rio de Janeiro, em 1808, foi criada a Imprensa Régia, à qual incumbia publicar a documentação oficial, obras e livros. Cabia a uma Junta Diretora examinar previamente tudo o que seria publicado, sendo vedada a impressão de "papéis e livros cujo conteúdo contrariasse o governo, a religião e os bons costumes".[3]

---

[1] HARARI, Yuval Noah. *Sapiens*. N. York: HarperCollins, 2015. p. 122.
[2] BUENO, Eduardo. *Brasil:* uma história. São Paulo: Ática, 2003. p. 33.
[3] SCHWARCZ, Lilia M.; STARLING, Helosa M. *Brasil:* uma biografia. São Paulo: Companhia das Letras, 2015. p. 183.

Dando um salto no tempo, já no Estado Novo, de Getúlio Vargas, foi criado o Departamento de Imprensa e Propaganda, em dezembro de 1939. Entre seus objetivos estava "fazer a censura do teatro, do cinema, das funções recreativas e esportivas, da radiodifusão, da literatura social e política e da imprensa". Alguns anos antes, mas já sob a ditadura de Vargas, teria ocorrido um episódio que entrou para o folclore da luta pela liberdade de expressão no Brasil. O jornalista e humorista Apparício Torelly, o Barão de Itararé, fundador do Jornal do Povo, foi sequestrado na sede de sua publicação e espancado em razão de uma série de matérias que vinha publicando. De volta à redação, de onde fora arrancado à força, teria afixado na porta a tabuleta: "Entre sem bater".

O período mais recente de censura generalizada se deu sob a ditadura militar, entre 1964 e 1985, especialmente durante a vigência do Ato Institucional nº 5 (1968-1978). O cerceamento à liberdade de expressão recaiu sobre múltiplos domínios da vida intelectual e cultural brasileira:

a) na *imprensa escrita*, (i) os jornais eram submetidos a censura prévia e, diante do corte dos censores, que se instalavam dentro das redações, viam-se na contingência de deixar espaços em branco ou de publicar poesias e receitas de bolo; (ii) apreendiam-se jornais e revistas por motivos políticos (como *Opinião* e *Pasquim*) ou de "moralidade" (*Ele & Ela*); e (iii) boicotava-se a publicidade dos jornais que não se curvavam ao governo, para asfixiá-los economicamente (*Correio da Manhã*);

b) na *música*, as letras das canções tinham que ser previamente submetidas à Divisão de Censura e Diversões Públicas. Havia artistas malditos, que não podiam gravar ou aparecer na TV, e outros que só conseguiam aprovar suas músicas mediante pseudônimo. Vivia-se um país nas entrelinhas e nas sutilezas. A música *Apesar de você*, de Chico Buarque, chegou a ser liberada, até que alguém se deu conta de que podia haver um protesto embutido em seus versos;

c) no *cinema*, filmes eram proibidos, exibidos com cortes ou projetados com tarjas que perseguiam seios e órgãos genitais, como ocorreu com o drama *Laranja Mecânica*;

d) nas *artes*, a peça *Roda Viva*, também de Chico Buarque, teve o teatro invadido e os atores agredidos por um grupo paramilitar, sendo logo em seguida proibida sua encenação em todo o território nacional. O *Ballet Bolshoi* foi impedido de se apresentar no Teatro Municipal, no Rio de Janeiro, sob a abstrusa invocação de que constituiria propaganda comunista;

e) na *televisão*, festivais da canção foram vítimas de intervenção governamental, todos os programas, salvo os ao vivo, eram previamente submetidos a exame por censores e a telenovela *Roque Santeiro*, na sua primeira versão, foi integralmente vetada para exibição.

O jornalista e escritor Zuenir Ventura fez um levantamento de que, durante os dez anos de vigência do AI-5, cerca de 500 filmes, 450 peças, 200 livros e mais de 500 letras de música sofreram veto.[4] O ápice do obscurantismo foi a proibição da divulgação de um surto de meningite ocorrido no país. Impediu-se a reação adequada à epidemia, em nome da proteção da imagem do Brasil Grande.

Desde a Independência, todas as Constituições brasileiras, a começar pela de 1824, asseguraram a liberdade de expressão. Desafortunadamente, sempre houve larga distância entre intenção e gesto, num dramático desencontro entre o discurso oficial e o comportamento dos governos. Em nome da segurança nacional, da moral, dos bons costumes, da família e de outros pretextos, sempre foram cerceadas a imprensa, as artes e a literatura. No Brasil, como em todo o mundo, a censura sempre oscila entre o arbítrio, o capricho, o preconceito e o ridículo. Assim é porque sempre foi.

II Liberdade de expressão na Constituição de 1988

É comum dizer-se que uma nova Constituição é uma reação ao passado e um compromisso para o futuro. Como visto, no tópico anterior, uma das marcas do regime militar foi o longo período de censura à liberdade de expressão em suas diferentes modalidades, aí incluídas a liberdade de imprensa e de criação artística. Não por outra razão, o texto constitucional de 1988 foi verdadeiramente obsessivo ao tratar da matéria, o que fez em uma pluralidade de dispositivos, transcritos acima. Em lugar de assegurar a liberdade de expressão genericamente,

---

[4] VENTURA, Zuenir. *1968*: o ano que não terminou. Rio de Janeiro: Nova Fronteira, 1988. p. 285-86; e BERNARDO, André. Quais obras foram censuradas na ditadura? *Superinteressante*, 14 fev. 2020.

vedando a censura e outras intervenções estatais, a Constituição consagrou diversas normas específicas ao tema.

De fato, extrai-se do art. 5º da Constituição, dedicado aos direitos e deveres individuais e coletivos, o seguinte regime jurídico: (i) a livre manifestação do pensamento, sendo vedado o anonimato (inc. IV); (ii) a livre expressão da atividade intelectual, artística, científica e de comunicação, independentemente de censura ou licença (inc. IX); e (iii) o direito de acesso à informação (inc. XIV). Para conter abusos, prevê, também, (iv) o direito de resposta, proporcional ao agravo, e a indenização em caso de dano (inc. V), bem como a (v) inviolabilidade da privacidade, da honra e da imagem, igualmente indenizáveis em caso de violação (inc. X). Mais à frente, no capítulo dedicado à comunicação social, o art. 220 proíbe qualquer restrição à manifestação do pensamento, criação, expressão e informação, sob qualquer forma, processo ou veículo. Nessa linha, estabelece que nenhuma lei poderá constituir embaraço à liberdade jornalística (§1º), veda qualquer censura de natureza política, ideológica ou artística (§2º) e dispensa qualquer tipo de licença da autoridade para a publicação de veículo impresso (§6º). O tratamento da matéria, como se vê, foi exaustivo.

Desse conjunto normativo se extraem algumas constatações relevantes. Uma delas é que a Constituição atribui à liberdade de expressão uma dupla dimensão: (i) a *individual*, que identifica o direito de toda pessoa se manifestar livremente, sem interferências indevidas, como corolário da sua dignidade humana e de sua autonomia individual; e (ii) a *coletiva*, que traduz o direito do conjunto da sociedade de ter acesso à informação e às manifestações de terceiros.[5] Também merece destaque o fato de que, sob o rótulo genérico de liberdade de expressão, a Constituição abriga termos e conteúdos diversos, que incluem:

a) a *liberdade de expressão propriamente dita*, que corresponde ao direito de qualquer pessoa manifestar o seu pensamento, isto é, suas ideias, opiniões e juízos de valor sobre pessoas e fatos;

b) o *direito à informação*, que identifica (i) o direito individual de ter acesso aos fatos,[6] (ii) o direito individual de comunicar

---

[5] V. BARROSO, Luna van Brussel. *Liberdade de expressão e democracia na era digital*. Belo Horizonte: Fórum, 2022. p. 73-74.

[6] A esse propósito, v. CF, art. 5º: "XXXIII - todos têm direito a receber dos órgãos públicos informações de seu interesse particular, ou de interesse coletivo ou geral, que serão

fatos e (iii) o direito difuso da sociedade de ser informada dos acontecimentos; e

c) a *liberdade de imprensa*, que significa o direito dos meios de comunicação de informarem e opinarem sobre os fatos da vida do país.

A liberdade de expressão, em todos os seus conteúdos, merece proteção especial na Constituição da maior parte dos países democráticos, por motivos de elevada relevância social, moral e política, especialmente por ser ela essencial para:[7]

a) *a busca da verdade possível*, numa sociedade aberta e plural, que comporta múltiplas visões, mas que não deve desprezar a boa-fé objetiva;
b) *a dignidade humana e a autonomia individual*, como expressão da personalidade de cada pessoa e de sua relação com o mundo à sua volta; e
c) *a democracia*, por permitir a livre circulação de informações, ideias e opiniões.

A liberdade de expressão é muitas vezes referida como uma *liberdade preferencial*, doutrina desenvolvida na jurisprudência da Suprema Corte dos Estados Unidos[8] e muitas vezes invocada por tribunais de outros países, inclusive o Brasil.[9] A justificativa para esse ponto de

---

prestadas no prazo da lei, sob pena de responsabilidade, ressalvadas aquelas cujo sigilo seja imprescindível à segurança da sociedade e do Estado"; e "XXXIV - são a todos assegurados, independentemente do pagamento de taxas: [...] b) a obtenção de certidões em repartições públicas, para defesa de direitos e esclarecimento de situações de interesse pessoal".

[7] Essa sistematização vem do direito norte-americano, mas é reconhecida amplamente em outras jurisdições. V. OSÓRIO, Aline. *Direito eleitoral e liberdade de expressão*. Belo Horizonte: Fórum, 2017. p. 54; SCHAUER, Frederick. *Free Speech*: a Philosophical Enquiry. Cambridge: Cambridge University Press, 1982. p. 15-72; e BARROSO, Luna van Brussel. *Liberdade de expressão e democracia na era digital*. Belo Horizonte: Fórum, 2022. p. 46 e ss.

[8] Essa foi uma tese desenvolvida na jurisprudência constitucional da Suprema Corte dos Estados Unidos e que prevaleceu ao longo do século XX. O *status* preferencial da liberdade de expressão no direito norte-americano teve seu surgimento ligado à famosa nota de rodapé nº 4 do voto proferido pelo *Justice* Stone, no caso *United States v. Carolene Products Co.* (1938), e foi posteriormente desenvolvido e articulado em uma série de casos, como *Jones v. Opelika* (1942), *Murdock v. Pennsylvania* (1943) e *Thomas v. Collins* (1945). Atualmente, há dúvida se ela ainda desfruta do apoio da maioria do Tribunal. V. PACELLE JR., Richard L. Preferred position doctrine. *The First Amendment Encyclopedia*. Disponível em https://www.mtsu.edu/first-amendment/article/1008/preferred-position-doctrine. Acesso em: 10 jul. 2022.

[9] V. BARROSO, Luís Roberto. Colisão entre liberdade de expressão e direitos da personalidade. Critérios de ponderação. Interpretação constitucionalmente adequada do Código Civil e da Lei de Imprensa. *Revista Latino-Americana de Estudos Constitucionais*, v. 5, 2005. Na

vista repousa no fato de ser a liberdade de expressão pressuposto para o exercício de outros direitos fundamentais, inclusive e sobretudo os de natureza política, como o direito de votar e de participar de maneira informada e esclarecida do debate público.[10] Além de ser indispensável para o registro da história e da cultura de um povo. A ideia de um direito preferencial, como pessoalmente já defendi em sede doutrinária e jurisprudencial, não significa uma hierarquização em relação a outros direitos – como parece ter sido a posição de *justices* americanos como Oliver Wendel Holmes e Benjamin Cardozo –,[11] mas uma espécie de primazia *prima facie*, vale dizer: o ônus argumentativo para sua superação normalmente recairá sobre a parte que defende o direito contraposto. Esse tratamento preferencial é reforçado pelo histórico de censura que marcou a experiência política brasileira.

Cabe apenas reiterar que o fato de ser uma liberdade preferencial não significa que a liberdade de expressão seja um direito absoluto ou sem limites. Do texto constitucional se extraem restrições que protegem outros direitos ou valores fundamentais, prevendo-se, assim, a vedação do anonimato (art. 5º, IV), o direito de resposta e o direito de indenização por dano material, moral ou à imagem (art. 5º, V), a proteção à privacidade e à honra (art. 5º, X), restrições à propaganda comercial de tabaco, bebidas alcoólicas, agrotóxicos e terapias (art. 220, §4º) e a proteção da criança, do adolescente e do jovem (art. 21, XVI e art. 227). Nada obstante, pelas razões expostas até aqui, a Constituição brasileira

---

mesma linha, FARIAS, Edilsom Pereira de. *Colisão de direitos* – A honra, a intimidade, a vida privada e a imagem versus a liberdade de expressão e informação. [s.l.]: [s.n.], 2000. p. 167; e BARROSO, Porfirio; LÓPEZ TALAVERA, María del Mar. *La libertad de expresión y sus limitaciones constitucionales*. Madrid: Fragua, 1998. p. 48. Em sentido diverso, v. SARLET, Ingo Wolfgang; ROBL FILHO, Ilton. Estado democrático de direito e os limites da liberdade de expressão na Constituição Federal de 1988, com destaque para o problema da sua colisão com outros direitos fundamentais, em especial, com os direitos de personalidade. *Constituição, Economia e Desenvolvimento: Revista da Academia Brasileira de Direito Constitucional*, v. 8, 2016. p. 121-122: "Muito embora se afirme que no Brasil a teoria da posição preferencial é adotada, a qual se encontra consagrada pelo STF quando do julgamento da ADPF 130, essa teoria, em geral, é aplicada de forma tímida, não sendo, de outra parte, reconhecida majoritariamente na Alemanha e em geral na Europa, onde a liberdade de expressão não assume uma prévia posição preferencial na arquitetura dos direitos fundamentais".

[10] V. Luís Roberto Barroso, voto na ADI nº 4.815. E tb.: OSÓRIO, Aline. *Direito eleitoral e liberdade de expressão*. Belo Horizonte: Fórum, 2017. p. 65, com referências a: (i) CORTE IDH. *Caso Claude Reyes et al. v. Chile. Fondo, Reparaciones y Costas. Sentença de 19 de setembro de 2006*. Serie C nº 151; (ii) COMITÊ DE DIREITOS HUMANOS DA ONU. *Observação geral nº 34, art. 19*. CCPR/C/GC.34. 12 de setembro de 2011; (iii) CIDH. *Informe nº 130/99*. Caso nº 11.740. Víctor Manuel Oropeza. México. 19 de novembro de 1999.

[11] *Palko v. Connecticut*, 302 U.S. 319 (1937).

trata como excepcional a possibilidade de proibição prévia da divulgação de conteúdos, a ser determinada por decisão judicial, nas situações raras em que não seja possível a composição posterior do dano. Como regra geral, as consequências em casos de abuso devem incluir a retificação, a retratação, o direito de resposta, a responsabilização civil, com pagamento de indenização e, eventualmente, nos casos mais graves, a responsabilização penal, como nos crimes contra a honra[12] ou contra o Estado democrático de direito.[13]

III Liberdade de expressão na jurisprudência do Supremo Tribunal Federal

O Supremo Tribunal Federal tem um conjunto amplo de decisões em matéria de liberdade de expressão, sendo que a maior parte de suas intervenções foi no sentido de assegurá-la e de ampliá-la. A seguir uma seleção dos principais julgados do Tribunal em temas de liberdade de imprensa, discursos de ódio, liberdade de expressão artística e intelectual, direito ao esquecimento, manifestação do pensamento e ataques às instituições democráticas.

1 Liberdade de imprensa

a) *Não recepção da Lei de Imprensa do Regime Militar* (ADPF nº 130).[14] Em julgamento emblemático de 2009, a Lei nº 5.250, de 1967, foi considerada não recepcionada pela Constituição de 1988, por "incompatibilidade material insuperável". A referida lei, que regulava "a manifestação do pensamento e de informação", fora editada durante o período de acirramento ditatorial que antecedeu a edição do Ato Institucional nº 5, em 1968. Embora o acórdão relatado pelo Ministro Carlos Ayres não tenha utilizado a expressão "liberdade preferencial", tal posição especial da liberdade de imprensa resulta

---

[12] Os crimes contra a honra (calúnia, difamação e injúria) estão tipificados nos arts. 138, 139 e 140 do Código Penal, respectivamente.
[13] A Lei nº 14.197, de 1º.9.2021, revogou a antiga Lei de Segurança Nacional (Lei nº 7.170, de 14.12.1983) e acrescentou à Parte Especial do Código Penal o Título XII, relativo aos crimes contra o Estado de direito democrático.
[14] STF. ADPF nº 130. Rel. Min. Ayres Britto, j. 30.4.2009.

claramente do seu teor.[15] É importante observar, nessa linha, que a decisão nesta ADPF nº 130 tem servido de base para dezenas de decisões do STF, proferidas em reclamações, suspendendo sentenças e acórdãos que indevidamente interferiram com a liberdade de expressão.[16]

b) *Não recepção da exigência de diploma de jornalista* (RE nº 511.961).[17] O Tribunal considerou incompatível com a Constituição de 1988 a exigência de diploma de curso superior para o exercício da profissão de jornalista, bem como da criação de conselho profissional para fiscalização da profissão. Ambas as previsões, contidas no Decreto-Lei nº 972/1969 – tanto quanto ao diploma, quanto à criação de um órgão de fiscalização –, impõem restrição indevida ao exercício da liberdade jornalística, em contrariedade ao art. 220, §1º, da Constituição. De acordo com o acórdão, "[o] exercício do poder de polícia do Estado é vedado nesse campo em que imperam as liberdades de expressão e de informação".

c) *Liberdade de crítica contundente* (AI nº 690.841).[18] A crítica dura a pessoas públicas, mesmo que grosseira ou injusta, não deve, como regra, sofrer limitações. No caso, imputavam-se "desmandos financeiros" a um servidor da Petrobras. A decisão da Segunda Turma, relatada pelo Min. Celso de Mello, deixou assentado que a crítica "mordaz, irônica ou até impiedosa" à figura pública, investida ou não de autoridade

---

[15] Na ementa do acórdão lê-se textualmente: "[O]u seja, antes de tudo prevalecem as relações de imprensa como superiores bens jurídicos e natural forma de controle social sobre o poder do Estado [...]".

[16] *E.g.* STF. Rcl nº 18.638 MC. Rel. Min. Luís Roberto Barroso, j. 17.9.2014: "Direito Constitucional. Reclamação. Liberdade de expressão. Retirada de matéria jornalística de sítio eletrônico por decisão judicial. 1. No julgamento da ADPF 130, o STF proibiu a censura de publicações jornalísticas e tornou excepcional qualquer tipo de intervenção estatal na divulgação de notícias e de opiniões. 2. A liberdade de expressão desfruta de uma posição preferencial no Estado democrático brasileiro, por ser uma pré-condição para o exercício esclarecido dos demais direitos e liberdades. 3. O uso abusivo da liberdade de expressão deve ser reparado, preferencialmente, por meio de retificação, direito de resposta ou indenização. Ao determinar a retirada de postagem de rede social, a decisão reclamada violou essa orientação. 4. Reclamação cujo pedido se julga procedente".

[17] STF. RE nº 511.961. Rel. Min. Gilmar Mendes, j. 17.6.2009.

[18] STF. AI nº 690.841. Rel. Min. Celso de Mello, j. 21.6.2011.

governamental, qualifica-se como "excludente anímica" apta a afastar o dolo de ofender.[19]

2 Discursos de ódio[20]

a) *Antissemitismo* (HC nº 82.424).[21] Conhecido como *Caso Ellwanger*, este julgamento consistiu em um importante precedente contra os discursos de ódio. Por maioria, o Tribunal entendeu que "escrever, editar, divulgar e comerciar livros fazendo apologia de ideias preconceituosas e discriminatórias contra a comunidade judaica constitui crime de racismo sujeito às cláusulas de inafiançabilidade e imprescritibilidade" previstas na Constituição (art. 5º, XLII). Negando a existência de raças, em sentido científico, o acórdão reconheceu o racismo, no entanto, como um comportamento político-social destinado a inferiorizar e desqualificar determinados povos. E, como consequência, punível na forma da Lei nº 7.716/1989, que define os crimes resultantes de preconceito ou de cor. Em suma: não é protegida pela liberdade de expressão a edição de obras antissemitas, que reproduzem crenças nazistas sobre os judeus e negam fatos históricos incontroversos como o holocausto.

b) *Homofobia* (ADO nº 26).[22] Foi simbolicamente marcante a decisão que criminalizou a homofobia e a transfobia, em voto histórico do Ministro Celso de Mello. Na avaliação dessa decisão, é importante considerar que o Brasil é considerado o país em que se registra o maior número de assassinatos de transexuais no mundo.[23] O Tribunal reconheceu a mora do

---

[19] Um mau momento do Tribunal, nessa temática, foi a censura imposta à revista eletrônica *Crusoé*, em 2019. A decisão, todavia, foi revogada dias depois, quando esclarecida situação de fato que induzira o relator em erro.

[20] Sobre esse tema, v. SARMENTO, Daniel. A liberdade de expressão e o problema do "hate speech". *In*: SARMENTO, Daniel. *Livres e iguais*. Rio de Janeiro: Lumen Juris, [s.d.]. p. 207-262.

[21] STF. HC nº 82.424, Red. p/ acórdão Min. Maurício Corrêa. *DJ*, 17.9.2003. Votaram vencidos os Ministros Carlos Ayres Britto e Marco Aurélio.

[22] STF. ADO nº 26. Rel. Min. Celso de Mello, j. 13.6.2019.

[23] De acordo com a *Transgender Europe*, organização de direitos humanos que sistematiza dados disponíveis a respeito do assassinato de transexuais mundo afora (Disponível em: https://transrespect.org/en/tmm-update-trans-day-of-remembrance-2018/. Acesso em: 11 jul. 2022).

Congresso Nacional em cumprir o mandado de criminalização contido no art. 5º, XLI, da Constituição, que determina que "a lei punirá qualquer discriminação atentatória dos direitos e liberdades fundamentais". O que, naturalmente, inclui atos de violência física e psicológica praticados em razão da orientação sexual ou da identidade de gênero da vítima. Como consequência, a decisão determinou o enquadramento das práticas de homofobia e transfobia no conceito de racismo, para fins de responsabilização penal, até que o Poder Legislativo edite legislação específica. No fundo, retomou-se a lógica do julgamento do caso Ellwanger, em que se tratou como racismo a tentativa de inferiorização e estigmatização de grupos sociais historicamente vulneráveis.

c) *Racismo e injúria racial* (HC nº 154.248).[24] Neste julgamento, o STF fez a equiparação da injúria racial ao crime de racismo, para fins de imprescritibilidade. Uma senhora, à época já septuagenária, ofendeu a frentista de um posto de gasolina, chamando-a de "negrinha nojenta, ignorante e atrevida". Tal conduta foi enquadrada como crime de injúria, qualificada pelo preconceito, tipificada no art. 140, §3º, do Código Penal.[25] Este crime, denominado injúria racial, é tratado em dispositivo distinto do que criminaliza o racismo, tipificado na Lei nº 7.719/89. A ofensora foi condenada à pena de um ano de reclusão e 10 dias-multa. Porém, em razão da idade e do que dispõe o Código Penal no art. 115, que prevê que são reduzidos à metade os prazos de prescrição para os maiores de 70 anos, a impetrante do *habeas corpus* pediu a extinção de sua punibilidade. Ao equiparar o crime de injúria racial ao de racismo, o STF considerou-o imprescritível, à luz do que dispõe o art. 5º, XLII, da Constituição.[26]

---

[24] STF. HC nº 154.248. Rel. Min. Luiz Edson Fachin, j. 28.10.2021.

[25] Código Penal: "Art. 140. Injuriar alguém, ofendendo-lhe a dignidade ou o decoro: Pena – detenção, de um a seis meses, ou multa. [...] §3º Se a injúria consiste na utilização de elementos referentes a raça, cor, etnia, religião, origem ou a condição de pessoa idosa ou portadora de deficiência: Pena – reclusão de um a três anos e multa".

[26] CF, art. 5º: "XLII - a prática do racismo constitui crime inafiançável e imprescritível, sujeito à pena de reclusão, nos termos da lei".

3 Liberdade de expressão artística e intelectual

Biografias (ADI nº 4.815).[27] O STF declarou inconstitucionais dois dispositivos do Código Civil que exigiam prévia autorização da pessoa ou da família para a publicação de sua biografia. Sob a vigência desses artigos, foi proibida a circulação de livros que traziam as biografias de Mané Garrincha, Roberto Carlos, Guimarães Rosa, Leila Diniz e Lampião, entre outros. Como intuitivo, a exigência de concordância prévia teria como consequência a produção apenas de biografias *chapa branca*. O Tribunal considerou inválida a ponderação *a priori* feita pelo Código Civil, hierarquizando direitos fundamentais e colocando os direitos à privacidade e à imagem acima da liberdade de expressão e do direito de informação do público. No acórdão, da lavra da Ministra Cármen Lúcia, ficou assentado: "Autorização prévia para biografia constitui censura prévia particular. O recolhimento de obras é censura judicial, a substituir a administrativa".

Humor nas eleições (ADI nº 4.451).[28] Neste julgamento, o Tribunal declarou inconstitucionais os dispositivos da Lei das Eleições que impediam a veiculação, por emissoras de rádio e televisão, de programas de humor que envolvessem candidatos, partidos e coligações no período de três meses anteriores ao pleito. A decisão reconheceu que tal interdição constituía clara hipótese de censura prévia. E acrescentou:

> Embora não se ignorem certos riscos que a comunicação de massa impõe ao processo eleitoral – como o fenômeno das *fake news* –, revela-se constitucionalmente inidôneo e realisticamente falso assumir que o debate eleitoral, ao perder em liberdade e pluralidade de opiniões, ganharia em lisura ou legitimidade.

Especial de Natal do Porta dos Fundos (Rcl. nº 38.782).[29] O grupo humorístico Porta dos Fundos encenou um especial de Natal, na Netflix, intitulado *A primeira tentação de Cristo*, que retratava, em meio a outras irreverências, um Jesus Cristo *gay*. O programa gerou forte reação de grupos conservadores e cristãos e veio a ser suspenso por decisão de um desembargador do Tribunal de Justiça do Estado do Rio de Janeiro. O argumento central era o da "ofensa a valores cristãos". Em decisão

---

[27] STF. ADI nº 4.815. Rel. Min. Cármen Lúcia, j. 10.6.2015.
[28] STF. ADI nº 4.451. Rel. Min. Alexandre de Moraes, j. 21.6.2018.
[29] STF. Rcl nº 38.782. Rel. Min. Gilmar Mendes, j. 3.11.2020.

liminar proferida em reclamação, que veio a ser confirmada pela Segunda Turma, o então Presidente do STF, Ministro Dias Toffoli, suspendeu a decisão da Justiça estadual. Na decisão final de mérito, o acórdão assentou que "a proibição de divulgação de determinado conteúdo deve-se dar apenas em casos excepcionalíssimos, como na hipótese de configurar ocorrência de prática ilícita, de incitação à violência ou à discriminação, bem como de propagação de discurso de ódio".

Beijo gay (SL nº 1.248 MC[30] e Rcl. nº 36.742 MC).[31] Neste caso, fiscais da Prefeitura do Rio de Janeiro apreenderam revistas na Bienal do Livro que continham um beijo *gay* na capa, sob o fundamento da necessidade de proteção das crianças e adolescentes. O Ministro Dias Toffoli deferiu o pedido de suspensão da decisão da presidência do Tribunal de Justiça do Rio de Janeiro que havia declarado a legalidade da apreensão. No mesmo dia, o Ministro Gilmar Mendes deferiu outra liminar, em reclamação, na qual afirmou:

> ao determinar de forma sumária o recolhimento de obras que tratem do tema do homotransexualismo de maneira desavisada para público jovem e infantil, a ordem da Administração Municipal consubstanciou-se em verdadeiro ato de censura prévia, com o nítido objetivo de promover a patrulha do conteúdo de publicação artística.

O caso Gerald Thomas (HC nº 83.996).[32] Um julgado curioso envolveu o diretor teatral Gerald Thomas. Em reação às vaias do público ao final da apresentação de sua montagem da peça Tristão e Isolda, o referido diretor subiu ao palco, simulou um ato de masturbação e exibiu as nádegas para uma plateia atônita. Foi denunciado criminalmente pela prática de ato obsceno. O STF, no entanto, extinguiu a ação penal, por considerar que a atitude, inadequada e deseducada como fosse, constituía exercício de liberdade de expressão, tendo em vista tratar-se de uma peça de temática madura, assistida por um público adulto.

4 Direito ao esquecimento

O tema do direito ao esquecimento perpassa o tema da liberdade de expressão em diferentes manifestações, inclusive a liberdade de

---

[30] STF. SL nº 1.248 MC. Rel. Min. Dias Toffoli, j. 8.9.2019.
[31] STF. Rcl nº 36.742 MC. Rel. Min. Gilmar Mendes, j. 8.9.2019.
[32] STF. HC nº 83.996, Red. p/ acórdão Min. Gilmar Mendes, j. 17.8.2004.

imprensa e a liberdade artística e intelectual. O *direito ao esquecimento* consistiria na pretensão de uma pessoa de não ser mencionada em meios de comunicação social ou nos buscadores de notícias na internet por fatos pretéritos desagradáveis ou desabonadores. Um precedente importante na matéria foi o *caso Doca Street*, julgado pelo Tribunal de Justiça do Rio de Janeiro. O autor de um rumoroso crime passional ocorrido na cidade de Búzios tentou, sem êxito, impedir a transmissão de programa de televisão retratando o episódio, sob o fundamento de que já havia cumprido pena e estava ressocializado. Um precedente internacional que correu o mundo foi a decisão do Tribunal de Justiça da União Europeia que determinou a retirada do *site* de pesquisas da Google da referência ao fato de que um indivíduo, muitos anos atrás, tivera sua casa vendida em leilão por débito com a Seguridade Social. O fundamento da decisão foi a ausência de qualquer interesse público na informação.[33]

O caso Aída Curi (RE nº 1.010.606).[34] O tema do direito ao esquecimento chegou ao Supremo Tribunal Federal em recurso extraordinário de uma decisão do Superior Tribunal de Justiça no caso Aída Curi. Os irmãos de uma mulher vítima de homicídio postularam e obtiveram indenização por uso da imagem de sua irmã em um programa televisivo que retratava o episódio. O STF reverteu a decisão da origem, por entender que o denominado direito ao esquecimento afrontava a liberdade de expressão. Na tese firmada ao final do julgamento ficou assentado: "É incompatível com a Constituição a ideia de um direito ao esquecimento, assim entendido como o poder de obstar, em razão da passagem do tempo, a divulgação de fatos ou dados verídicos e licitamente obtidos e publicados em meios de comunicação social analógicos ou digitais".

5 Manifestação do pensamento

Marcha da maconha (ADPF nº 187[35] e ADI nº 4.274).[36] Em ambas estas ações, discutia-se a legitimidade de eventos em que se postulava

---

[33] Google Spain e Google Inc. v. Agencia Española de Protección de Dados (AEPD) e Mario Costeja González, julgado em 13.5.2014 (Disponível em: https://curia.europa.eu/juris/document/document.jsf?docid =152065&doclang=PT).
[34] STF. RE nº 1.010.606. Rel. Min. Dias Toffoli, j. 11.2.2021.
[35] STF. ADPF nº 187. Rel. Min. Celso de Mello, j. 15.6.2011.
[36] STF. ADI nº 4.274. Rel. Min. Carlos Ayres Britto, j. 23.11.2011.

a descriminalização da maconha. Nos dois julgamentos, o Tribunal, por unanimidade, reconheceu o direito constitucional de se realizarem assembleias, reuniões, marchas, passeatas ou encontros em espaços públicos com o objetivo de criticar os modelos normativos em vigor e procurar angariar apoio para mudanças legislativas. Na ementa da ADI nº 4.724, o Ministro Carlos Ayres Britto consignou: "Nenhuma lei, seja ela civil ou penal, pode blindar-se contra a discussão do seu próprio conteúdo. Nem mesmo a Constituição está a salvo da ampla, livre e aberta discussão dos seus defeitos e das suas virtudes [...]".

6 Ataque às instituições democráticas

Em junho de 2020, o Supremo Tribunal Federal considerou legítima a continuidade de um inquérito que apurava ataques e ameaças ao Tribunal e seus ministros, bem como a outras instituições constitucionais.[37] O inquérito resultou de iniciativa do próprio presidente do Tribunal, o que suscitou críticas e questionamentos. Posteriormente, dois outros inquéritos foram instaurados, já então por iniciativa do procurador-geral da República, para apurar organizações criminosas e autores de *fake news* que ameaçavam pessoas e instituições. Tratava-se, na verdade, de comportamento massivo de grupos radicais, orquestrados e financiados com o propósito de desestabilização da democracia e viabilização de uma ruptura institucional. O Tribunal assentou que manifestações que visam a abalar a independência do Poder Judiciário, pela via da ameaça aos membros do Supremo Tribunal Federal e a seus familiares, atentam contra os poderes instituídos, contra o Estado de direito e contra a democracia.

Encerrando este tópico, é sempre bom lembrar, nos debates envolvendo liberdade de expressão, a advertência sábia de Rosa de Luxemburgo: "A liberdade é sempre a liberdade para quem pensa diferente".

---

[37] STF. ADPF nº 572. Rel. Min. Edson Fachin, j. 18.6.2020.

IV Notas sobre o direito comparado: liberdade de expressão nos EUA e na Alemanha

Nos Estados Unidos, a Primeira Emenda à Constituição proíbe a edição de leis que restrinjam a liberdade de expressão e de imprensa. Vêm de lá expressões que se integraram à semântica do tema, como "livre mercado de ideias", em analogia ao livre mercado das economias liberais. Ou, também, a afirmação de que o debate público deve ser "sem inibição, robusto e completamente aberto". E, ainda, as preocupações com o "efeito silenciador", que é a consequência de as pessoas terem temor de se manifestar, pelo risco de sofrerem sanções. A despeito de ser louvada pelos autores e pelos tribunais como um símbolo da cultura e da democracia, a liberdade de expressão nos Estados Unidos não teve uma trajetória linear.

De fato, no primeiro quarto do século, sobretudo em razão da Guerra Fria e do anticomunismo, diversas decisões limitaram drasticamente a liberdade de expressão política. Assim, sob a tese jurídica de que determinadas manifestações ofereciam "perigo claro e real" (*clear and actual danger*), a Suprema Corte manteve condenações criminais contra militantes socialistas que faziam campanha contra o alistamento militar,[38] imigrantes russos que protestavam contra a intervenção americana na Revolução Bolchevique,[39] militantes[40] e líderes sindicais que defendiam a substituição do modelo capitalista pelo socialista.[41] Somente em 1969, essa linha de casos foi superada com a nova tese de que a liberdade de manifestação somente deve ser punida se incitar a prática de atos ilícitos e se houver probabilidade de que eles efetivamente ocorram.[42] Não deve passar despercebido o fato de que a reversão de entendimento se deu em favor de um líder da Ku Klux Klan, que dirigia ataques ao presidente, ao Congresso e à Suprema Corte por "protegerem negros e judeus".

Ao longo do século XX, porém, a liberdade de expressão foi sendo progressivamente expandida, com vedação expressa à censura prévia, salvo ameaça para a segurança nacional.[43] Em 1971, a Suprema

---

[38] Schenck *v.* United States, 249 U.S. 47, julgado em 1919.
[39] Abrams *v.* United States, 250 U.S. 616, julgado em 1919.
[40] Gilow *v.* New York, 268 U.S. 652, julgado em 1925.
[41] Whitney *v.* California, 274 U.S. 357, julgado em 1927.
[42] Brandenburg *v.* Ohio, 395 U.S. 444, julgado em 1969.
[43] Near *v.* Minnesota, 403 U.S. 713, julgado em 1971.

Corte assegurou o direito de os jornais *New York Times* e *Washington Post* publicarem os chamados "Documentos do Pentágono" (*The Pentagon Papers*), relatórios sigilosos acerca da participação americana na Guerra do Vietnam, vazado por um de seus autores.⁴⁴ Num dos casos mais emblemáticos em matéria de liberdade de imprensa – *New York Times v. Sullivan* –,⁴⁵ a Suprema Corte estabeleceu critérios bastante rígidos para que um agente público criticado pudesse propor ação contra o jornal: a necessidade de "malícia real" (*actual malice*), compreendida como o conhecimento da falsidade do fato ou negligência grave na sua apuração.

Fizeram história, também, decisões como as que proibiram a criminalização da queima da bandeira como forma de protesto⁴⁶ e a controvertida decisão que considerou que a lei que impedia gastos eleitorais por empresas e sindicatos era inconstitucional.⁴⁷ Sob crítica severa de muitos, a Corte considerou que derramar dinheiro em eleições é exercício de liberdade de expressão. No geral, não merecem proteção da Primeira Emenda, de acordo com a Suprema Corte, obscenidade, falsidade deliberada, crimes contra a honra, incitação ao crime e palavras que incitem o ódio e a violência (*fighting words*).

Diferentemente da Constituição americana, que é bem lacônica a respeito, a Constituição alemã, no seu art. 5º, detalha um conjunto de direitos associados à livre manifestação do pensamento: liberdade de expressão, direito à informação, liberdade de imprensa, liberdade de telecomunicação, liberdade de pesquisa, liberdade acadêmica e de educação. Alguns aspectos da experiência histórica alemã, especialmente o trauma do nazismo, levaram a restrições específicas à liberdade de expressão, como a criminalização da negação do holocausto e a proibição de símbolos nazistas. Também as manifestações de ódio (*hate speech*), como racismo e antissemitismo, são interditadas e punidas por lei.

Na Alemanha, a liberdade de expressão não tem o caráter preferencial *a priori* frequentemente reconhecido nos Estados Unidos. Além de uma maior ênfase na separação entre o que seja opinião e o que seja fato – informação errada ou falsa não é objeto de proteção –,⁴⁸ a Corte

---

⁴⁴ *New York Times v.* United States, 403 U.S. 713, julgado em 1971.
⁴⁵ *New York Times v.* Sullivan, 376 U.S. 254, julgado em 1964.
⁴⁶ Texas *v.* Johnson, 491 U.S. 397, julgado em 1989 e United States *v.* Eichman, 496 U.S. 310, julgado em 1990.
⁴⁷ Citizens United *v.* Federal Election Commission, 558 U.S. 310, julgado em 2010.
⁴⁸ Corte Constitucional Alemã, BVerfGE 61, 1 1, julgado em 1982.

Constitucional realiza um balanceamento frequente entre a liberdade de expressão, de um lado, e, de outro, a dignidade e os direitos da personalidade, com frequente prevalecimento do direito à honra sobre o direito de criação artística e mesmo sobre o direito de informação. Um precedente emblemático é conhecido como *caso Mephisto*, em que os herdeiros de um ator conseguiram proibir a divulgação de um livro de ficção cujo personagem principal era inspirado na vida do falecido ator e associava o seu sucesso à adesão ao nazismo.[49] Em outro julgamento, conhecido como *caso dos soldados Lebach*,[50] a Corte Constitucional impediu, a pedido de um dos envolvidos em um crime, a divulgação de documentário que exibiria a sua imagem. Essa decisão terminou sendo superada, em decisão conhecida como caso *Lebach II*.[51]

V Revolução digital, internet e mídias sociais[52]

O mundo vive sob a Terceira Revolução Industrial – a Revolução Tecnológica ou Digital –, iniciada nas décadas finais do século XX e que se caracteriza pela massificação dos computadores pessoais, pelos telefones inteligentes e, muito notadamente, pela internet, conectando bilhões de pessoas em todo o planeta. A internet revolucionou o mundo da comunicação social e interpessoal, expandindo de maneira exponencial o acesso à informação, ao conhecimento e à esfera pública. Nos dias de hoje, qualquer pessoa pode expressar suas ideias, opiniões e divulgar fatos em escala global. Uma longa trajetória que vai de Gutenberg a Zuckerberg.[53]

Anteriormente à internet, a difusão de notícias e de opiniões dependia, em grande medida, da imprensa profissional. Cabia a ela apurar fatos, divulgar notícias e filtrar opiniões pelos critérios da ética jornalista. Havia, assim, um controle editorial mínimo de qualidade e de veracidade do que se publicava. Não que não houvesse problemas:

---

[49] Corte Constitucional Alemã, BVerfGE 30, 173, julgado em 1971.
[50] Corte Constitucional Alemã, BVerfGE 35, 202, julgado em 1973.
[51] Corte Constitucional Alemã, BVerfGE 1, 349, julgado em 1999.
[52] Muitas das ideias e informações desse tópico foram extraídas de BARROSO, Luna van Brussel. *Liberdade de expressão e democracia na era digital*. Belo Horizonte: Fórum, 2022.
[53] A frase "From Gutenberg to Zucherberg" foi utilizada por Newton Minow no Prefácio ao livro de MINOW, Martha. *Saving the news*. Oxford: Oxford University Press, 2021. E também dá título ao livro de NAUGHTON, John. *What you really need to know about the Internet*. Londres: Quercus Publishing, 2012.

o número de veículos de comunicação é limitado e nem sempre plural, as empresas jornalísticas têm seus próprios interesses e, além disso, nem todos distinguiam, com o cuidado que se impõe, fato de opinião. Ainda assim, havia um grau mais apurado de controle sobre aquilo que se tornava público. A internet, com o surgimento de *sites*, *blogs* pessoais e, sobretudo, das mídias sociais, possibilitou a ampla divulgação e circulação de ideias, opiniões e informações sem qualquer filtro. A consequência negativa, porém, foi que também permitiu a difusão da ignorância, da mentira e a prática de crimes de natureza diversa.

Uma das mais significativas implicações da Revolução Digital foi o surgimento das mídias sociais e dos aplicativos de mensagem. O Facebook tem mais de 3 bilhões de contas. O YouTube mais de 2,5 bilhões. No Brasil, de acordo com pesquisa do Congresso Nacional, 79% da população tem o WhatsApp como principal fonte de informação. A televisão vem em um distante segundo lugar, com 50%. Veículos impressos, que vivem uma crise no seu modelo de negócios, são utilizados por apenas 8%. O peso crescente das plataformas tecnológicas em todo o globo e os muitos riscos que podem advir do seu uso abusivo têm levado um grande número de democracias a debater a melhor forma de regulação para elas. No Brasil, já há projeto de lei aprovado no Senado Federal e em debate na Câmara dos Deputados.

É interessante observar que, no início da internet, cultivou-se a crença de que ela deveria ser um espaço "aberto, livre e não regulado", mas essa percepção já se desfez inteiramente. Existe consenso hoje da necessidade de regulação em planos diferentes: a) *econômico*, para impedir a dominação de mercados, proteger direitos autorais e estabelecer tributação justa; b) *privacidade*, para impedir o uso indevido das informações acumuladas pelas plataformas tecnológicas acerca das pessoas que ali navegam; e c) *controle de comportamentos e de conteúdos*, de modo a encontrar o ponto adequado de equilíbrio entre a liberdade de expressão e a repressão a condutas ilegais. Este último ponto é o que interessa para fins da presente reflexão.

Importante fazer o registro, desde logo, de que a liberdade de expressão é uma importante conquista civilizatória e sua preservação é essencial por muitas razões, como já exposto acima. A regulação de conteúdo, portanto, não pode abalar a liberdade de expressão. Justamente ao contrário, ela deve ter por alvo a sua proteção. Toda censura é suspeita. Mas, como observou Luna van Brussel Barroso, é preciso ter em conta que, na era digital, os mesmos fundamentos que tradicionalmente justificaram a proteção reforçada da liberdade de expressão – busca da verdade possível, dignidade humana e democracia – podem justificar sua regulação.[54]

A regulação das mídias sociais deve procurar coibir: a) os *comportamentos inautênticos*, que envolvem o uso de sistemas automatizados – robôs ou *bots* –, perfis falsos ou pessoas contratadas – *trolls* – para forjar engajamento e/ou afogar manifestações de terceiros; b) os *conteúdos ilícitos*, que incluem terrorismo, abuso sexual infantil, incitação ao crime e à violência, discursos de ódio ou discriminatórios, ataques antidemocráticos, compartilhamento não consentido de imagens íntimas (*revenge porn*) etc.; e c) a *desinformação*, que consiste na criação ou difusão deliberada de notícias falsas, geralmente com o propósito de obtenção de proveito próprio – político, econômico, pessoal –, causando dano a outras pessoas.

Três observações importantes: a) diferentemente do que se passava antes, quando era limitada a quantidade de veículos de comunicação divulgando informações, hoje em dia a disputa é pela atenção do público, à vista da abundância de informações divulgadas com o auxílio das redes sociais; b) infelizmente, segundo estudos, conteúdos falsos, difamatórios e sensacionalistas, que despertam raiva ou manifestam ódio, produzem muito mais engajamento do que publicações factuais, moderadas e racionais; e c) esse fato dá incentivos errados às plataformas, cujos sistemas de recomendação sofrem a tentação de impulsionar conteúdos extremistas, que atraem mais visualizações e, consequentemente, aumentam a arrecadação publicitária.

Dentro de uma moldura legal básica estabelecida pelo Estado, o ideal é a autorregulação pelas próprias plataformas, minimizando a ingerência do Poder Público. A chamada *moderação de conteúdo* pelas plataformas é um direito e uma necessidade, para que definam o tipo de ambiente que desejam criar, banindo, por exemplo, violência, pornografia, linguagem chula etc. A moderação pode envolver remoção, etiquetagem (ex., uma advertência sobre o caráter duvidoso de um *post*), amplificação ou redução do seu alcance e desmonetização. Porém, após as democracias haverem superado a censura estatal à liberdade de expressão, não se deseja que ela seja substituída pela censura privada.

---

[54] BARROSO, Luna van Brussel. *Liberdade de expressão e democracia na era digital*. Belo Horizonte: Fórum, 2022. p. 109.

Por essa razão, quando estiverem moderando conteúdo com base nos seus próprios princípios, as plataformas devem ter deveres de: a) *transparência*: clareza nos termos de uso, critérios objetivos de remoção de conteúdos, bem como de sua amplificação ou redução de alcance e, também, informações sobre a publicidade política veiculada em suas redes; b) *devido processo:* decisões de remoção devem ser fundamentadas (ainda que objetivamente), devem ser notificadas ao usuário que a postou e devem permitir algum tipo de recurso; e c) *isonomia*: embora possa haver um tratamento eventualmente distinto entre pessoas públicas e privadas, não devem existir discriminações aos usuários com base em fatores ilegítimos de diferenciação, como sexo, orientação sexual, raça ou religião.

Tais cautelas são importantes para evitar a substituição de um tipo de censura por outro. As plataformas tecnológicas – entre as quais WhatsApp, Facebook, Twitter e Instagram – se transformaram em ágoras eletrônicas, constituindo uma gigantesca esfera pública para comunicação e debate. Já se assentou que, como regra geral, o Estado não deve interferir na comunicação social, evitando a censura prévia. O que dizer, porém, em relação à censura privada, que ocorre quando as próprias mídias sociais removem conteúdo? De fato, há algum tempo, o Facebook desativou páginas de contas ligadas a um movimento político. Em 2020, o Twitter e o Facebook, por decisão própria, sem ordem judicial, removeram postagens do presidente brasileiro, ambas relacionadas à Covid-19, por comentários que contrariavam os consensos científicos. Parece fora de dúvida que as redes sociais possam fazer prevalecer os seus termos de uso, evitando se tornarem vias de trânsito para conteúdo perigosamente anticientífico, ilegal ou moralmente indesejável. Como exemplo, pornografia infantil, racismo, incitação à violência, terrorismo ou *revenge porn*. Mas para que tal conduta seja legítima, não constituindo uma violação privada à liberdade de expressão, é imprescindível que seus critérios sejam públicos e claros, sem margem à arbitrariedade e à seletividade.

Uma última observação: a despeito dos esforços das autoridades públicas e das plataformas, a preservação da internet como uma esfera pública saudável e robusta depende, acima de tudo, da própria sociedade, suas atitudes e demandas. Como consequência, é preciso investir em educação midiática e conscientização da população como capítulo decisivo para a criação de um ambiente virtual livre, porém positivo e construtivo. Crimes sempre existirão no mundo. O que o processo civilizatório faz é torná-los residuais, pelo cumprimento espontâneo das leis pelos cidadãos. No tocante à desinformação e à utilização da mentira deliberada como estratégia política, a expectativa é que ocorra com esses fenômenos algo semelhante ao que se passou com a pornografia no final dos anos 70: apesar do temor de que ela viesse a ganhar o *mainstream*, o fato é que ela ficou confinada a um espaço específico e limitado, consumida apenas por quem opte por fazê-lo, sem ter ocupado o espaço público de maneira dominante.

É possível assentar, em conclusão deste tópico: (1) a rede mundial de computadores proporcionou o acesso ao conhecimento, à informação e ao espaço público a bilhões de pessoas, mudando o curso da história; (2) é imperativa a necessidade de enfrentar os comportamentos coordenados inautênticos e os conteúdos ilícitos por meio de regulação adequada. É essencial, no entanto, atuar com proporcionalidade e procedimentos adequados, para que a liberdade de expressão, a diversidade e o pluralismo não sejam comprometidos; (3) educação midiática e conscientização da sociedade e das pessoas de boa-fé – que, felizmente, constituem a maioria – são medidas imprescindíveis para propiciar o uso positivo e construtivo das novas tecnologias.

VI Conclusão do capítulo

A comunicação humana percorreu uma trajetória milenar, que vai das inscrições em cavernas à revolução digital. A longa jornada passa pela criação da impressão por tipos móveis e chega à internet e às mídias sociais. Sem escapar do clichê, uma viagem no tempo, que vai de Gutenberg a Zuckerberg.

A liberdade de expressão, historicamente, sempre foi vista como inimiga pelo poder, seja o poder político, econômico ou religioso. Não por acaso, a repressão a ela, em diferentes graus, foi uma constante ao longo dos séculos, inclusive em décadas recentes. No Brasil, ela foi especialmente restringida nas ditaduras do Estado Novo e do Regime Militar. Por essa razão, a Constituição de 1988 foi quase obsessiva ao tratar do tema, em múltiplos dispositivos, rejeitando de maneira peremptória todo tipo de censura.

Superado, não sem alguma dificuldade e recaídas eventuais, o largo período de ingerência indevida do Estado na liberdade de expressão, o Brasil e o mundo se defrontam com a nova realidade trazida pela revolução digital. A internet e as mídias sociais, do mesmo passo que democratizaram o acesso à informação, ao conhecimento e ao espaço público, também abriram caminho para o ódio, a mentira deliberada, a desinformação, a destruição de reputações e as teorias conspiratórias. Nesse cenário, não são pequenos os riscos para a democracia e para os direitos fundamentais.

Por essa razão, em países democráticos pelo mundo afora, acadêmicos, legisladores e reguladores vêm dedicando tempo e energia na busca de soluções normativas para um desafio crítico: preservar a integridade da livre manifestação do pensamento em face das ameaças do mundo digital; sem, contudo, interferir irrazoavelmente no seu exercício. A dura tarefa de conter o abuso sem praticar o abuso. De um lado, comportamentos criminosos ou antiéticos não constituem direitos fundamentais nem podem ser chancelados pelo ordenamento jurídico. De outro lado, o Estado é um ator com maus antecedentes em sua atuação na matéria. Por tudo isso, não é singela a tarefa de traçar o caminho do meio, no espesso nevoeiro de uma era de polarização e intolerância.

Dessa dualidade descrita acima resultam as dificuldades no equacionamento do tema. Como se procurou demonstrar, algum grau de regulação – estatal e autorregulação – se tornou inevitável. Mas ela há de ser adequada e proporcional para que a liberdade de expressão continue a servir aos valores que justificam sua proteção preferencial: a dignidade humana (para que as pessoas possam manifestar sua personalidade e visão de mundo), a busca da verdade (a verdade possível e plural em uma sociedade aberta) e a democracia (que não pode prescindir da livre circulação de informações, ideias e opiniões). Em poucas áreas do universo jurídico é tão delicado definir o ponto ótimo de equilíbrio entre preocupações contrastantes e encontrar a medida certa entre o excesso e a escassez, entre a luz e a sombra.

Capítulo V

TRINTA E CINCO ANOS DA CONSTITUIÇÃO DE 1988: AS VOLTAS QUE O MUNDO DÁ

Sumário: I. Introdução. II. Revivendo o passado: antecedentes históricos da Constituição. 1. Do golpe de 64 ao Ato Institucional nº 5/68. 2. Dos anos de chumbo à abertura política. 3. Do ocaso do regime militar à convocação da Assembleia Constituinte. III. Sonhando com o futuro: As mudanças trazidas pela Constituição. 1. "Carta cidadã" e "Constituição chapa-branca". 2. A separação de Poderes. 2.1. Poder Executivo. 2.2. Poder Legislativo. 2.3. Poder Judiciário. 3. As transformações da teoria constitucional. 3.1. A doutrina brasileira da efetividade. 3.2. Neoconstitucionalismo ou direito constitucional contemporâneo. 3.3. A constitucionalização do Direito. IV. Enfrentando a realidade: O desempenho da Constituição. 1. Os diferentes governos. 2. As principais emendas à Constituição. 3. Os momentos críticos. 3.1. Dois impeachments. 3.2. Mensalão e Operação Lava Jato. 3.3. Populismo autoritário. V. Conclusão do capítulo: Tocando em frente. 1. Uma agenda para o Brasil. 2. Encerramento.

I Introdução

Vai se tornando um ritual, na minha vida, escrever artigos por ocasião dos aniversários emblemáticos da Constituição de 1988. Em cada um desses textos, procuro narrar as realizações e frustrações do período, bem como capturar o estado de espírito do momento. Aos dez anos da Carta, em tom otimista, sob o subtítulo "Foi bom pra você também?", celebrei a travessia bem-sucedida de uma longa ditadura de quase um quarto de século para um Estado democrático de direito. Aos vinte anos, sob o subtítulo "O Estado a que chegamos", fiz um paralelo com os 200 anos da vinda da família real para o Brasil, registrando os avanços que havíamos conseguido como nação, ao longo de dois séculos. Quando a Constituição completou trinta anos, em "A República que ainda não foi", procurei contabilizar avanços e revezes, que incluíam conquistas nos direitos fundamentais e a crônica apropriação privada do espaço público no Brasil.

Agora, aos trinta e cinco anos, é impossível não comemorar a vitória da democracia e das instituições sobre as maiores ameaças ocorridas desde o fim do Regime Militar. Foram tempos de sobressaltos e temores de retrocesso. Mas precisamos cicatrizar feridas e fazer com que pessoas que pensam de forma diferente possam sentar-se à mesma mesa e discutir os caminhos do país. É preciso paz, harmonia e um projeto de futuro, para voltarmos a crescer de maneira consistente, como fizemos na maior parte do século passado, e podermos distribuir renda para o enfrentamento da pobreza e das desigualdades injustas. O texto que se segue procura recuperar a memória dos antecedentes da Constituição, analisar e avaliar as promessas e mudanças por ela introduzidas e narrar o seu desempenho no mundo real ao longo desses trinta e cinco anos e sete presidentes. Ao final, procuro apresentar uma agenda consensual e construtiva para o Brasil.

II Revivendo o passado: antecedentes históricos da Constituição

1 Do golpe de 64 ao Ato Institucional nº 5/68

Na madrugada de 31 de março para 1º de abril de 1964, um golpe de Estado destituiu João Goulart da Presidência da República, cargo que veio a ser ocupado, dias depois, pelo chefe do Estado-Maior do Exército, Marechal Castelo Branco.[1] Não se tratou de um *movimento* ou de uma *revolução*, mas de um *golpe*, que é o nome que se dá em ciência política e em teoria constitucional para as situações em que o chefe de governo é afastado por um procedimento que não é o previsto na Constituição. As palavras precisam ser preservadas em seus sentidos mínimos. Fatos objetivos não podem se desvirtuar em narrativas

---

[1] Humberto de Alencar Castelo Branco tomou posse em 15.4.1964. Foi "eleito" pelo Congresso Nacional com maioria expressiva, inclusive com o voto do ex-Presidente Juscelino Kubitschek. Tal apoio não impediu que JK viesse a ser cassado em 8.6.1964. Juscelino era o candidato favorito nas eleições que não se realizaram, em 1965.

fictícias. A partir da terminologia correta e da realidade incontroversa, cada um pode desenvolver a interpretação e opinião que corresponder à sua visão de mundo, no pluralismo que caracteriza as sociedades abertas e democráticas.

É certo, também, que o golpe contou com o apoio de inúmeros setores da sociedade, não majoritários, mas expressivos, como boa parte das classes empresariais, dos produtores rurais, da classe média e da Igreja, assim como dos militares e da imprensa, além dos Estados Unidos. Cada um desses atores com seus temores próprios: a República Sindicalista, as Reformas de Base, a Reforma Agrária, as Ligas Camponesas, o comunismo, a desordem, a quebra da hierarquia nas Forças Armadas, a justiça social etc. No geral, os apoiadores acreditavam que o regime de exceção só duraria até o final do mandato de João Goulart e que as eleições de 1965 se realizariam normalmente. Para justificar o golpe e procurar demonstrar sua legitimidade, os novos donos do poder – os comandantes do Exército, da Marinha e da Aeronáutica – editaram o Ato Institucional de 9.4.1964.[2] Foi o primeiro de uma longa série de 17 atos de exceção.

A ditadura começou a se desenhar com a prorrogação do mandato de Castelo Branco. Embora a medida tenha sido aprovada por emenda constitucional, tratava-se de um Congresso cujos integrantes estavam ameaçados de cassação. Com a prorrogação, foi cancelada a eleição presidencial de 3.10.1965, remarcada para novembro do ano seguinte. A presidência de Castelo Branco, que deveria terminar em 31.1.1966, foi estendida em mais de um ano, até 15.3.1967. Alguns estados realizaram eleições para governador, que ocorreram em 3.10.1965. Nesses pleitos, candidatos vistos com antipatia pelo regime militar saíram vitoriosos, inclusive na Guanabara e em Minas Gerais.[3] Tais derrotas motivaram o "endurecimento" do processo político, com a edição do Ato Institucional de nº 2, de 27.10.1965.

---

[2] Assim dispunha o preâmbulo do ato que veio a ser conhecido, posteriormente, como Ato Institucional nº 1, em razão da sucessão de outros atos institucionais: "A revolução vitoriosa se investe no exercício do Poder Constituinte. Este se manifesta pela eleição popular ou pela revolução. Esta é a forma mais expressiva e mais radical do Poder Constituinte. Assim, a revolução vitoriosa, como Poder Constituinte, se legitima por si mesma. Ela destitui o governo anterior e tem a capacidade de constituir o novo governo. Nela se contém a força normativa, inerente ao Poder Constituinte. Ela edita normas jurídicas sem que nisto seja limitada pela normatividade anterior à sua vitória. Os Chefes da revolução vitoriosa, graças à ação das Forças Armadas e ao apoio inequívoco da Nação, representam o Povo e em seu nome exercem o Poder Constituinte, de que o Povo é o único titular".

[3] No Rio de Janeiro venceu Francisco Negrão de Lima e em Minas Gerais, Israel Pinheiro.

O AI-2 pavimentaria de forma indelével a estrada para a ditadura militar, com a imposição de mudanças institucionais e concentração de poderes no general-presidente. No seu elenco de providências, veio a extinção dos partidos políticos existentes, com a criação de um bipartidarismo artificial: a Aliança Renovadora Nacional (Arena), de sustentação do governo militar, e o Movimento Democrático Brasileiro (MDB), que constituía uma oposição consentida e ameaçada, diante da possibilidade de cassação de mandatos, com suspensão dos direitos políticos. E não foi só: o mesmo ato tornou indireta a eleição para presidente da República, previu a possibilidade de decretação do recesso do Congresso Nacional, aumentou de 11 para 16 o número de ministros do Supremo Tribunal Federal e renovou a possibilidade de cassação, suspensão de direitos políticos, demissão arbitrária de servidores e aposentadoria compulsória. Na sequência histórica, o AI nº 3, de 5.2.1966, tornou indiretas as eleições para governadores e aboliu a eleição para prefeitos de capitais, que passaram a ser indicados pelo chefe do Executivo estadual. Só por negação absoluta seria possível deixar de ver a ditadura que se implantou.

A expectativa de volta à normalidade democrática foi progressivamente se dissipando. Nas Forças Armadas, a "linha dura", liderada pelo Ministro da Guerra,[4] Arthur da Costa e Silva, prevaleceu sobre a corrente moderada, representada por Castelo Branco. Castelo ainda tentou oferecer alguma contenção ao processo, elaborando um projeto de Constituição enviado ao Congresso Nacional, transformado em Assembleia Constituinte pelo Ato Institucional nº 4, de 7.12.1966. O projeto foi aprovado, em regime de urgência e sob prazos peremptórios. Como previsível, a nova Carta não foi capaz de mudar o rumo da degeneração institucional. Na sociedade civil, o desencanto com o avanço autoritário fomentou um crescente sentimento contestatório por parte de entidades de classe, da imprensa e de agremiações estudantis, tendo levado ao surgimento de grupos urbanos e rurais de resistência armada ao regime ditatorial.

A nova Constituição entrou em vigor no dia 24.1.1967, data da posse do Marechal Costa e Silva na presidência, eleito indiretamente por um Congresso Nacional sem autonomia. Até que veio o fatídico ano de 1968, que mobilizou corações e mentes de jovens de todo o mundo, em manifestações por causas diversas, de reformas universitárias à guerra

---

[4] Em 1967, o nome mudaria para Ministério do Exército.

do Vietnã. No Brasil, somaram-se os protestos estudantis, por falta de vagas nas universidades e contra a ditadura – com a emblemática passeata dos cem mil –, um inflamado discurso do Deputado Márcio Moreira Alves contra os militares e ações armadas de organizações de esquerda (assaltos a bancos, roubo de armas e, posteriormente, sequestros de embaixadores). Tudo desaguou na edição, por Costa e Silva, do Ato Institucional nº 5, de 13.12.1968.

A partir daí, a ditadura tornou-se escancarada,[5] com a atribuição ao presidente da República do poder de decretar o recesso do Congresso Nacional, podendo legislar sobre todas as matérias; decretar a intervenção em estados e municípios; suspender direitos políticos e cassar mandatos eletivos; decretar estado de sítio; confiscar bens; demitir ou aposentar qualquer servidor público. Suspendeu-se, também, a garantia do *habeas corpus* para diversos crimes e excluiu-se da apreciação pelo Poder Judiciário todos os atos baseados no AI-5. Logo à frente, em 16.1.1969, foram aposentados compulsoriamente três ministros do STF.[6] Os veículos de imprensa passaram a estar sob censura, todas as músicas precisavam ser submetidas à prévia aprovação governamental e episódios de tortura a adversários políticos se multiplicavam. Mas não foi só.

2 Dos anos de chumbo à abertura política

O Presidente Costa e Silva sofreu uma trombose cerebral e foi afastado da Presidência pelo Ato Institucional nº 12, de 31.8.1969, vindo a falecer em 17.12.1969. Seu sucessor constitucional era o Vice-Presidente Pedro Aleixo, que era civil. E aí veio o inevitável: o golpe dentro do golpe. Os comandantes militares assumiram o poder, impediram a posse de Pedro Aleixo e outorgaram a Emenda Constitucional nº 1, de 17.10.1969. Na verdade, em lugar de publicarem, como de praxe, apenas as alterações, publicou-se a íntegra do texto constitucional. A razão era simples: sob a roupagem formal de emenda, impunha-se uma nova

---

[5] Esse é o título do volume II da coleção de cinco volumes escritos por Elio Gapari: *A ditadura envergonhada, A ditadura escancarada, A ditadura derrotada, A ditadura encurralada* e *A ditadura acabada*. As obras foram publicadas a partir de 2002 e constituem um notável e documentado relato do Regime Militar, que durou de 1964 a 1985.

[6] Foram eles os ministros Hermes Lima, Evandro Lins e Silva e Victor Nunes Leal. Logo em seguida, em 18.1.1969, o Presidente do STF, Gonçalves de Oliveira, renunciou à presidência em sinal de protesto. Sobre o episódio, v. RECONDO, Felipe. *Tanques e togas*. São Paulo: Cia das Letras, 2018.

Constituição, materializando o projeto autoritário que se consolidara. O Ato Institucional nº 5, seus Atos Complementares e toda a legislação repressiva que havia sido editada permaneceram em vigor.

Nuvens cinzentas anunciavam a chegada dos "Anos de Chumbo", como ficou conhecido o governo do Presidente Emílio Garrastazu Médici. Após intensa disputa interna nas Forças Armadas, Médici foi "eleito" indiretamente por um Congresso subjugado, que foi reaberto para homologar o seu nome. Governou sob o signo de expressiva prosperidade, conhecido como "milagre econômico". Foi, também, o período de mobilização armada contra o regime militar ditatorial por grupos de esquerda, organizados em movimentos guerrilheiros.[7] Houve sequestros de avião e de embaixadores, como os dos Estados Unidos, da Alemanha e da Suíça, para obter, como resgate, a troca por prisioneiros. A repressão por parte do governo foi brutal, incluindo homicídios, desaparecimentos forçados, presos políticos e centenas de torturados, em quartéis e prisões clandestinas.[8] Muitos brasileiros partiram para o exílio.

Em 31.1.1974, terminou o mandato de Médici, que foi substituído na presidência pelo General Ernesto Geisel, também eleito indiretamente. Concorreu com ele, em atitude simbólica de resistência democrática, o presidente do MDB, Ulysses Guimarães. Geisel deu início a um processo de abertura política "lenta, gradual e segura", que alternou medidas liberalizantes e repressão violenta.[9] O governo sofreu o impacto do primeiro choque do petróleo – redução drástica da oferta pelos países produtores, com elevação exponencial dos preços – e não pôde manter os índices de crescimento do período anterior. As eleições de 1974 assistiram a uma expressiva expansão da oposição. A reação autoritária, porém, veio com o "Pacote de Abril".

Após a decretação do recesso do Congresso, em 13.4.1977, Geisel editou as emendas constitucionais nºs 7 e 8. A segunda veiculava uma Reforma do Judiciário de pouco relevo, mas a primeira modificava as

---

[7] Entre eles, a Vanguarda Popular Revolucionária (VPR), a Ação Libertadora Nacional (ALN) e a Vanguarda Popular Revolucionária Palmares (VAR Palmares).

[8] V. Relatório Final da Comissão Nacional da Verdade (Disponível em: http://cnv.memoriasreveladas.gov.br/index.php/outros-destaques/574-conheca-e-acesse-o-relatorio-final-da-cnv).

[9] V. SORANO, Vitor et al. 89 morreram ou desapareceram após reunião relatada pela CIA em que Geisel autoriza mortes. G1, 11 jun. 2018. Disponível em: https://g1.globo.com/politica/noticia/mais-de-80-morreram-ou-desapareceram-na-ditadura-apos-geisel-autorizar-a-execucao-de-subversivos-perigosos-veja-lista.ghtml.

regras eleitorais para favorecer o governo, ampliava o mandato do próximo presidente para seis anos, com eleição indireta, e criava a estigmatizada figura do senador "biônico", eleito indiretamente pelas assembleias legislativas. Tudo para prorrogar a duração do regime militar. Em 12.10.1977, Geisel exonerou o comandante do Exército, General Sylvio Frota, que articulava candidatura própria à presidência da República, procurando aglutinar os radicais da "linha dura". Exonerou, igualmente, o comandante do II Exército, após a morte do jornalista Vladimir Herzog e do operário Manuel Fiel Filho, ambos sob tortura.

3 Do ocaso do regime militar à convocação da Assembleia Constituinte

Não são claras as razões que levaram Geisel a escolher como sucessor o General João Baptista de Oliveira Figueiredo, militar de pouco traquejo político e autor de declarações desastradas, como "prefiro cheiro de cavalo a cheiro de povo". Eleito indiretamente em 15.10.1978, Figueiredo sofria contestações dentro das próprias Forças Armadas.[10] Seu período foi marcado, no plano internacional, pelo segundo choque do petróleo (1979) e, no plano doméstico, por baixo crescimento econômico e elevada inflação. Foi também na gestão de Figueiredo que a linha dura militar e a extrema direita protagonizaram atentados terroristas diversos, que incluíram o incêndio de bancas de jornais que vendiam publicações de esquerda, o envio de cartas-bomba, como a que foi endereçada à Ordem dos Advogados do Brasil, matando a Sra. Lyda Monteiro, e o estarrecedor episódio do Atentado do Riocentro, em que militares planejaram a colocação de bombas em um *show* de música popular, no dia 30.4.1981.

Figueiredo não pôde, não soube ou não quis punir os autores do ato terrorista do Riocentro e ali se deu a morte moral do regime militar. O General Golbery do Couto Silva, grande articulador da abertura política desde o governo Geisel, pediu exoneração da chefia da Casa Civil em protesto. Apesar de tudo, Figueiredo deu continuidade ao lento processo de redemocratização, extinguindo os atos institucionais (Emenda Constitucional nº 11, 13.10.1978) e sancionando a anistia política (Lei nº 6.683, de 28.8.1979), o que permitiu a volta ao Brasil de

---

[10] V. ABREU, Hugo de. *O outro lado do poder*. Nova Fronteira: Rio de Janeiro, 1979.

perseguidos políticos e exilados, como Miguel Arraes e Leonel Brizola. Pouco à frente foi extinto o bipartidarismo (Lei nº 6.767, de 20.12.1979), com o surgimento de inúmeros novos partidos, inclusive os de esquerda, que estiveram banidos por longo período. Em 1984, aproximando-se o final do governo, uma ampla campanha popular tomou as ruas, num movimento conhecido como "Diretas Já", que pleiteava a volta de eleições diretas para presidente da República. Na votação da emenda constitucional no Congresso Nacional, não se obteve o *quorum* para sua aprovação.

Todavia, Figueiredo chegou ao final do seu mandato enfraquecido e sem condições de liderar o processo de sucessão entre os integrantes da base governamental, agrupados no partido que substituíra a Arena, o Partido Democrático Social (PDS). Após intensa disputa interna, o indicado do partido foi Paulo Maluf, ex-governador de São Paulo. A oposição, por sua vez, organizou-se em torno de uma de suas lideranças mais moderadas, Tancredo Neves, que formou aliança com dissidentes do partido governamental, à frente José Sarney. Lançados candidatos a presidente e vice-presidente, sagraram-se vitoriosos na eleição indireta realizada em 15.1.1985, pondo um ponto final no regime militar. Tragicamente, Tancredo Neves adoeceu e não pôde tomar posse, vindo a falecer em 21.4.1985. Assumiu a presidência da República José Sarney, que governou o Brasil de 15.3.1985 a 15.3.1990.

III Sonhando com o futuro: as promessas da Constituição

1 "Carta cidadã" e "Constituição chapa-branca"

Cumprindo compromisso assumido por Tancredo Neves, o Presidente José Sarney encaminhou ao Congresso Nacional proposta de convocação de Assembleia Nacional Constituinte (ANC), em 28.6.1985. Na mesma ocasião, foi instalada a Comissão Provisória de Estudos Constitucionais, conhecida como Comissão Arinos, com o propósito de elaborar um anteprojeto de Constituição. O bom trabalho realizado pela Comissão foi desprezado pelo Executivo – em grande parte pela proposta parlamentarista do projeto – e pelos constituintes, que não queriam ter o seu trabalho pautado por documento externo a eles. Esse fato, aliado a circunstâncias do processo de eleição do presidente da ANC, fizeram com que os trabalhos se desenvolvessem sem um texto-base.[11] Formaram-se, assim, oito comissões temáticas, cada uma subdividida em três subcomissões, num total de 24. A consolidação e sistematização do trabalho foi tarefa árdua, cujo produto foi um texto longo, detalhista e por vezes prolixo, com 250 artigos no corpo principal e 70 no ato das disposições constitucionais transitórias. A Emenda Constitucional nº 26, de 27.11.1985, formalizou a convocação da Constituinte, cujos integrantes foram eleitos em 15.11.1986 e se reuniram a partir de 1º.2.1987, somando-se aos senadores que já se encontravam no Congresso.

Promulgada em 5.10.1988, a nova Carta foi apelidada pelo Presidente da Assembleia Constituinte, Ulysses Guimarães, de "Constituição cidadã". De fato, ela abre o seu preâmbulo anunciando a ambição de criar uma sociedade "fraterna, pluralista e sem preconceitos", tendo como um dos seus princípios fundamentais enunciados no art. 1º, III, "a dignidade da pessoa humana". Ademais, em mudança simbolicamente importante, o título dedicado aos *direitos e garantias fundamentais* foi inserido no início do texto, quando as Constituições anteriores começavam pela *organização dos poderes*. Nos diferentes capítulos cuidando dos direitos fundamentais estão enunciados os *direitos individuais* – cujas matrizes são a vida, a liberdade, a igualdade, a segurança e a propriedade (CF, art. 5º) –, os *direitos sociais* – educação, saúde, alimentação, trabalho, moradia, transporte, lazer, segurança, previdência social, proteção à maternidade e à infância e assistência aos desamparados (CF, art. 6º) – e os *direitos políticos*, consistentes no direito de participar da vida pública, notadamente votando e sendo votado (CF, arts. 14 a 16).

Alguns críticos, porém, referem-se ao texto constitucional como "Constituição Chapa Branca", pelo número expressivo de dispositivos que cuidam de categorias profissionais, especialmente no âmbito do serviço público.[12] Em muitos casos, instituindo prerrogativas e privi-

---

[11] Ulysses Guimarães, principal candidato à presidência da Assembleia Constituinte, tinha a ideia de constituir uma comissão preliminar para elaborar um anteprojeto. Porém, o Deputado Fernando Lyra também se lançou candidato, denunciando que a fórmula de Ulysses, baseada na experiência de 1946, criaria constituintes de primeira e de segunda categoria. Ulysses foi obrigado a recuar da ideia e não houve anteprojeto. V. JOBIM, Nelson de Azevedo. A constituinte vista por dentro – Vicissitudes, superação e efetividade de uma história real. *In*: SAMPAIO, José Adércio Leite (Coord.). *Quinze anos de Constituição*. Belo Horizonte: Del Rey, 2004. p. 11.

[12] V. SUNDFELD, Carlos Ari. O fenômeno constitucional e suas três forças. *Revista de Direito do Estado*, v. 21, 2006.

légios. De fato, estão contemplados na Constituição a magistratura, o Ministério Público, a Advocacia-Geral da União, as Procuradorias dos Estados e do Distrito Federal, as Forças Armadas, os Tribunais de Contas, a Polícia Federal, as polícias estaduais, civis e militares, e os cartórios, em meio a outros. Ademais, na sua versão original, a Constituição mantinha inúmeros monopólios estatais, em áreas como telecomunicações, energia elétrica, petróleo e gás canalizado, bem como várias restrições à participação do capital estrangeiro em setores da economia. Somente ao longo dos anos 90 do século passado reformas diversas flexibilizaram monopólios, aboliram certas restrições ao investimento externo e abriram caminho para a desestatização de alguns setores da economia.

A Carta de 1988 foi elaborada com grande participação dos movimentos sociais e de setores organizados da sociedade, todos em busca de acolhimento constitucional. A consequência foi uma Constituição extremamente abrangente e detalhista, que incorporou ao seu texto inúmeras matérias que em outras partes do mundo são relegadas para o âmbito das escolhas políticas e da legislação ordinária. A Constituição brasileira não trata apenas das questões tipicamente constitucionais, como a definição dos direitos fundamentais, a organização do Estado e a repartição de competências entre os poderes, tendo ido além para abrigar no seu texto: o sistema tributário, o sistema previdenciário, o sistema de saúde, o sistema de educação, a organização econômica e financeira, a proteção do meio ambiente, a proteção das comunidades indígenas, a proteção da criança, do adolescente, do jovem e do idoso, a proteção do patrimônio histórico, a promoção da cultura, da ciência e da tecnologia, em meio a outros temas. Inserir uma matéria na Constituição é, em ampla medida, retirá-la da política e trazê-la para o direito. Aí a razão da judicialização ampla da vida brasileira.

2 A separação de poderes

2.1 Poder Executivo

O Plenário da Assembleia Constituinte rejeitou o modelo parlamentarista (na verdade, semipresidencialista),[13] que fora proposto pela Comissão de Sistematização, mantendo o sistema presidencialista. Em

---

[13] Embora separando as figuras do chefe de governo da do chefe de Estado, a proposta mantinha a eleição direta para presidente da República e atribuía competências limitadas, mas importantes ao presidente da República.

contrapartida, previu a realização de um plebiscito (ADCT, art. 2º), que veio a se concretizar em 21.4.1982, para que os eleitores escolhessem entre os dois modelos. Prevaleceu o presidencialismo, por larga margem. Uma das dificuldades do presidencialismo é a ausência de um mecanismo institucional e não traumático de destituição de presidentes que perderam a sustentação política. Paraguai, Peru, Equador e Brasil são exemplos de países que, em tempos recentes, viveram as agruras, instabilidades e ressentimentos de processos de *impeachment*.[14] Sob a Constituição de 1988, como é sabido, os presidentes Fernando Collor e Dilma Rousseff foram afastados por essa via. Enfim, com o modelo presidencial, reincidimos na fórmula que tem sido uma usina de crises políticas na América Latina, não raras vezes desaguando em regimes autoritários, de Perón a Chávez, de Getúlio a Ortega.

Característica do modelo brasileiro é o denominado *presidencialismo de coalizão*,[15] produto da combinação do sistema presidencial com o federalismo e, sobretudo, com o multipartidarismo, em um quadro de fragmentação partidária. O rótulo identifica o tipo de articulação e de concessões que o presidente precisa fazer para a construção de bases de apoio político no Legislativo. Tal arranjo é indispensável para a governabilidade, permitindo a formação de maiorias necessárias à aprovação de legislação e de emendas constitucionais e mesmo para evitar processos de *impeachment*. A fórmula não é necessariamente negativa e, inclusive, já viabilizou boas políticas públicas, como o Plano Real e o Bolsa-Família. Coalizões, portanto, podem ser formadas por métodos legítimos, baseadas em valores e programas comuns.[16] O presidencialismo de coalizão, no entanto, tem descambado, muitas vezes, para um modelo fisiológico, envolvendo distribuição de cargos

---

[14] Nos últimos 30 anos, houve pelo menos uma dezena de casos de *impeachment* na América Latina, concentrados nos países mencionados no texto. V. O'BOYLE, Brendan. Presidents no longer. *American Quarterly*. Disponível em: https://www.americasquarterly.org/fullwidthpage/impeached-assassinated-and-overthrown-a-graphic-history-of-latin-american-presidencies-cut-short/. Na Argentina, desde a redemocratização, em 1983, já houve mais de 80 pedidos de *impeachment* apresentados perante o Congresso. V. ROSS, Gregory. Impeachment fever. *Wilson Center*, 22 jan. 2021. Disponível em: https://www.wilsoncenter.org/blog-post/impeachment-fever.

[15] A expressão foi utilizada pela primeira vez por Sérgio Abranches, em artigo intitulado "Presidencialismo de coalizão: o dilema institucional brasileiro", publicado em 1988, isto é, antes da experiência prática da nova Constituição. O tema foi retomado por ele no excelente livro *Presidencialismo de coalizão*: raízes e evolução do modelo político brasileiro. São Paulo: Companhia das Letras, 2018. O presente parágrafo se beneficia de suas reflexões.

[16] ABRANCHES, Sérgio. *Presidencialismo de coalizão*: raízes e evolução do modelo político brasileiro. São Paulo: Companhia das Letras, 2018. p. 9; 13.

públicos, loteamento de empresas estatais e liberação discricionária de verbas orçamentárias. Os critérios nem sempre são republicanos e transparentes, com casos de grande condescendência com o desvio de dinheiros públicos, perpetuando um padrão de apropriação privada do Estado.[17]

Outro traço marcante do presidencialismo brasileiro é o papel do chefe do Executivo no processo legislativo, que vai bem além da competência para sanção e veto, que é padrão nas democracias presidencialistas. Uma novidade particularmente importante instituída pela Constituição de 1988 foi a competência do Presidente da República para editar medidas provisórias,[18] atos normativos primários, com força imediata de lei, e que são submetidos ao Congresso Nacional *a posteriori*. Abusos na sua utilização e omissões na sua apreciação, levando a sucessivas reedições sem deliberação do Poder Legislativo, levaram à promulgação da Emenda Constitucional nº 32, de 11.9.2001. A partir daí, medidas provisórias passaram a vigorar pelo prazo de 60 dias (antes eram 30), mas admitida uma única reedição. Caso não venha a ser aprovada pelo Congresso e convertida em lei, deixa de viger. Também se impôs a vedação de medidas provisórias em diversas matérias (CF, art. 62 e parágrafos).

Além disso, o Poder Executivo no Brasil, em contraste com a matriz estadunidense do presidencialismo, dispõe de iniciativa privativa para deflagrar o processo legislativo em diversas matérias, como criação de cargos, aumento de remuneração e regime jurídico de servidores públicos (CF, art. 61, §1º). Por fim, algumas mudanças impactantes, relativas ao Poder Executivo, serão analisadas adiante, como a redução do mandato presidencial, a possibilidade de reeleição dos chefes do Executivo e a criação do Ministério da Defesa.

---

[17] Nas palavras de ABRANCHES, Sérgio. *Presidencialismo de coalizão*: raízes e evolução do modelo político brasileiro. São Paulo: Companhia das Letras, 2018. p. 371: "Nosso sistema político-econômico encontrou no presidencialismo de coalizão os instrumentos para reprodução do domínio oligárquico. [...] Seja nos governos do PSDB, seja nos governos do PT, a maior fatia de renda pública foi transferida para os mais ricos".

[18] Para uma discussão original e valiosa sobre as medidas provisórias e o seu papel, v. ABRAMOVAY, Pedro. *Separação de poderes e medidas provisórias*. Rio de Janeiro: Elsevier, 2012.

2.2 Poder Legislativo

O Poder Legislativo foi o mais abalado durante o regime militar, com fechamento do Congresso, cassações e imposição de um bipartidarismo forçado, com a extinção dos partidos existentes. Nos 35 anos de vigência da Constituição de 1988, nada parecido se passou, a despeito de crises relevantes que resultaram na perda de mandatos por corrupção ou quebra de decoro. O Congresso Nacional também teve grande protagonismo nos dois processos de *impeachment* pós-redemocratização: o do Presidente Collor, cuja acusação foi recebida pela Câmara em 29.9.1992, e que veio a ter a perda de mandato decretada pelo Senado em 30.12.1992, apesar de haver renunciado ao cargo na véspera; e o da Presidente Dilma Rousseff, com acusação recebida pela Câmara em 2.12.2015 e afastamento definitivo por julgamento do Senado em 31.8.2016. No caso da Presidente Dilma, a despeito de terem sido cumpridos os ritos procedimentais constitucionais, houve uma percepção ampla de diferentes setores da sociedade de que seu afastamento equivaleu a um voto de desconfiança – instituto típico do sistema parlamentar – e não exatamente a crime de responsabilidade, ante a menor gravidade das alegadas violações de normas orçamentárias. No fundo, como costuma ocorrer em procedimentos dessa natureza, a perda do cargo se deu por falta de sustentação política no Congresso.

Um dos destaques na atuação do Legislativo, ao longo do período, foi a instalação de diferentes comissões parlamentares de inquérito (CPIs) – por cada uma das casas legislativas ou mistas (CPMIs) – para apuração de episódios relevantes da vida política nacional. Diversas delas tiveram grande destaque e consequências significativas. A *CPI do PC Farias* (1992) apurou episódios graves de corrupção no governo Collor e levou ao *impeachment*/renúncia do presidente. A *CPI do Orçamento* (1993) revelou um imenso esquema de corrupção, conhecido como o dos "Anões do Orçamento", pelo recebimento de propinas e envio de recursos a empresas fantasmas ou de propriedade de parentes. A *CPI do Judiciário* (1999) expôs esquema de superfaturamento envolvendo a construção do Tribunal Regional do Trabalho, em São Paulo, e resultou na cassação de um senador. A *CPI dos Correios* (2005) exibiu esquema de corrupção na empresa estatal e foi a ponta do novelo que desaguou no escândalo do *Mensalão*. A *CPI da Petrobras* (2015), que se originou da denominada *Operação Lava Jato*, apurou denúncias de desvios de recursos da empresa por partidos políticos, mediante a indicação de diretores que participavam do esquema. Em 2021, a *CPI da Covid*, cuja instauração foi determinada pelo STF, investigou omissões e irregularidades na atuação do governo durante a pandemia.

O Congresso Nacional desempenha, igualmente, papel de destaque na elaboração do orçamento público. Esse é um espaço frequentemente negligenciado no debate público brasileiro, tratado como um campo inacessível aos cidadãos. Não obstante isso, é no orçamento que se fazem as principais escolhas políticas na vida do país. Note-se que a Constituição foi obsessiva ao tratar do orçamento, prevendo um plano plurianual, uma lei de diretrizes orçamentárias e a lei orçamentária anual (CF, art. 165). Alguns dos episódios mais graves de corrupção e patrimonialismo da vida brasileira estiveram associados ao orçamento, do escândalo PC Farias ao orçamento secreto, passando pelo episódio dos "Anões do Orçamento". No modelo atual, o Congresso participa do orçamento, não apenas na aprovação global, como também na apresentação de emendas de comissão, de bancada, individuais e de relator. As emendas de relator, originariamente destinadas a corrigir erros e omissões de ordem técnica ou legal, foram desvirtuadas no que se veio a apelidar de *orçamento secreto*: excesso de discricionariedade pessoal do relator e não identificação do parlamentar patrocinador da emenda. A prática foi julgada inconstitucional pelo STF,[19] por violação à separação de poderes e ao princípio da transparência, mas subsistiu, ao menos em parte, por acordos políticos com o Executivo.

2.3 Poder Judiciário

Há quem afirme que o século XIX foi o século do Legislativo, o século XX, do Executivo e que o século XXI é do Judiciário.[20] É possível que haja exagero nessa avaliação. São ainda os poderes políticos que definem os rumos da sociedade. É fato, porém, que, desde o final da 2ª Guerra Mundial, assistiu-se a uma vertiginosa ascensão institucional do Poder Judiciário. Juízes e tribunais deixaram de constituir um departamento técnico-especializado do Estado para se transformarem em verdadeiro poder político, que disputa espaço com os outros dois. São muitas as causas para esse processo histórico, entre as quais: a

---

[19] STF. ADIs nºs 850, 851, 854 e 1.014. Rel. Min. Rosa Weber, j. 19.12.2022.
[20] O SÉCULO XXI marca a era dos direitos e do Poder Judiciário, afirma Lewandowski. *Conselho Nacional de Justiça*, 14 ago. 2014. Disponível em: https://www.cnj.jus.br/o-seculo-xxi-marca-a-era-dos-direitos-e-do-poder-judiciario-afirma-ricardo-lewandowski/.

percepção de que um Judiciário forte e independente é importante para preservar a democracia e os direitos fundamentais; a insuficiência da representação política majoritária para atender a todas as demandas da sociedade; e a circunstância de que, em relação a várias matérias, sobretudo aquelas em que há desacordo moral razoável – interrupção de gestação, uniões homoafetivas, restrições de direitos –, o Poder Legislativo não consegue formar maiorias ou superar bloqueios. Esse quadro é global. No Brasil, seguindo essa tendência, a Constituição de 1988 positivou novos direitos (*e.g.*, consumidor),[21] novas ações (*e.g.*, ação civil pública)[22] e instituiu modelos simplificados de julgamento (juizados especiais),[23] ampliando o acesso à justiça.

Além disso, o Judiciário, entre nós, sofreu o impacto de alguns processos históricos e arranjos institucionais que ampliaram sua atuação. Entre eles, a passagem da Constituição para o centro do sistema jurídico, a constitucionalização do direito (v. *infra*) e uma Constituição abrangente. Matérias que em outras partes do mundo pertencem à política e à legislação ordinária, no Brasil, tornam-se jurídicas e judicializáveis. Ademais, pelo sistema de controle de constitucionalidade aqui adotado, tem-se a seguinte realidade: (i) todos os juízes e tribunais do país aplicam e interpretam a Constituição (controle incidental e difuso); e (ii) é possível ajuizar ações constitucionais diretamente perante o Supremo Tribunal Federal (controle principal e concentrado). A soma desses fatores – ascensão institucional do Judiciário, novos direitos e ações, juridicização dos temas mais variados e acesso amplo à jurisdição, inclusive constitucional – trouxe duas consequências muito visíveis no Brasil: a judicialização da vida e certo protagonismo do Supremo Tribunal Federal.

A judicialização tem sido quantitativa e qualitativa. A *judicialização quantitativa* se manifesta na existência de cerca de 80 milhões de ações em curso no país, um dos maiores índices de litigiosidade do planeta, em demandas que vão de direitos do consumidor a questões previdenciárias, passando por todos os ramos do direito. Considerando que a

---

[21] O Código de Defesa do Consumidor (Lei nº 8.078) é de 11.9.1970. A defesa do consumidor foi incluída no art. 5º, XXXII, da Constituição Federal.
[22] A Lei da Ação Civil Pública (Lei nº 7.347) é de 24.7.1985 e sua constitucionalização se deu pelo art. 129, III.
[23] CF, art. 98, I, Lei nº 9.099, de 26.9.1995, no âmbito da Justiça Estadual, e Lei nº 10.259, de 12.7.2001, no âmbito da Justiça Federal.

população adulta do Brasil é de cerca de 159 milhões,[24] se a estatística fosse uma ciência simples seria possível afirmar que um em cada dois adultos está em juízo. Por evidente, não é bem assim, porque a Justiça tem muitos clientes preferenciais, entre os quais, no setor público, o INSS e, no privado, as instituições financeiras. O lado positivo da realidade aqui descrita é que ela revela um grau elevado de confiança na atuação do Judiciário. A faceta negativa é que não há estrutura que possa atender, com a celeridade desejável, a esse volume de demanda. O país precisa passar por um processo de desjudicialização, que inclui os meios alternativos de resolução de disputas (mediação, conciliação e arbitragem), mas não se limita a eles. O advogado do futuro será mais um negociador de bons acordos do que um formulador de ações judiciais.

A *judicialização qualitativa* é a que tem levado ao Poder Judiciário algumas das grandes questões nacionais, políticas, econômicas, sociais e éticas. Temas como instalação de CPIs, planos econômicos, vacinação da população, interrupção de gestação, pesquisas com células-tronco embrionárias, uniões homoafetivas e preservação da Amazônia, para citar apenas alguns exemplos, têm tido seu último capítulo perante juízes e tribunais. Na prática, esse fenômeno tem dado grande protagonismo ao Supremo Tribunal Federal, que acaba sendo a instância final – e, por vezes, a primeira e única – de tais discussões. As causas para isso incluem: (i) Constituição abrangente e detalhista; (ii) existência de múltiplas ações diretas discutindo a constitucionalidade das leis;[25] e (iii) ampla legitimação ativa para propor tais ações.[26] A elas se somam uma competência criminal ampla para julgar parlamentares e autoridades do Executivo – o que sempre atrai cobertura midiática – e o fato de os julgamentos serem transmitidos pela TV Justiça. Não há dia, no Brasil, em que não haja alguma notícia acerca de decisão judicial na primeira

---

[24] ALBUQUERQUE, Ana Luíza. 95% da população acima de 18 anos se diz heterossexual, estima IBGE pela primeira vez. *Folha de São Paulo*, 25 maio 2022.

[25] Existem, no direito constitucional brasileiro, a seguintes ações diretas: (i) ação direta de inconstitucionalidade (CF, art. 102, I, "a"); (ii) ação direta de inconstitucionalidade por omissão (CF, art. 103, §2º); (iii) ação declaratória de constitucionalidade (CF, art. 102, I, "a"); (iv) arguição de descumprimento de preceito fundamental (CF, art. 102, §1º). A elas se soma a ação direta interventiva, para fins de intervenção federal nos estados, que nunca foi utilizada no regime da Constituição de 1988.

[26] O art. 103 da Constituição contém o elenco de agentes, órgãos e entidades com direito de propositura, que inclui o presidente da República, as mesas da Câmara, do Senado e de todas as Assembleias Legislativas, os governadores de estado, o procurador-geral da República, o Conselho Federal da OAB, todos os partidos políticos com representação no Congresso Nacional, todas as entidades de classe de âmbito nacional e confederações sindicais.

página dos jornais e *sites* de notícias. Esse excesso de visibilidade, fruto do arranjo institucional brasileiro, é por vezes impropriamente confundido com *ativismo judicial*, o que não é o caso.[27]

3 As transformações da teoria constitucional

A Constituição de 1988, sob a influência de movimentos históricos, políticos e doutrinários – domésticos e internacionais –, abriu caminho para transformações profundas no modo como se pensa e se pratica o direito constitucional no Brasil. Tais concepções inovadoras podem ser sistematizadas, de maneira sumária, em três grandes blocos: a conquista de *status* normativo e de efetividade pela Constituição; o surgimento de um novo constitucionalismo, sobre bases filosóficas e teóricas diversas; e a constitucionalização do direito, vale dizer, a irradiação dos valores e princípios constitucionais por todo o sistema jurídico.

3.1 A doutrina brasileira da efetividade

Uma das disfunções históricas mais graves do constitucionalismo brasileiro, desde a Carta de 1824, sempre foi a "insinceridade normativa", isto é, a previsão no texto constitucional de promessas que de antemão se sabia não seriam cumpridas.[28] Na verdade, seguindo a tradição que vigorou na Europa até o segundo pós-guerra, a Constituição não era vista como uma norma invocável perante os tribunais. As proposições nela contidas funcionavam como mera convocação à atuação do Legislativo e do Executivo. Ao Judiciário não se reconhecia qualquer

---

[27] Ativismo judicial, em sentido pejorativo, significa o exercício impróprio da jurisdição, imiscuindo-se em áreas dos outros poderes. Em sentido mais técnico, identifica a aplicação de algum princípio ou analogia para reger situação não expressamente contemplada pelo legislador ou pelo constituinte, importando, em alguma medida, em criação judicial de direito. São raros os exemplos na jurisprudência do STF, o mais notório sendo a equiparação das uniões homoafetivas às uniões estáveis convencionais. À falta de norma específica e sendo necessário regular a matéria, o Tribunal produziu uma solução baseada nos princípios da igualdade, da dignidade humana e da segurança jurídica.

[28] Dois exemplos emblemáticos: a Carta de 1824 estabelecia que a "a lei será igual para todos", dispositivo que conviveu, sem que se assinalassem perplexidade ou constrangimento, com os privilégios da nobreza, o voto censitário e o regime escravocrata. Outro: a Carta de 1969, outorgada pelo Ministro da Marinha de Guerra, do Exército e da Aeronáutica Militar, assegurava um amplo elenco de liberdades públicas inexistentes e prometia aos trabalhadores um pitoresco rol de direitos sociais não desfrutáveis, que incluíam "colônias de férias e clínicas de repouso". Buscava-se, na Constituição, não o caminho, mas o desvio; não a verdade, mas o disfarce.

papel relevante na realização do conteúdo da Constituição. Somente quando tais conteúdos eram desenvolvidos por atos do parlamento ou administrativos é que se tornavam exigíveis judicialmente.[29] Ao longo da década de 80 do século passado, sob o rótulo de *doutrina brasileira da efetividade*,[30] articulou-se um movimento cuja essência foi tornar as normas constitucionais aplicáveis, direta e imediatamente, na extensão máxima de sua densidade normativa.[31] Como consequência, sempre que violado um mandamento constitucional, a ordem jurídica deve prover mecanismos adequados de tutela – por meio da *ação* e da *jurisdição* –, disciplinando os remédios jurídicos próprios e a atuação efetiva de juízes e tribunais. O Poder Judiciário, como consequência, passa a ter atuação decisiva na realização da Constituição. Essa tornou-se uma das marcas do constitucionalismo pós-88 no Brasil.

3.2 Neoconstitucionalismo ou direito constitucional contemporâneo[32]

Outro processo histórico transformador, referido inicialmente como *neoconstitucionalismo*, pode ser descrito em três marcos fundamentais. O marco *histórico* foi a reconstitucionalização da Europa, após a 2ª Guerra Mundial, com a aprovação de constituições mais analíticas, com capítulos mais minuciosos dedicados aos direitos fundamentais e a introdução do controle de constitucionalidade das leis. O marco *filosófico* foi o surgimento de uma cultura pós-positivista, que, sem

---

[29] Acerca desse paradigma anterior e sua superação no modelo europeu, v. HESSE, Konrad. La fuerza normativa de la Constitución. In: HESSE, Konrad. *Escritos de derecho constitucional*. Marid: Centro de Estudios Constitucionales, 1983. Trata-se da tradução para o espanhol de um ensaio seminal, de 1958. V. tb., GARCÍA DE ENTERRÍA, Eduardo. *La Constitución como norma y el Tribunal Constitucional*. Madrid: Civitas, 2006.

[30] A expressão "doutrina brasileira da efetividade" foi empregada por SOUZA NETO, Cláudio Pereira de. Fundamentação e normatividade dos direitos fundamentais: uma reconstrução teórica à luz do princípio democrático. In: BARROSO, Luís Roberto (Org.). *A nova interpretação constitucional*: ponderação, direitos fundamentais e relações privadas. Rio de Janeiro: Renovar, 2003.

[31] Sobre o tema, v. BARROSO, Luís Roberto. *O direito constitucional e a efetividade de suas normas*. Rio de Janeiro: Renovar, 1990 (a primeira versão do texto é de 1987). Importantes textos precursores do movimento foram TEIXEIRA, J. H. Meirelles. *Curso de direito constitucional*. Rio de Janeiro: Forense Universitária, 1991, texto revisto e atualizado por Maria Garcia (compilação de aulas ministradas no final dos anos 50); SILVA, José Afonso da. *Aplicabilidade das normas constitucionais*. São Paulo: RT, 1968; BANDEIRA DE MELLO, Celso Antonio. Eficácia das normas constitucionais sobre justiça social. *RDP*, v. 57, 1981.

[32] V. BARROSO, Luís Roberto. Neoconstitucionalismo e constitucionalização do direito: o triunfo tardio do direito constitucional no Brasil. *Revista de Direito Administrativo*, v. 240, 2005.

desprezar a importância da lei, promoveu uma reaproximação entre o direito e a ética, subordinando a interpretação jurídica aos valores, a uma pretensão de correção moral[33] e, em última análise, à ideia de justiça, tal como extraída do texto constitucional. Por fim, esse processo de mudança da compreensão do direito constitucional teve como marco *teórico* três grandes fatores: (i) o reconhecimento de normatividade à Constituição; (ii) a expansão da jurisdição constitucional, com o surgimento de tribunais constitucionais ou de supremas cortes em quase todas as democracias; e (iii) o surgimento de uma nova interpretação constitucional, menos formalista, com princípios e categorias próprias, que incluíram a normatividade dos princípios, o reconhecimento das colisões de normas constitucionais, a técnica da ponderação e a reabilitação da argumentação jurídica.[34] Hoje já não mais se justifica o uso do prefixo *neo*, pois este se tornou o direito constitucional contemporâneo, praticado no Brasil e em diferentes partes do mundo, e representa, de certa forma, a prevalência do modelo norte-americano, que vigorava desde a decisão de Marbury *v.* Madison, de 1803.[35]

3.3 A constitucionalização do direito

"Ontem os Códigos; hoje as Constituições. A revanche da Grécia contra Roma".[36] O fenômeno da constitucionalização do direito tem como ponto de partida a passagem da Constituição para o centro do sistema jurídico, de onde foi deslocado o Código Civil.[37] No Brasil, a

---

[33] ALEXY, Robert. *La institucionalización de la justicia*. Granada: Comares, 2005. p. 58.
[34] Sobre a interpretação constitucional contemporânea, v. BARROSO, Luís Roberto. *Curso de direito constitucional contemporâneo*. [s.l.]: [s.n.], 2022, especialmente o capítulo "Novos paradigmas e categorias da interpretação constitucional".
[35] BARROSO, Luís Roberto. A americanização do direito constitucional e seus paradoxos: teoria e jurisprudência constitucional no mundo contemporâneo. *Interesse Público*, v. 59, 2010.
[36] A primeira parte da frase ("Ontem os Códigos; hoje as Constituições") foi pronunciada por Paulo Bonavides, ao receber a Medalha Teixeira de Freitas, no Instituto dos Advogados Brasileiros, em 1998. O complemento foi feito por Eros Roberto Grau, ao receber a mesma medalha, em 2003, em discurso publicado em avulso pelo IAB: "Ontem, os códigos; hoje, as Constituições. A revanche da Grécia sobre Roma, tal como se deu, em outro plano, na evolução do direito de propriedade, antes justificado pela origem, agora legitimado pelos fins: a propriedade que não cumpre sua função social não merece proteção jurídica qualquer".
[37] V. PERLINGIERI, Pietro. *Perfis do direito civil*. Rio de Janeiro: Renovar, 1997. p. 6: "O Código Civil certamente perdeu a centralidade de outrora. O papel unificador do sistema, tanto nos seus aspectos mais tradicionalmente civilísticos quanto naqueles de relevância publicista, é desempenhado de maneira cada vez mais incisiva pelo Texto Constitucional". Vejam-se, também, MORAES, Maria Celina B. A caminho de um direito civil constitucional. *RDC*, v. 65,

partir de 1988 e, especialmente, nos últimos anos, a Constituição passou a desfrutar, além da supremacia formal que sempre teve, também de uma supremacia material, axiológica, potencializada pela abertura do sistema jurídico e pela normatividade dos princípios. Compreendida como uma ordem objetiva de valores, transformou-se no filtro por meio do qual se deve ler todo o ordenamento jurídico.[38] Nesse ambiente, a Constituição passa a ser não apenas um sistema em si – com a sua ordem, unidade e harmonia –, mas também um modo de olhar e interpretar todos os demais ramos do direito. A constitucionalização identifica um efeito expansivo das normas constitucionais, que se irradiam por todo o sistema jurídico. Os valores, os fins públicos e os comportamentos contemplados nos princípios e nas regras da Lei Maior passam a condicionar a validade e o sentido de todas as normas do direito infraconstitucional. Muitos dos institutos do direito civil, do direito administrativo, do direito penal e do direito processual, em meio a todos os outros, passam a ser ressignificados e reinterpretados.

IV Enfrentando a realidade: o desempenho da Constituição

1 Os diferentes governos

1.1 Os governos Sarney, Collor e Itamar Franco

O governo do Presidente José Sarney estendeu-se até 15.3.1990, pouco mais de um ano sob a vigência da Constituição de 1988, que reduziu o mandato presidencial de seis para cinco anos. Ao primeiro governo civil desde o movimento militar de 1964, pode-se creditar o

---

1993 e TEPEDINO, Gustavo. O Código Civil, os chamados microssistemas e a Constituição: premissas para uma reforma legislativa. *In*: TEPEDINO, Gustavo (Org.). *Problemas de direito civil-constitucional*. Rio de Janeiro: Renovar, 2001.

[38] Na Alemanha, a ideia da Constituição como ordem objetiva de valores, que condiciona a leitura e interpretação de todos os ramos do direito, foi fixada no julgamento do célebre caso *Lüth*, julgado em 1958, pelo Tribunal Constitucional Federal alemão, que assentou: "Los derechos fundamentales son ante todo derechos de defensa del ciudadano en contra del Estado; sin embargo, en las disposiciones de derechos fundamentales de la Ley Fundamental se incorpora también un orden de valores objetivo, que como decisión constitucional fundamental es válida para todas las esferas del derecho" (SCHWABE, Jürgen. *Cincuenta años de jurisprudencia del Tribunal Constitucional Federal alemán*, 2003, Sentencia 7, 198). No caso concreto, o tribunal considerou que a conduta de um cidadão convocando ao boicote de determinado filme, dirigido por cineasta de passado ligado ao nazismo, não violava os bons costumes, por estar protegida pela liberdade de expressão.

início bem-sucedido da transição democrática, embora o presidente tenha conservado uma visão crítica da Carta constitucional. Na economia, porém, viveu-se um quadro de hiperinflação que persistiu a despeito de seguidos planos econômicos[39] e mudanças de moeda.[40] O saldo final do período incluiu um aumento médio anual do PIB de 4,54%, um incremento global de 12,51% da renda *per capita*[41] e uma inflação recorde, que em março de 1990 chegou a 84,5%.[42]

Fernando Collor de Mello venceu a primeira eleição direta no período pós-ditadura militar, na campanha presidencial à sucessão de José Sarney, tendo tomado posse em 15.3.1990. A disputa envolveu, em primeiro turno, vinte e cinco candidatos e, em segundo turno, Collor derrotou Luiz Inácio Lula da Silva. Com um discurso fundado no combate à inflação, na moralidade administrativa e na liberalização econômica, sua campanha contou com o apoio dos grandes grupos empresariais e de setores liberais e conservadores. Logo ao início do governo foi lançado um controvertido plano econômico que envolveu a retenção de ativos depositados em instituições financeiras e o congelamento de preços (Plano Collor).[43] Os resultados não vieram. O período foi marcado por esforços de abertura da economia brasileira ao mercado internacional, pela privatização de empresas estatais e por uma inusual exposição midiática do presidente. Uma desavença provinciana entre o tesoureiro da campanha presidencial, PC Farias, e o irmão do presidente, Pedro Collor, terminaria por trazer à tona um universo de manipulação privada do poder e de benefícios indevidos ao chefe do Executivo. Uma comissão parlamentar de inquérito colheu depoimentos

---

[39] A inflação, desde o início da década de 80 até meados da década de 90, assombrou o país com índices mensais de mais de dois dígitos, desorganizando a economia, impedindo o planejamento de médio e longo prazos e corroendo os salários. O Plano Cruzado, deflagrado em 28.2.1986, trouxe resultados iniciais e ajudou o PMDB a eleger 22 dos 23 governadores nas eleições de 1986, bem como 46 dos 72 senadores e 260 dos 487 deputados (cabe relembrar que esses parlamentares, eleitos em 1986, exerceriam o papel de constituintes). No entanto, pouco após as eleições de 15 de novembro, voltou-se à situação de descontrole inflacionário. Ainda no governo Sarney, foram lançados os Planos Cruzado II (novembro de 1986), Bresser (1987) e Verão (1989). Na passagem do governo a Fernando Collor, a inflação disparou, e ultrapassou os 80% ao mês.

[40] No período, tivemos cruzeiro (1970-1986), cruzado (1986-1989), cruzado novo (1989-1990). Com o Plano Collor, houve a volta ao cruzeiro (1990-1993).

[41] THE WORLD BANK. *GDP Growth (annual %)* – Brazil. Disponível em: https://data.worldbank.org/indicator/NY.GDP.MKTP.KD.ZG?locations=BR. Acesso em: 15 jul. 2023.

[42] FGV/CPDOC. *Atlas histórico do Brasil.* Disponível em: https://atlas.fgv.br/marcos/governo-jose-sarney-1985-1990/mapas/inflacao-do-governo-sarney-mes-mes. Acesso em: 15 jul. 2023.

[43] No seu governo, ainda sobreviriam os Planos Collor II e Marcílio.

altamente incriminadores e o presidente veio a perder definitivamente o mandato nos últimos dias de dezembro de 1992, por renúncia e por deliberação do Senado Federal, quase simultaneamente. No período, o PIB brasileiro sofreu uma contração de 1,3%.[44]

O Vice-Presidente Itamar Franco, que assumira interinamente a presidência após a decisão da Câmara dos Deputados que importou no afastamento de Fernando Collor, foi efetivado no cargo no apagar das luzes de 1992. Poucos meses depois, em 21.4.1993, realizou-se o plebiscito sobre a forma e o sistema de governo, previsto no art. 2º do Ato das Disposições Constitucionais Transitórias. Por 66% contra 10,2%, venceu a República sobre a Monarquia; e, por 55,4% a 24,6%, prevaleceu o presidencialismo sobre o parlamentarismo. Itamar recebeu o governo em meio a grave crise econômica, tendo a inflação atingido 1.100% em 1992 e chegado a 2.484% no ano seguinte.[45] Após diversas trocas de ministros da Fazenda, o presidente convidou para o cargo o então ministro das Relações Exteriores, Fernando Henrique Cardoso. Em fevereiro de 1994, foi lançado o Plano Real, primeiro plano de estabilização econômica, entre os muito deflagrados desde 1986, que produziu resultados de longo prazo, permitindo que a inflação fosse finalmente controlada. Embalado pelo sucesso do Real, Fernando Henrique, lançado pelo PSDB (Partido da Social Democracia Brasileira), saiu vitorioso nas eleições presidenciais de 3.10.1994, derrotando o candidato do PT, Luiz Inácio Lula da Silva. Com FHC, finalmente chegou ao poder a geração que fora perseguida pelo regime militar.

1.2 O governo Fernando Henrique Cardoso

Fernando Henrique Cardoso foi eleito por maioria absoluta para dois mandatos, entre 1º.1.1995 e 31.12.2002. Seus dois períodos de governo foram marcados pelo esforço bem-sucedido de consolidação da estabilidade econômica – ao custo de juros elevadíssimos e de

---

[44] OSAKABE, Marcelo. PIB de governo Bolsonaro só vence os governos Dilma e Collor. *Valor Investe*, 3 mar. 2023. Disponível em: https://valorinveste.globo.com/mercados/brasil-e-politica/noticia/2023/03/03/pib-de-governo-bolsonaro-so-vence-os-governos-dilma-e-collor.ghtml#. Acesso em: 15 jul. 2023.

[45] De acordo com o Dieese – Departamento Intersindical de Estatísticas e Estudos Socioeconômicos (Disponível em: http://www.dieese.org.br/notatecnica/notatec36SalarioseBaixaInflacao.pdf). Fernando Henrique Cardoso, que assumiria a área econômica quase sete meses depois, em 19.5.1993, afirmou em seu *A arte da política* (2006, p. 141): "Fui o quarto ministro da Fazenda em sete meses [...]. A inflação poderia ultrapassar, se anualizada nos momentos de pico, os 3.000% ao ano".

períodos de recessão –, de combate ao déficit público e por reformas econômicas e administrativas que mudaram a face do Estado. Adiante comento essas transformações, bem como a polêmica emenda constitucional que permitiu a reeleição. Merecem registro a promulgação da Lei de Responsabilidade Fiscal, bem como o saneamento e a venda dos bancos públicos estaduais, com renegociação da dívida dos Estados e seu enquadramento no programa de ajuste fiscal. O governo também conseguiu aprovar, no Congresso Nacional, uma necessária Reforma da Previdência e uma Reforma Administrativa de alto custo político e poucos resultados práticos. O PIB no período cresceu a uma média anual de 2,42%.[46] Apesar da avaliação histórica merecidamente positiva, Fernando Henrique Cardoso não conseguiu fazer o seu sucessor. O candidato do PSDB, José Serra, foi derrotado pelo candidato do PT, Luiz Inácio Lula da Silva. Em sua quarta tentativa, Lula chegou finalmente ao poder.

1.3 O governo Luiz Inácio Lula da Silva

Lula governou, igualmente, por dois mandatos, entre 1º de janeiro e 31 de dezembro de 2010. Surpreendendo adversários e desagradando aliados, o governo perseguiu a estabilidade econômica e o controle da inflação, apesar de ter recebido, ao longo do tempo, críticas quanto a um crescente relaxamento fiscal. No plano social, o *Bolsa Família* mereceu destaque mundial como um bem-sucedido programa de transferência condicionada de renda para famílias muito pobres. O governo conseguiu aprovar, também, mais uma importante Reforma Previdenciária, assim como a Reforma do Judiciário, que criou o Conselho Nacional de Justiça e introduziu importantes institutos de racionalização da prestação jurisdicional.[47] Houve, do mesmo modo, êxitos significativos em termos de diminuição da pobreza, aumento do salário-mínimo, extinção prática da dívida externa e conquista da confiança de investidores estrangeiros.[48] A repercussão da crise global de 2008 foi pequena no Brasil. Um balanço do período registra, no plano social, a redução expressiva do

---

[46] THE WORLD BANK. *GDP Growth (annual %)* – Brazil. Disponível em: https://data.worldbank.org/indicator/NY.GDP.MKTP.KD.ZG?locations=BR. Acesso em: 15 jul. 2023.

[47] A Emenda Constitucional nº 45, de 8.12.2004, introduziu a súmula vinculante e a repercussão geral.

[48] No início de maio de 2008, a agência de classificação de risco Standard & Poors elevou a avaliação do país para "grau de investimento" (*investment grade*), fato celebrado pelo governo, pela comunidade financeira e pela imprensa (v. *Revista Veja*, 7 maio 2008).

número de pobres, que teria caído de 50 milhões para 29,9 milhões.[49] No plano econômico, ao longo dos oito anos do mandato presidencial, o PIB teve o significativo crescimento médio anual de 4%. No plano político, o governo e o PT arcaram com o ônus grave de não terem procurado mudar o modo fisiológico e nebuloso de se fazer política no país. Nada obstante, o Presidente Lula deixou o cargo com 83% de aprovação popular[50] e conseguiu eleger com razoável folga a sucessora.

1.4 O governo Dilma Rousseff

A Presidente Dilma Rousseff tomou posse em 1º.1.2011 e desfrutou de elevada aprovação popular nos dois primeiros anos de governo. Os sintomas de desgaste começaram a aparecer em maio e junho de 2013, em manifestações populares que levaram centenas de milhares de pessoas às ruas de diferentes cidades. Os protestos não tinham uma agenda clara e homogênea e revelavam uma insatisfação difusa em relação aos governantes em geral – no plano federal, estadual e municipal. Ainda assim, a presidente conseguiu se reeleger em segundo turno nas eleições presidenciais de 2014. Logo após, porém, a deterioração das finanças públicas e das perspectivas de crescimento econômico abalou sua sustentabilidade política. O PIB deixou de crescer – em realidade, sofreu uma contração de 0,4% –, o país perdeu o grau de investimento e o desemprego aumentou. Nesse cenário, embora a presidente não tivesse sofrido qualquer acusação de natureza penal e fosse percebida pela maioria da sociedade como uma pessoa íntegra, foi arrastada pela crise econômica, política e ética que se irradiou pelo país. Seu pedido de *impeachment* foi aberto em razão de circunstâncias pessoais do então presidente da Câmara dos Deputados, e seguiu seu curso diante da falta de sustentação política no Congresso, resultando no seu afastamento definitivo em 31.8.2016.

---

[49] As estatísticas, como não é incomum acontecer, são um tanto descontradas. Segundo o economista Marcelo Néri, da FGV, no período Lula a pobreza caiu 50,6%, enquanto com FHC caiu 31,9% (Disponível em: http://economia.estadao.com.br/noticias/geral,fgv-pobreza-caiu-50-6-com-lula-e-31-9-com-fhc,65287e).

[50] LULA encerra mandato com aprovação de 83%, afirma IBOPE. *Veja*, 19 dez. 2010. Disponível em: https://veja.abril.com.br/politica/lula-encerra-mandato-com-aprovacao-de-83-afirma-ibope.

1.5 O governo Michel Temer

O Presidente Michel Temer tomou posse, provisoriamente, em 12.5.2016, data em que o Senado Federal instaurou o processo de *impeachment* contra a Presidente Dilma Rousseff, após autorização da Câmara dos Deputados. Em 31 de agosto seguinte, depois do julgamento final do Senado afastando a presidente, tomou posse no cargo de forma definitiva. No plano econômico, o novo governo herdou um quadro de recessão, inflação e juros altos, que enfrentou com relativo sucesso.[51] Com apoio do Congresso, foi aprovada importante e controvertida medida de política fiscal, que foi a emenda constitucional estabelecendo o teto de gastos públicos.[52] Também foi aprovada uma Reforma Trabalhista, inclusive com a regulamentação da terceirização. As mudanças foram saudadas como modernização das relações de trabalho, por alguns, e como sua precarização, por outros. Igualmente importante foi a reforma do ensino médio e a subsequente aprovação da Base Nacional Comum Curricular. Já a Reforma da Previdência foi abatida em meio à crise resultante de acusações de corrupção no governo. O presidente sofreu duas denúncias criminais quando ainda no cargo: uma por corrupção passiva e outra por organização criminosa e obstrução de justiça. Em ambos os casos, a Câmara dos Deputados recusou autorização para a instauração de ação penal. Contudo boa parte da energia política do governo foi consumida nesses processos. Apesar de medidas apoiadas pelo mercado e da melhoria dos indicadores econômicos, a aprovação pessoal do presidente e do seu governo bateu recordes negativos.[53]

1.6 O governo Jair Bolsonaro

Em 28.10.2018, Jair Bolsonaro foi eleito Presidente da República pelo Partido Social Liberal (PSL), em segundo turno, com 57.797.487 votos (55,13%). Derrotou Fernando Haddad, candidato do Partido dos Trabalhadores (PT), na oitava eleição presidencial após a promulgação da Constituição de 1988. Uma confluência de razões levou Bolsonaro

---

[51] De fato, houve expressiva queda na inflação e na taxa de juros, embora tenha havido aumento no número de desempregados (MAZUI, Guilherme; MATOSO, Filipe; MARTELLO, Alexandro. Aos 2 anos, governo Temer festeja economia, mas enfrenta impopularidade, denúncias e crise política. *G1*, 12 maio 2018).

[52] Emenda Constitucional nº 95, de 15.12.2016.

[53] GADELHA, Igor; TRUFFI, Renan. Pesquisa mostra Temer com a pior aprovação da série histórica. *O Estado de São Paulo*, 19 set. 2017.

ao poder. A primeira e mais óbvia foi a recessão econômica que se abateu sobre o país nos anos anteriores às eleições. Em segundo lugar, o descenso social de segmentos que haviam ascendido à condição de "nova classe média", ingressando no mercado de consumo, e que em parte voltaram aos patamares anteriores de pobreza. Em terceiro lugar, a eclosão de escândalos de corrupção, tendo por centro de gravidade a Petrobras – mas não apenas –, e que foi revelada pela Operação Lava Jato. O imaginário social brasileiro costuma vislumbrar a corrupção como mãe de todos os males. Formou-se assim, nesse ambiente, uma onda de descontentamento e frustração, capitalizada pelo candidato vencedor. A essas causas, somaram-se dois outros fatores: a condenação criminal de Lula, vigente à época, tornava-o inelegível pela Lei da Ficha Limpa, que ele próprio havia sancionado; e a ascensão global da extrema direita, capturando, em diferentes partes do mundo, o pensamento conservador.

Jair Bolsonaro se elegeu com uma agenda conservadora nos costumes e liberal na economia e forte discurso anticorrupção. A atuação contra a corrupção foi a primeira a fenecer, com tentativas de blindar pessoas próximas e a aliança política com diversos réus. A diminuição do tamanho do Estado também não aconteceu, tendo ocorrido um único caso de privatização relevante (Eletrobras) e um pico assistencialista, com o *Auxílio Brasil*, que substituiu o Bolsa-Família. Merece registro a aprovação, pelo Congresso Nacional, de uma importante Reforma da Previdência. O governo conviveu com a gravidade da pandemia da Covid-19, gerida de maneira desastrosa, e com a guerra da Ucrânia. Tais contingências comprometeram os resultados econômicos, produzindo um aumento médio anual do PIB de 1,5%.[54] A dramática colisão do presidente e parte dos seus apoiadores com as instituições democráticas será analisada adiante.

1.7 O início do terceiro mandato de Luiz Inácio Lula da Silva

Por fim, em 30.10.2022, Luiz Inácio Lula da Silva elegeu-se para seu terceiro mandato como Presidente da República, derrotando Jair

---

[54] VARGAS, Ivan Martinez. PIB sob Bolsonaro cresceu em média 1,5% ao ano, menos que Lula e Temer e só maior que o de Dilma. *O Globo*, 2 mar. 2023. Disponível em: https://oglobo.globo.com/economia/noticia/2023/03/pib-sob-bolsonaro-cresceu-em-media-15percent-ao-ano-menos-que-lula-e-temer-e-so-maior-que-o-de-dilma.ghtml#. Acesso em: 15 jul. 2023.

Bolsonaro com diferença de menos de dois pontos percentuais. Na eleição mais acirrada desde a redemocratização, Lula recebeu 60.345.999 votos (50,9% dos votos válidos), contra 58.206.354 votos recebidos por Bolsonaro (49,1% dos votos válidos). Apesar de ter votação nominal maior em comparação com 2018, Jair Bolsonaro foi o primeiro candidato presidencial a perder uma disputa para reeleição. Já Luiz Inácio Lula da Silva registrou novo recorde de votos no país, em um pleito marcado pela polarização e ampla circulação de desinformação por meio das plataformas digitais e aplicativos de mensagens. É cedo para qualquer avaliação mais consistente, embora, claramente, o ambiente de risco institucional tenha se desanuviado. Nos primeiros seis meses de mandato, a aposta do governo foi numa importante agenda econômico-social, que incluiu a proposta de novo arcabouço fiscal, a reforma tributária e a retomada de programas sociais. Um ponto a observar é que as relações com o Congresso Nacional se tornaram mais complexas do que nos dois mandatos anteriores do atual presidente.

2 As principais emendas à Constituição

Até o recesso de julho de 2023, a Constituição brasileira já havia recebido 129 emendas, além das seis emendas de revisão promulgadas em 1994. O texto constitucional, por seu caráter abrangente e analítico, faz com que pequenas alterações na vida política exijam uma mudança na Constituição. Não seria exagero afirmar que a política ordinária, no Brasil, faz-se muitas vezes por via de emendas constitucionais. No fundo, o constituinte parece ter feito um *trade off*, uma espécie de compensação: diante da quantidade grande de matérias constitucionalizadas, instituiu um processo de reforma da Constituição relativamente simples. De fato, reduziu o *quorum* de 2/3 para 3/5 e, ao contrário de outros países, basta votação em dois turnos, que podem ser bem próximos um do outro, sem a dilação temporal prevista em outras Constituições. A seguir, uma breve seleção, bastante discricionária, de algumas dessas principais emendas.

2.1 Mudanças na Constituição econômica

A Assembleia Nacional Constituinte foi convocada em 1986 e desenvolveu seus trabalhos ao longo de 1987 e boa parte de 1988. Era um mundo que vivia a polarização entre o socialismo, com suas economias planificadas, e o capitalismo, com o livre mercado. A Guerra Fria ainda pairava no ar. Refletindo essa dualidade, a Constituição brasileira se dividia entre os valores sociais do trabalho e da livre-iniciativa, com algumas ênfases estatizantes e nacionalistas. De fato, reservava-se grau elevado de protagonismo para o Estado, em áreas que se situavam entre a prestação de serviços públicos e o desempenho de atividades econômicas, bem como criava reservas de mercado, com restrições ao investimento estrangeiro. Todavia, sem que ninguém tivesse pressentido com nitidez, o mundo sofreu imensa reviravolta: em novembro de 1989, cai o muro de Berlim e o modelo socialista entra em colapso, consumido pela pobreza, pela insatisfação popular e pelo autoritarismo. Pouco mais à frente, em dezembro de 1991, dissolve-se a União Soviética. A Constituição brasileira reservara espaço amplo para o estatismo e o protecionismo num mundo em que prevaleceu a economia de mercado e a globalização. No curso dos anos 90, foi preciso reescrever parte da ordem econômica constitucional, por meio de emendas constitucionais e legislação ordinária.

De fato, foram aprovadas emendas e legislação: (i) suprimindo restrições ao capital estrangeiro, em áreas como mineração e navegação de cabotagem, bem como abolindo o conceito de empresa brasileira de capital nacional;[55] (ii) flexibilizando os monopólios estatais, em domínios como gás canalizado, telecomunicações e petróleo;[56] e (iii) implantando um amplo programa de desestatização.[57] Nesse processo,

---

[55] A Emenda Constitucional nº 6, de 15.8.1995, suprimiu o art. 171 da Constituição, que trazia o conceito de "empresa brasileira de capital nacional", à qual poderiam ser outorgados proteção, benefícios especiais e preferências. A mesma emenda eliminou a exigência de controle por capital nacional para as empresas da área de mineração. Já a Emenda Constitucional nº 7, também de 15.8.1995, modificou o art. 178, extinguindo restrições protecionistas na navegação de cabotagem.

[56] A Emenda Constitucional nº 5, de 15.8.1995, permitiu que os estados-membros concedessem a empresas privadas a exploração dos serviços locais de distribuição de *gás canalizado*, que antes só podiam ser delegados a empresa sob controle estatal. A Emenda Constitucional nº 8, de 15.8.1995, suprimiu a exigência de que serviços de *telecomunicações* só poderiam ser explorados por empresa sob controle acionário estatal, permitindo a privatização das empresas de telefonia. E a Emenda Constitucional nº 9, de 9.11.1995, permitiu a contratação de empresas privadas para as atividades relativas à lavra, às pesquisas e a outras etapas do ciclo econômico do *petróleo*.

[57] A Lei nº 8.031, de 12.4.1990, ainda do governo Collor, instituiu o Programa Nacional de Desestatização, sendo depois substituída pela Lei nº 9.491, de 9.9.1997. Os anos 90 foram assinalados por fecunda produção legislativa em temas econômicos, que incluiu diferentes setores, como energia (Lei nº 9.427, de 26.12.1996), telecomunicações (Lei nº 9.472, de 16.7.1997) e petróleo (Lei nº 9.478, de 6.8.1997), com a criação das respectivas agências reguladoras; modernização dos portos (Lei nº 8.630, de 25.2.1993) e defesa da concorrência (Lei nº 8.884, de 11.6.1994).

foram privatizadas inúmeras empresas controladas pelo governo federal, tanto as que exploravam atividades econômicas – *e.g.*, siderurgia e mineração – como as prestadoras de serviços públicos, em áreas como telefonia e energia elétrica. Outros serviços públicos relevantes, como a construção, recuperação e manutenção de rodovias, foram dados em concessão à iniciativa privada.[58] A diminuição da atuação direta do Estado no domínio econômico foi acompanhada pelo surgimento e pela multiplicação de agências reguladoras.[59]

2.2 Possibilidade de reeleição dos chefes do Executivo

A possibilidade de reeleição dos chefes do Executivo para um mandato imediatamente seguinte jamais fez parte da tradição brasileira, salvo no período ditatorial de Vargas, que esteve no poder por 15 anos em seu primeiro governo. As Constituições de 1891, 1934 e 1988, na sua versão original, eram expressas na proibição. As Cartas de 1937, 1946 e 1967 não faziam menção ao tema. Sob a Carta de 88, foi aprovada a Emenda Constitucional nº 16, de 4.6.1997, que deu nova redação ao art. 14, §5º, prevendo a reeleição "para um único período subsequente". A inovação se deu sob a crítica de muitos – o próprio Presidente Fernando Henrique fez *mea culpa* anos depois –[60] e sob acusações de compra de votos de parlamentares.[61] Há um grande debate na comunidade acadêmica e no meio político acerca da conveniência de tal possibilidade. Os que a criticam sustentam que desde o primeiro dia o presidente empossado começa a governar em função da reeleição, muitas vezes sacrificando o interesse público de longo prazo por essa contingência eleitoral. De outro lado, há os que afirmam que, sem reeleição, o presidente ficaria enfraquecido a partir da metade do seu mandato, quando todo o sistema passa a gravitar em torno da perspectiva de poder futuro.

---

[58] Sobre concessões e permissões, vejam-se as leis nºs 8.987, de 13.2.1995, e 9.074, de 7.7.1995.

[59] V. BARROSO, Luís Roberto. Agências reguladoras. Constituição, transformações do Estado e legitimidade democrática. *In*: BARROSO, Luís Roberto. *Temas de direito constitucional*. Rio de Janeiro: Renovar, 2003. v. II. p. 283.

[60] FERNANDO Henrique faz mea culpa e afirma que emenda que permitiu reeleição foi um erro. *Folha de São Paulo*, 6 set. 2020. Disponível em: https://www1.folha.uol.com.br/poder/2020/09/fhc-faz-mea-culpa-e-afirma-que-reeleicao-foi-um-erro.shtml. Acesso em: 16 jul. 2023.

[61] ENTENDA como foi a compra de votos a favor da emenda da reeleição em 1997. *Poder 360*, 8 set. 2020. Disponível em: https://www.poder360.com.br/brasil/entenda-como-foi-a-compra-de-votos-a-favor-da-emenda-da-reeleicao-em-1997/.

Nos países parlamentaristas a questão não se coloca com a mesma intensidade, pelas funções predominantemente protocolares do presidente e pela aceitação pacífica da permanência prolongada de primeiros-ministros, desde que conservem a sustentação política. Já em sistemas presidencialistas, há exemplos de países que permitem uma reeleição, como Estados Unidos, Argentina e Chile. À luz da experiência brasileira e tendo em vista os riscos de abuso do poder político para a continuidade no poder, tem ganhado aceitação a tese favorável à vedação da reeleição, com previsão de um mandato de cinco anos.

2.3 A criação do Ministério da Defesa

A ideia de criação de um Ministério da Defesa vem de longe e foi debatida na Assembleia Constituinte, não tendo prosperado em razão da forte resistência das Forças Armadas.[62] O tema foi reavivado, no entanto, no governo do Presidente Fernando Henrique, quando foi aprovada a Lei Complementar nº 97, de 9.6.1999. A conclusão do processo, todavia, exigia alteração na Constituição, para extinguir os ministérios militares (Marinha, Exército, Aeronáutica e Estado-Maior das Forças Armadas) e entronizar o Ministro de Estado da Defesa nos diversos dispositivos pertinentes, o que foi feito pela Emenda Constitucional nº 23, de 2.9.1999. Do ponto de vista administrativo, a inovação se justificava por proporcionar uma coordenação integrada da defesa nacional, com unidade de planejamento e racionalização das atividades. Do ponto de vista político, sua principal motivação foi passar a mensagem simbólica – muito importante à luz da história brasileira – de submissão do poder militar ao poder civil, como é da essência da democracia. Desde a criação do Ministério da Defesa até 2018,[63] todos os ministros nomeados eram efetivamente civis.[64] Nos governos Temer e Bolsonaro, foram nomeados militares. Em janeiro de 2023, o Presidente Lula nomeou o ex-presidente do Tribunal de Contas

---

[62] REZENDE, Pedro Paulo. Militares são contrários ao Ministério da Defesa. *O Globo*, 24 maio 1987. Disponível em: https://www2.senado.leg.br/bdsf/bitstream/handle/id/131449/maio87%20-%200140.pdf?sequence=1&isAllowed=y. Acesso em: 16 jul. 2023.

[63] AMARAL, Luciana. Pela primeira vez desde criação em 1999, Ministério da Defesa será comandado por militar. *UOL*, 26 fev. 2018. Disponível em: https://noticias.uol.com.br/politica/ultimas-noticias/2018/02/26/pela-primeira-vez-desde-criacao-em-1999-ministerio-da-defesa-sera-comandado-por-um-militar.htm.

[64] Foram nomeados políticos (*e.g.*, Raul Jungmann), diplomatas (*e.g.*, Celso Amorim) e juristas (*e.g.*, Nelson Jobim).

da União, José Múcio, com a missão relevante de pacificar o ambiente e liderar o processo de despolitização das Forças Armadas.

2.4 Reformas da Previdência

O sistema previdenciário brasileiro é amplamente regulado pela Constituição. Para os fins aqui visados, é possível dividi-lo em Regime Geral, aplicável aos trabalhadores da iniciativa privada e gerido pelo INSS, e em Regime Próprio, aplicável aos servidores públicos e gerido por cada ente estatal (União, estados, Distrito Federal e municípios).[65] No *Regime Geral*, o sistema sempre foi contributivo, desde o início de vigência da Constituição, mas não no Regime Próprio. Em ambos, o regime original era de repartição simples, pago com verbas do orçamento público, e não de capitalização, em que cada segurado constitui a sua própria poupança ao longo do tempo. O Regime Geral sempre conteve um teto de benefícios, ao passo que no Regime Próprio os proventos da inatividade eram integrais – vale dizer, no mesmo valor da remuneração em atividade – assegurando-se aos inativos a paridade, isto é, os mesmos reajustes e aumentos dos que estavam em atividade.

Ao longo dos anos, todavia, o sistema foi sendo sucessivamente reformado, por emendas constitucionais e legislação integradora, para adaptá-lo às novas realidades fiscais, demográficas e de expectativa de vida. Isso porque, além da demanda por serviços do Estado (e do fim da inflação, que antes mascarava as contas públicas), as pessoas passaram a viver mais[66] e as famílias a terem menos filhos.[67] A seguir, uma breve resenha das principais reformas, feitas nos governos Fernando Henrique, Lula e Bolsonaro:

a) *Emenda Constitucional nº 3*, de 17.3.1993: tornou o Regime Próprio contributivo, isto é, o sistema passou a ser custeado

---

[65] Também existe um sistema de aposentadoria complementar, de natureza privada e facultativa, e um regime jurídico específico para os militares.

[66] De acordo com o IBGE, a expectativa de vida no Brasil, hoje, é de 77 anos. Em 1980, ela era de 65,7 (Disponível em: https://noticias.uol.com.br/cotidiano/ultimas-noticias /2022/11/25/ibge-expectativa-de-vida.htm e https://www.google.com/search?q= expectativa+de+vida+no+Brasil+em+1980&oq=expectativa+de+vida+no+Brasil+em+1980 &aqs=chrome..69i57j0i22i30l3j0i390i650l2.18725j1j4&sourceid=chrome&ie=UTF-8).

[67] Em 1950, uma mulher tinha em média 6,2 filhos. Em 2019, ano da última Reforma da Previdência, tinha 1,7. V. MALAN, Pedro. Introdução: Uma perspectiva geral. *In*: BACHA, Edmar *et al.* (Org.). *130 anos*: em busca da República. Rio de Janeiro: Intrínseca, 2019.

não apenas com recursos provenientes da União, como também por contribuição dos servidores;
b) *Emenda Constitucional nº 20*, de 15.12.1998: constitucionalizou a previdência complementar (privada e facultativa), estabeleceu idade mínima para passagem voluntária para a inatividade no setor público e previu uma combinação de tempo de serviço e tempo de contribuição para a aposentadoria, tanto no Regime Próprio quanto no Regime Geral;[68]
c) *Emenda Constitucional nº 43*, de 19.12.2003: extinguiu a integralidade e a paridade no Regime Próprio (com regras de transição) e instituiu contribuição previdenciária para os servidores inativos. A aposentadoria dos servidores deixou de ser calculada pela última remuneração e passou a considerar a média das contribuições;
d) *Emenda Constitucional nº 88*, de 7.5.2015: conhecida como "PEC da Bengala", elevou a idade para aposentadoria no serviço público para 75 anos;
e) *Emenda Constitucional nº 103*, de 12.11.2019: elevou para 62 anos a idade mínima para aposentadoria de mulheres, instituiu novos critérios de cálculo da pensão por morte, a progressividade das alíquotas e a segregação de massas, com dois fundos distintos: *financeiro*, sob a regra de repartição simples; e *previdenciário*, sob o regime de capitalização.

2.5 Outras reformas

A Reforma Trabalhista ou, antes, as modificações na legislação trabalhista não se deram pela via da emenda constitucional, apesar de sua importância e seu impacto. Muitas questões decorrentes das relações de trabalho trazem grande preocupação, entre as quais: o desemprego, a informalidade e o excesso de litigiosidade. Não é singelo o ponto de equilíbrio entre a proteção necessária do trabalhador e o excesso de proteção que desestimula, muitas vezes, a contratação e a formalização do emprego. O domínio é polêmico. No governo do Presidente

---

[68] A regra geral, *no setor público*, ficou assim: a) sessenta anos de idade e trinta e cinco de contribuição, se homem, e cinquenta e cinco anos de idade e trinta de contribuição, se mulher; b) sessenta e cinco anos de idade, se homem, e sessenta anos de idade, se mulher, com proventos proporcionais ao tempo de contribuição. *No setor privado*: trinta e cinco anos de contribuição, se homem, e trinta anos de contribuição, se mulher; sessenta e cinco anos de idade, se homem, e sessenta anos de idade, se mulher.

Michel Temer, foram editadas leis validando a terceirização, inclusive nas atividades-fim[69] e eliminando a contribuição sindical obrigatória.[70] Ambas as iniciativas foram chanceladas pelo Supremo Tribunal Federal.

Merece registro, igualmente, a Emenda Constitucional nº 35, de 20.12.2001, que deixou de exigir autorização prévia da casa legislativa para a instauração de ação penal contra parlamentares. A partir de então, centenas de ações penais e inquéritos tramitaram no STF contra membros do Congresso Nacional.

Por fim, vale mencionar alguns novos direitos individuais acrescentados à Constituição, no longo elenco do capítulo dos direitos individuais e coletivos (art. 5º): "a duração razoável do processo" (inc. LXXVIII) e, como fruto da Revolução Tecnológica, da internet e da era digital, "a proteção dos dados pessoais". Mais recentemente, ainda sem previsão expressa, vai se desenhando um novo direito, que é o "direito à inclusão digital".

3 Os momentos críticos

3.1 Dois *impeachments*

Já se fez o registro do impacto produzido pelos dois *impeachments* presidenciais ocorridos na vigência da Constituição de 1988. O de Fernando Collor trouxe o trauma da destituição do primeiro presidente eleito pelo voto popular após a redemocratização do país. Já o *impeachment* da Presidente Dilma Rousseff foi ainda mais problemático. Apesar da falta de sustentação política no Congresso e da baixa aprovação em pesquisas de opinião pública, a verdade é que os fatos a ela imputados, segundo a avaliação de muitos, não tinham a gravidade necessária a justificar a medida extrema. O Supremo Tribunal Federal chegou a anular o procedimento, determinando que fosse seguido o rito do *impeachment* do Presidente Collor. O processo foi reiniciado. O mérito da decisão do Congresso, todavia, é universalmente considerado questão política, insuscetível, como regra, à apreciação do Poder Judiciário. O episódio revelou a insuficiência do modelo presidencialista para lidar com situações em que o governante, embora eleito democraticamente, perdeu o apoio no curso do mandato. A exigência de crime

---

[69] Lei nº 13.429, de 31.3.2017.
[70] CLT, arts. 579 e 582, na redação dada pela Lei nº 13.467, de 13.7.2017.

de responsabilidade, quando a questão é essencialmente política, leva a distorções graves. Essa é uma das razões da minha simpatia pela fórmula semipresidencialista, em que o presidente é eleito, conserva competências importantes como chefe de Estado, mas não cuida do varejo da política, que fica a cargo do primeiro-ministro, que é o chefe de governo. Em caso de perda do apoio da maioria, o primeiro-ministro pode ser substituído por deliberação parlamentar, sem que isso importe em abalo institucional.

3.2 Mensalão e Operação Lava Jato

O escândalo que ficou conhecido como *Mensalão* veio à tona em 2005, durante o primeiro mandato do Presidente Lula. Ele consistiu num esquema de pagamento de valores a parlamentares de diferentes partidos para votarem favoravelmente aos projetos do governo na Câmara dos Deputados. O episódio teve ampla divulgação na imprensa, foi objeto de uma comissão parlamentar mista de inquérito e resultou na perda do mandato dos Deputados Roberto Jefferson, principal delator, e José Dirceu, acusado de ser mentor do esquema. O episódio teve por consequência denúncia criminal apresentada contra quarenta acusados, resultando na Ação Penal nº 470, que tramitou perante o STF e teve seu julgamento concluído em finais de 2013. Pela primeira vez na história, crimes de colarinho branco praticados por políticos e empresários levaram à condenação e à prisão efetiva dos seus autores, por delitos como corrupção ativa, corrupção passiva, peculato, lavagem de dinheiro e gestão temerária de instituição financeira. Embora tenha causado abalo momentâneo no governo, o escândalo não impediu a reeleição do presidente.

Iniciada em 2014 e encerrada em 2021, a *Operação Lava Jato* ocupou, por anos, o imaginário social brasileiro e é objeto de avaliações contraditórias e ambíguas. Nas reviravoltas da vida, ela foi do endeusamento à demonização. Como não é incomum acontecer na vida, um pouco de mediania pode ajudar a compreender o que se passou, nas suas facetas positivas e negativas. A verdade é que será necessário algum distanciamento histórico para uma avaliação liberta das paixões e circunstâncias que a envolvem. No lado positivo, a operação ajudou a revelar a existência de um quadro de corrupção estrutural, sistêmica e institucionalizada que marca a história do Brasil de longa data. Não foi fenômeno de um governo ou de um partido, mas um processo cumulativo que vem de longe e um dia transbordou. A partir dos esquemas de corrupção na Petrobras, veio à tona o loteamento da estatal por partidos políticos e um espantoso universo de superfaturamentos, propinas e outros comportamentos desviantes. Parte da elite política e econômica foi efetivamente punida, com seus malfeitos devidamente comprovados.

Por outro lado, os métodos empregados na condução dos processos e a proximidade das relações entre procuradores e magistrados foram crescentemente colocados em xeque, inicialmente por advogados e depois também pela imprensa. Alguns erros visíveis da operação envolveram o ex e atual Presidente Lula da Silva, como o vazamento de uma conversa telefônica com a então Presidente Dilma Rousseff, uma condução coercitiva desnecessária, um célebre *Power Point* que condenava o denunciado logo ao início do processo e a divulgação em momento eleitoral da colaboração premiada do ex-Ministro Antônio Palocci. O fato de o juiz protagonista da operação ter aceitado o cargo de ministro no governo que se iniciava – após haver sido responsável pela condenação que afastou o adversário do páreo – deu plausibilidade ao discurso de motivação política na condução de, pelo menos, alguns dos processos. A Operação Lava Jato vem sendo fortemente contestada, tanto pelos que não perdoam os seus erros quanto pelos que não se conformam com os seus acertos. Muitos dos condenados em casos graves e evidentes de corrupção ativa, passiva e lavagem de dinheiro tiveram seus processos anulados.

Independentemente da visão que cada um possa ter sobre a Operação Lava Jato em si, a triste verdade é que a corrupção continua entranhada na vida brasileira, assombrando diversas gerações. O Índice de Percepção da Corrupção no Brasil é pior do que a média global, regional e dos Brics, sem falar nos países do G-20. O Brasil amarga o 94º lugar entre 180 países.[71]

3.3 Populismo autoritário

A democracia constitucional foi a ideologia vitoriosa do século XX. Porém, nos últimos tempos, algo parece não estar indo bem, num

---

[71] ZANFER, Gustavo. Brasil mantém nota abaixo da média e aparece estagnado em ranking da corrupção. *CNN Brasil*, 31 jan. 2023. Disponível em: https://www.cnnbrasil.com.br/nacional/brasil-mantem-nota-ruim-e-aparece-estagnado-em-ranking-mundial-da-corrupcao/. Acesso em: 18 jul. 2023.

quadro descrito como de *recessão democrática*. A expressão se refere a processos históricos ocorridos em países como Hungria, Polônia, Turquia, Rússia, Filipinas, Venezuela e Nicarágua, entre outros. O que se viu, em diferentes partes do mundo, foi a ascensão de um populismo autoritário,[72] com vieses extremistas, que utiliza como estratégias: (i) a comunicação direta com seus apoiadores, mais recentemente por via das redes sociais; (ii) o consequente *by-pass* das instituições intermediárias, como Legislativo, imprensa e sociedade civil; e (iii) ataques às instituições de controle do poder, notadamente às supremas cortes, com a intenção de enfraquecê-las ou capturá-las. Tudo acompanhado do uso intenso das plataformas digitais e aplicativos de mensagens, com a disseminação de desinformação, discursos de ódio, teorias conspiratórias e destruição de reputações. Embora o populismo autoritário e extremista possa ser de direita ou de esquerda, nos últimos tempos tem prevalecido o avanço da extrema direita, com um ideário muitas vezes racista, misógino, homofóbico e antiambientalista, além de uma preocupante mistura de religião com política.

O Brasil não escapou dessa onda, tendo vivido, entre 2018 e 2022, uma série de situações que levaram as agências internacionais a detectarem um declínio da democracia no país.[73] Ataques à imprensa e às instituições, inclusive e notadamente, o Supremo Tribunal Federal e o Tribunal Superior Eleitoral, foram constantes. Também se procurou desacreditar o sistema de votação eletrônica – que eliminou as fraudes eleitorais no país – com acusações não comprovadas e falsas. A tais componentes se somaram um desfile de tanques de guerra na Praça dos Três Poderes, no dia da votação da volta do voto impresso; requerimento de *impeachment* de ministros do STF; ameaça de descumprimento de decisões judiciais; a não concessão da vitória ao candidato vencedor, após as eleições, com recusa da passagem da faixa presidencial, importante tradição democrática brasileira; e acampamentos na frente de quartéis com clamores de intervenção das Forças Armadas para anular a eleição. Por fim, vieram os ataques físicos à sede dos três poderes, no fatídico

---

[72] V. BARROSO, Luís Roberto. Populismo, autoritarismo e resistência democrática: as cortes constitucionais no jogo do poder. *Direito e Práxis, ahead of print,* 2022. E, também, do mesmo autor, Populism, authoritarianism and institutional resistance: constitutional courts in the game of power. *Texas International Law Journal,* v. 57, 2022.

[73] IDEA. *Global State of Democracy Initiative*: Brazil. Disponível em: https://idea.int/democracytracker/country/brazil. Acesso em: 18 jul. 2023: "Brazil is a mid-performing democracy that has experienced significant declines over the past five years in Clean Elections, Civil Liberties, Gender Equality and Personal Integrity and Security".

8.1.2023 – "Dia da infâmia", nas palavras da Ministra Rosa Weber, então Presidente do STF –,[74] por milhares de manifestantes apoiadores do presidente derrotado, num ensaio de golpe de Estado que veio a ser repudiado pela quase totalidade da sociedade brasileira.

V Conclusão do capítulo: tocando em frente

1 Uma agenda para o Brasil

A Constituição brasileira chega aos 35 anos com importantes conquistas a celebrar, que incluem: (i) o mais longo período de *estabilidade institucional* da história republicana; (ii) a conquista de *estabilidade monetária*, após anos de descontrole inflacionário; e (iii) algum grau de *inclusão social*, embora afetado, nos últimos anos, por recessão e baixo crescimento. Por outro lado, seguimos com problemas não resolvidos no sistema político, nos índices de percepção da corrupção e nos níveis de violência na sociedade, que afeta, sobretudo, pobres, negros, mulheres e a comunidade LGBTQI+. Olhando para frente, num mundo e num país polarizados, é possível tentar construir uma agenda de consensos que deverá incluir:

a) *Combate à pobreza e à desigualdade*. Em dados de 2021, 8,4% da população brasileira vive em estado de extrema pobreza (menos de R$5,60 por dia). E 29% está abaixo da linha da pobreza (R$16,20).[75] O Brasil é um dos maiores produtores de alimentos do mundo, mas tem cerca de 30,7% da população em estado de insegurança alimentar moderada ou grave, em dados de 2022.[76] Ademais, somos um dos países mais desiguais do planeta, no qual os 10% mais ricos ganham quase 60% da renda nacional total e a metade mais pobre

---

[74] 8 DE JANEIRO: saiba o que aconteceu no STF nesses seis meses seguintes aos ataques golpistas. *STF*, 8 jul. 2023. Disponível em: https://portal.stf.jus.br/noticias/verNoticiaDetalhe.asp?idConteudo=510262&ori=1.

[75] BRASIL teve recorde da população abaixo da linha de pobreza em 2021, diz IBGE. *UOL*, 2 dez. 2022. Disponível em: https://economia.uol.com.br/noticias/estadao-conteudo/2022/12/02/brasil-teve-recorde-da-populacao-abaixo-da-linh a-de-pobreza-em-2021-diz-ibge.htm.

[76] INFLAÇÃO de alimentos e insegurança alimentar no Brasil. *World Bank*, 19 jun. 2023. Disponível em: https://www.worldbank.org/pt/country/brazil/publication/brazil-food-insecurity-and-food-inflation. Acesso em: 26 jul. 2023.

possui menos de 1% da riqueza.[77] Combater a pobreza e a desigualdade há de ser a principal prioridade do país.

b) *Retomada do crescimento.* A economia brasileira teve um desempenho exuberante durante o século XX. Medida pelo PIB, ela cresceu, entre 1900 e 1980, a uma média anual superior a 5,5%.[78] Porém, entre 2002 e 2022, o PIB brasileiro cresceu apenas 2,2%.[79] E na última década foi ainda pior. A média de crescimento de cada governo recente foi: FHC, 2,4%; Lula, 4,1%; Dilma, 0,4%; Michel Temer, 1,6%; Jair Bolsonaro, 1,5%.[80] A dura verdade é que sem crescimento econômico contínuo e sustentável não há como enfrentar a pobreza e distribuir riquezas.

c) *Prioridade máxima para a educação básica.* A pobreza e a baixa produtividade do trabalhador estão associadas diretamente aos níveis e à qualidade da educação. Os grandes problemas da educação básica no Brasil já estão bem diagnosticados[81] e incluem: (i) a não alfabetização da criança na idade certa; (ii) a evasão escolar no ensino médio; e (iii) o déficit de aprendizado, que se traduz na conclusão das etapas da educação básica (fundamental e médio) sem que o jovem tenha aprendido o mínimo necessário. Maior atratividade das carreiras do magistério, ensino em tempo integral, despolitização da indicação de diretores e ensino desde a primeira idade estão entre as soluções consensuais para os problemas.

d) *Saneamento básico.* O saneamento básico é a principal política pública de saúde preventiva, além de ser vital para impedir o comprometimento do solo, dos mananciais (fontes de água para abastecimento), rios e praias. Ele consiste em ações de abastecimento de água, coleta e tratamento de

---

[77] FERNANDES, Daniela. 4 dados mostram por que Brasil é um dos países mais desiguais do mundo, segundo relatório. *BBC*, 7 dez. 2021. Disponível em: https://www.bbc.com/portuguese/brasil-59557761. Acesso em: 22 jul. 2023.

[78] SOARES, Gabriela. Brasil tem a pior década para a economia em 120 anos. *Poder 360*, 3 mar. 2021. Disponível em: https://www.poder360.com.br/economia/brasil-tem-pior-decada-para-a-economia-em-120-anos/.

[79] BOLSONARO, Lula, Temer ou Dilma: qual presidente conseguiu o maior crescimento do PIB? *Exame*, 2 mar. 2023. Disponível em: https://exame.com/economia/bolsonaro-lula-temer-ou-dilma-qual-presidente-conseguiu-maior-crescimento-do-pib/#.

[80] Idem.

[81] BARROSO, Luís Roberto. A educação básica no Brasil: do atraso prolongado à conquista do futuro. *Revista Direitos Fundamentais e Justiça*, v. 41, 2019.

esgoto, bem como manejo das águas pluviais e dos resíduos sólidos. Nossos indicadores nessa área são muito ruins. Cerca de metade dos domicílios brasileiros não tem acesso a uma rede de coleta de esgoto. Além disso, mais de 50% dos municípios brasileiros não têm qualquer sistema de tratamento de esgoto instalado, despejando-o diretamente no meio ambiente.[82] No tocante aos resíduos sólidos, mais de 50% dos municípios os destinam a vazadouros a céu aberto, conhecidos como lixões.[83] Como o Estado não tem recursos para os investimentos necessários, é indispensável a participação da iniciativa privada para a superação desse quadro.

e) *Investimento em ciência e tecnologia.* A Revolução Tecnológica transformou o mundo em que vivemos. Algumas das principais fontes de riqueza deixaram de ser os bens físicos e passaram a ser o conhecimento, a inovação, os dados, a propriedade intelectual. Vivemos a era das novas tecnologias – inteligência artificial, robótica avançada, computação nas nuvens, *streaming, blockchain* –, que trouxeram novos paradigmas para as relações econômicas, de produção e de trabalho. Um mundo de novos modelos de negócio, da Amazon, do Google e da Netflix, entre incontáveis outros. Se não investirmos pesado em ciência, tecnologia, pesquisa e inovação, vamos ficar para trás na história, eternos exportadores de *commodities*.

f) *Habitação popular.* A questão do direito à moradia – direito social fundamental – remete ao déficit habitacional e à inadequação de domicílios no Brasil. O *déficit habitacional* identifica a necessidade de construção de novas moradias e tem em conta pessoas que vivem em condições precárias, com excessivo número de famílias convivendo em um mesmo ambiente e sem condições de pagar aluguel. A

---

[82] Técnicos do MDR estimam que quase metade da população abrangida pelo sistema não tem acesso a redes de esgoto. Isso significa que, de um total de 208,7 milhões de brasileiros, 94,1 milhões não dispõem do serviço. Outro desafio é que apenas a metade do esgoto coletado (50,8%) é tratada (Disponível em: https://agenciabrasil.ebc.com.br/geral/noticia/2021-12/quase-50-dos-brasileiros-nao-tem-acesso-redes-de-esgoto-diz-mdr).

[83] RESÍDUOS sólidos urbanos no Brasil: desafios tecnológicos, políticos e econômicos. *Ipea*, 9 jul. 2020. Disponível em: https://www.ipea.gov.br/cts/pt/central-de-conteudo/artigos/artigos/217-residuos-solidos-urbanos-no-brasil-desafios-tecnologicos-politicos-e-economicos.

inadequação de domicílios significa, principalmente, a carência de infraestrutura urbana, compreendendo itens como energia elétrica, água, esgotamento sanitário e banheiro. E há também o problema da regularização fundiária e das áreas de risco. Em números redondos de 2019, o Brasil tem um déficit habitacional de aproximadamente 6 milhões de unidades, concentrado, sobretudo, na faixa de renda de até três salários mínimos.[84] É necessário, assim, a adoção constante e consistente de políticas públicas voltadas para a construção de novas unidades habitacionais e para a oferta de infraestrutura, urbanização de favelas, cuidados ambientais, saneamento básico e transporte público.

g) *A questão ambiental.* O Brasil tem todas as condições para se tornar a grande liderança ambiental global e, assim, contribuir para enfrentar um dos problemas mais críticos de nosso tempo, que é a mudança climática e o consequente aquecimento global. Temos uma matriz energética predominantemente limpa, que é a hidráulica, e grande potencial de energias renováveis, que são a solar, eólica e biomassa, com destaque para as potencialidades da cana-de-açúcar. A Amazônia, por sua vez, contém a maior biodiversidade do planeta, desempenha papel decisivo no ciclo da água e é grande armazenadora de carbono. Precisamos tratá-la como o ativo relevante que é, desenvolvendo uma bioeconomia da floresta que dê sustentabilidade aos seus 25 milhões de habitantes e respeite as comunidades originárias.[85]

Ah, sim! Há um capítulo implícito em toda a agenda proposta acima: integridade e civilidade são pressupostos de tudo o mais e devem vir antes da ideologia e das escolhas políticas.

---

[84] Segundo a Fundação João Pinheiro, instituição de pesquisa do estado de Minas Gerais, em 2019, o déficit habitacional no Brasil era de aproximadamente 5,8 milhões de domicílios, considerando a falta total e a inadequação das condições de moradia. A pesquisa não contabiliza, ainda, o impacto da pandemia (Disponível em: https://habitatbrasil.org.br/deficit-habitacional-brasil/#:~:text=A%20última%20pesquisa%20da%20Fundação,no%20número%20de%20pessoas%20despejadas).

[85] BARROSO, Luís Roberto; MELLO, Patrícia Perrone Campos. Como salvar a Amazônia: por que a floresta de pé vale mais do que derrubada. *Revista de Direito da Cidade*, v. 12, 2020. Dos mesmos autores, v. In defense of the Amazon. *Harvard International Law Journal*, v. 62, 2021.

2 Encerramento

Na vida, nunca cessamos de procurar.
E o final de toda procura
Nos leva ao ponto de onde partimos
Para conhecê-lo pela primeira vez.
(T.S. Elliot)[86]

Como o Brasil pós-eleição de 2022 bem demonstra, o mundo dá voltas e a vida é, por vezes, uma viagem redonda, na qual se volta ao ponto de partida. O aniversário de 35 anos da Constituição encontra o país polarizado, com inúmeros bolsões de intolerância. Cada um com suas razões e seus inconformismos. Nos diferentes tons do espectro político, há um consenso: o de um país aquém do seu destino. Essa a razão de certo mal-estar civilizatório entre nós, a frustração de não sermos tudo o que podemos ser. Para seguir adiante e derrotar o atraso, será preciso que a sociedade – independentemente das convicções políticas de cada um – possa ter uma compreensão correta do passado e um projeto comum a concretizar. Divergências e visões diferentes de mundo não precisam significar desconfiança ou inimizade. Onde existe boa-fé e boa vontade, quase tudo é possível.

Essa foi a inspiração deste texto: reconstituir a história recente e encontrar alguns consensos, aptos a preparar o caminho para um futuro que se atrasou, mas ainda está no horizonte. A existência das pessoas e das nações é feita de muitos recomeços. De oportunidades que se renovam.

---

[86] Tradução livre.

Capítulo VI

OS DONOS DO PODER: A PERTURBADORA ATUALIDADE DE RAYMUNDO FAORO

Sumário: I. Introdução. II. Dois dedos de história. III. Algumas ideias essenciais no pensamento de Raymundo Faoro. 1. Patrimonialismo. 2. O Estado intervencionista e o capitalismo politicamente orientado. 3. Oficialismo. 4. Estamento. 5. Atraso econômico-social, propriedade da terra, escravização e fetiche do cargo público. 6. Outros temas. IV. Conclusão do capítulo.

I Introdução

Raymundo Faoro foi uma figura múltipla na vida brasileira. Presidente da Ordem dos Advogados do Brasil (OAB) entre 1977 e 1979, desempenhou papel de destaque no processo de abertura política e de restauração democrática. Com autoridade moral, capacidade intelectual e habilidade, ajudou a empurrar a história na direção certa, nos dias incertos do ocaso do regime militar.

Após deixar a presidência da OAB, Faoro permaneceu no cenário político brasileiro como um intelectual público que analisava a realidade com argúcia e visão crítica. Por motivos que explicito logo à frente, tornei-me seu admirador, leitor e interlocutor eventual. No presente artigo, procuro explorar e, de certo modo, ajudar a difundir uma outra faceta de Faoro, além de liderança dos advogados e observador da cena política: a do escritor refinado. De fato, produziu ele obras relevantes sobre literatura,[1] sobre conjuntura política[2] e, também, muito especialmente, uma das mais celebradas narrativas sobre a formação histórica, sociológica e política do Brasil.

Refiro-me a Os donos do poder: formação do patronato político brasileiro. Nesse livro, Faoro percorre seis séculos da história de Portugal e do Brasil, desde o primeiro rei lusitano – Afonso Henriques – até o final da era Vargas. Embora sua visão da construção do Brasil não seja uma unanimidade,[3] sua obra é uma das mais influentes da sociologia política brasileira, qualificando-o como um dos grandes intérpretes do Brasil, ao lado de nomes como Sérgio Buarque de Holanda, Gilberto Freyre e Caio Prado Júnior, entre outros.[4]

Raymundo Faoro é um autor mais citado do que lido. Por isso me animei a escrever o presente artigo, no qual procuro destacar passagens emblemáticas e representativas de Os donos do poder, relativamente a alguns conceitos e ideias que singularizam a história brasileira, como patrimonialismo, estamento e a onipresença do Estado. No texto, faço algumas reflexões expondo minha compreensão da análise de Faoro e transcrevo passagens literais de sua obra. Trata-se de uma homenagem intelectual a um dos grandes pensadores do Brasil, além de um ator que cumpriu excepcionalmente bem a parte que lhe tocou na história.

II Dois dedos de história

Conheci Raymundo Faoro numa tarde de 1978, na sede do Conselho Federal da Ordem dos Advogados do Brasil, que à época ficava no Rio de Janeiro. Eu e mais dois ou três colegas de faculdade fomos visitá-lo. Eu estava no terceiro ano do curso de Direito na Universidade do Estado do Rio de Janeiro. O motivo da visita era grave e já descrevo em seguida. Desafiando a legislação repressiva da época – o Decreto-Lei nº 477 e o Ato Institucional nº 5 –, um grupo de alunos havia recriado

---

[1] FAORO, Raymundo. Machado de Assis: a pirâmide e o trapézio. São Paulo: Companhia Editora Nacional, 1974.
[2] FAORO, Raymundo. A república inacabada. [s.l.]: [s.n.], 2007.
[3] Para uma visão diversa e crítica, v. SOUZA, Jessé de. A elite do atraso: da escravidão à Lava Jato. São Paulo: LeYa, 2017.
[4] SANTIAGO, Silviano. Intérpretes do Brasil. Rio de Janeiro: Nova Aguillar, 2002. Coletânea em três volumes com obras representativas do pensamento brasileiro, com os autores referidos no texto e outros, como Joaquim Nabuco, Euclides da Cunha e Florestan Fernandes.

a entidade de representação dos estudantes, o Centro Acadêmico Luiz Carpenter – Livre. *Livre* significava, justamente, que não era autorizado. Vivíamos, desde o início de 1976 – Vladimir Herzog fora assassinado nas dependências do 2º Exército em São Paulo em outubro de 1975 –, a mobilização da sociedade civil pelo fim da ditadura. A reabertura das entidades estudantis era um passo importante. Como previsível, dois colegas que haviam participado da refundação do CALC – Livre foram intimados para depor no Departamento de Polícia Política e Social – DPPS, um dos braços da repressão do regime militar no Rio de Janeiro. Com cópia das intimações, o nome e o telefone do delegado encarregado, fomos muito aflitos bater na porta da OAB. A solicitação era de uma ligação para o delegado demonstrando interesse pelo caso. Acreditávamos que um telefonema do presidente da OAB, que era um dos interlocutores da "abertura política" iniciada por Geisel, pudesse minimizar o risco de violência.

Faoro nos atendeu e ainda nos dedicou uma boa hora daquela tarde, numa conversa enriquecedora sobre ditadura, repressão e seus esforços para a transição democrática brasileira. Foi a primeira de várias conversas que tive com ele, atraído por sua erudição e disposição de trocar ideias sobre o Brasil com um jovem apaixonado pelo país e ansioso por fazer alguma diferença naquele processo histórico. Uma dessas conversas se materializou em uma entrevista publicada em junho de 1978, no jornal universitário *Andaime*, do qual eu era um dos editores. Na abertura da matéria, escrevi:

> A Ordem dos Advogados do Brasil, nesses dois últimos anos, foi alçada a uma posição de vanguarda na luta pelos direitos humanos e na defesa do estado de direito. Uma parte dessa projeção que a OAB assumiu no cenário nacional pode ser atribuída, talvez, a uma pequena abertura feita pelo governo, nesses tempos de liberdade discriminada.
> Contudo, numa proporção muito mais elevada, deve ser creditada ao seu presidente, o sr. Raymundo Faoro. De fala mansa, mas veemente, este gaúcho que comparece ao Palácio do Planalto com a mesma naturalidade com que recebe estudantes vem prestando um serviço inestimável, não só à classe dos advogados, como a toda nação. Na semana passada o sr. Raymundo Faoro recebeu Andaime durante uma hora e meia do seu reduzidíssimo tempo e concedeu a seguinte entrevista.

Foi um encontro memorável, refletindo as tensões daquele momento de incipiente abertura política, da qual Faoro foi um dos protagonistas. Articulava-se o novo governo, ainda sob o regime militar, e especulou-se sobre sua indicação para ministro da Justiça. Faoro criticou o que denominou de "sanchismo político", que é a crença, inspirada por Sancho Pança, de que se eu estiver lá posso evitar o pior. Nunca esqueci da resposta contundente que deu à pergunta, assim resumível: se for autoritário, não posso aceitar. Se for democrático, não precisam de mim. Confira-se:

> Em primeiro lugar o próximo governo, se for um governo como este que está aí, seria incompatível para o presidente da OAB e qualquer pessoa que se empenhasse pelo estado de direito. Qualquer pessoa ou qualquer advogado que ocupasse este cargo, num estado excepcional, perderia o respeito da sua classe. Se o próximo governo for um governo de estado de direito, aí, também, eu não teria nada a fazer lá; este seria um assunto para políticos.

Mais à frente, em 1980, quando Faoro já havia deixado a presidência da OAB, estive com ele na redação da revista *Istoé*, no centro do Rio, discutindo aspectos do primeiro livro que escrevi, ainda no último ano de faculdade. Tratava-se de um texto sobre a federação no Brasil, pretexto que encontrei, na verdade, para fazer uma crítica severa à concentração de poder, manipulação e falseamento da ordem jurídica pelos governos militares. Fiz ótimo proveito dos *insights* que recebi dele e meu trabalho recebeu, naquele ano, o Prêmio Cândido de Oliveira Neto, da OAB/RJ.

Foi também em 1980 que li, pela primeira vez, *Os donos do poder: formação do patronato político brasileiro*. Eram dois volumes da Editora Globo, 2ª edição, publicada em 1979. A 1ª edição era de 1958. Meu Deus, que livro difícil! Faoro escrevia com sofisticação e complexidade, sem nenhuma concessão a iniciantes. Era preciso reler as frases com frequência, na busca do sentido profundo que se ocultava por trás de um estilo artesanal e singularíssimo. À época, a simplicidade ainda não era uma virtude particularmente exaltada na vida intelectual brasileira. E, ademais, o tema não era fácil mesmo. Seja como for, o livro produziu um impacto imenso na minha mente, que iniciava a trajetória – árdua e interminável – de procurar interpretar, compreender e transformar o Brasil.

Ao longo dos anos, também li sua importante monografia sobre a convocação da Assembleia Constituinte[5] e os numerosos artigos que publicou em diferentes órgãos de imprensa, que vieram a ser reunidos por Joaquim Falcão e Paulo Augusto Franco, numa oportuna coletânea.[6] Ao deixar a presidência da OAB, Faoro continuou a ser um ator institucional de destaque, participando com qualidade do debate das grandes questões nacionais. Em 2002, estive na sua concorrida posse na Academia Brasileira de Letras. Pouco antes de nos deixar, em 2003, para minha honra, ele escreveu uma carta ao recém-empossado Presidente Lula, recomendando meu nome para uma das três vagas que em breve se abririam no Supremo Tribunal Federal. Não era a minha vez. Mas a carta, que foi levada ao presidente por dois amigos queridos e admiráveis – Sepúlveda Pertence e Sigmaringa Seixas – é um dos títulos de que me orgulho no meu currículo. Assim pelo autor como pelos portadores.

Em 2022, respirei fundo e reli, ao longo do primeiro semestre, meticulosamente, *Os donos do poder*, numa edição que me havia sido presenteada por seu filho, André Faoro. Preciso confessar: o livro continuava difícil. Mas relê-lo, com os olhos da maturidade, foi de proveito ainda maior. Ao concluir a leitura, pareceu-me bem separar, neste breve ensaio, algumas ideias e passagens literais de Raymundo Faoro naquela obra, permitindo o acesso de primeira mão aos leitores contemporâneos. É um tributo que presto a um brasileiro que ajudou a fazer e a explicar a história do Brasil, com brilho intelectual, desapego e patriotismo.

III Algumas ideias essenciais no pensamento de Raymundo Faoro

1 Patrimonialismo

A ideia de *patrimonialismo* remete à nossa tradição ibérica, ao modo como se estabeleciam as relações políticas, econômicas e sociais entre o imperador e a sociedade portuguesa, em geral, e com os colonizadores do Brasil, em particular. Não havia separação entre a Fazenda

---

[5] FAORO, Raymundo. *Assembleia Constituinte:* a legitimidade recuperada. São Paulo: Brasiliense, 1981.
[6] FAORO, Raymundo. *A República em transição:* poder e direito no cotidiano da democratização brasileira (1981 a 1988). Organização de Joaquim Falcão e Paulo Augusto Franco. Rio de Janeiro: Record, 2018.

do rei e a Fazenda do reino, entre bens particulares e bens do Estado. Os deveres públicos e as obrigações privadas se sobrepunham. O rei tinha participação direta e pessoal nos tributos e nos frutos obtidos na colônia. Nesse cenário, os agentes públicos e privados ligavam-se ao monarca por laços de lealdade pessoal e por objetivos comuns de lucro, antes que por princípios de legitimidade, dever funcional e interesse público. Vem desde aí a difícil separação entre esfera pública e privada, que é a marca da formação nacional. É um traço tão forte que a Constituição brasileira e a jurisprudência dos últimos anos precisaram explicitar, categoricamente, valores basilares como a proibição de uso de dinheiro público para promoção pessoal, a vedação ao nepotismo na nomeação para cargos públicos e a ilicitude da "rachadinha" (desvio da remuneração de servidores fantasmas em proveito próprio).[7] Não tem sido uma superação fácil.

Patrimonialismo é um dos conceitos centrais de *Os donos do poder*, assumidamente importado da obra de Max Weber e adaptado para a formação política e social luso-brasileira. Ele está presente em toda a narrativa de Faoro, das nossas origens portuguesas até a República, atravessando o período colonial e o Império. Logo na sua abertura, o texto situa historicamente a disfunção do patrimonialismo nos primórdios do surgimento do Estado português, com a reconquista do território aos espanhóis e aos árabes. Referindo-se a um arco temporal que vai do século XI ao XIII, época em que o poder e a riqueza emanavam da propriedade do solo, escreveu:

> A Coroa conseguiu formar, desde os primeiros golpes da reconquista, imenso patrimônio rural (bens "requengos", "regalengos", "regoengos", "regeengos"), cuja propriedade se confundia com o domínio da casa real, aplicado o produto nas necessidades coletivas ou pessoais, sob as circunstâncias que distinguiam mal o bem público do bem particular, privativo do príncipe.[8] [...]
> A propriedade do rei – suas terras e seus tesouros – se confunde nos seus aspectos público e particular. Rendas e despesas se aplicam, sem

---

[7] Esse conceito de patrimonialismo que utilizo sofre evidente influência da leitura de Faoro, embora sem coincidência plena. No seu texto, ele parece esposar uma visão liberal pura que vê criticamente qualquer intervenção mais significativa do Estado na vida social e econômica. Minha crítica, porém, tem como foco central a apropriação privada do Estado por elites extrativistas que o colocam a seu serviço, e não qualquer intervenção estatal em si.

[8] FAORO, Raymundo. *Os donos do poder:* formação do patronato político brasileiro. 4. ed. São Paulo: Editora Globo, 2008. p. 18.

discriminação normativa prévia, nos gastos de família ou em obras e serviços de utilidade geral.⁹

Após a descoberta do Brasil e início da colonização, o modelo permaneceu e se aprofundou. O rei era "o senhor das terras, das minas e do comércio", controlando a economia pelo monopólio, pela criação de companhias com privilégios comerciais e pelas concessões. O círculo patrimonialista se diversifica e se expande em sociedade com os colonizadores:

> O Brasil, tal como a Índia, seria um negócio do rei, integrado na estrutura patrimonial, gerida pela realeza, versada nas armas e cobiçosamente atenta ao comércio.¹⁰ [...]
> O rei delimitou as vantagens da colonização, reservando para si o dízimo das colheitas e do pescado, o monopólio do comércio do pau-brasil, das especiarias e das drogas, o quinto das pedras e metais preciosos.¹¹ [...]
> O patrimônio do soberano se converte, gradativamente, no Estado, gerido por um estamento, cada vez mais burocrático.¹² [...]
> Ao contrário do mundo holandês e inglês, a rede, a teia de controles, concessões e vínculos avilta a burguesia e a reduz à função subsidiária e dependente do Estado. O exercício do comércio prende-se, em termos gerais, a um contrato público, que gera os contratadores, por sua vez desdobrados em subcontratadores, sempre sob o braço cobiçoso da administração pública.¹³

Foi assim, também, ao longo do primeiro e, sobretudo, do segundo Império. O sucesso empresarial somente se dava em sociedade, não mais diretamente com o monarca, mas com o Estado ou, mais propriamente, com o governo. Parcerias que envolviam promiscuidade entre o público e o privado, com favorecimentos, nepotismo ou pura corrupção:

> Em todo tempo, as grandes figuras financeiras, industriais, do país tinham crescido à sombra da influência e proteção que lhes dispensava o governo; esse sistema só podia dar em resultado a corrupção e a

---

⁹ *Idem*, p. 23.
¹⁰ *Idem*, p. 127.
¹¹ *Idem*, p. 155.
¹² *Idem*, p. 197.
¹³ *Idem*, p. 201.

> gangrena da riqueza pública e particular. Daí a expansão, cada vez, maior, do orçamento e da dívida.[14] [...]
> Outra maneira de assegurar o êxito da empresa era a associação ou o favorecimento do político. Paraná pôs um filho, um genro e o pai deste entre os acionistas do Banco Mauá, Mac-Gregor.[15] [...]
> A Estrada de Ferro da Bahia foi concedida a Muniz Barreto, sogro de Francisco Otaviano, advogado e amigo de Mauá, por coincidência político influente. As concessões, nesse regime incestuoso entre economia e política, eram pleiteadas e obtidas pelos próprios deputados, senadores e conselheiros ou expoentes partidários.[16] [...]
> Formigavam nos ministérios, nos corredores da Câmara e do Senado, magotes de aventureiros, intermediários e empresários nominais, em busca das cobiçadas concessões, dos fornecimentos, das garantias de juro, das subvenções, para o lucro rápido e sem trabalho das transferências. As dificuldades se dissipam, ao aceno das participações e dos empregos.[17]

No capítulo final, após a análise do período republicano, da Proclamação à era Vargas, a constatação de que a estrutura patrimonialista que nos atrasa na história subsiste de maneira renitente, capitaneada pelo estamento que ela mesma gerou:

> A realidade histórica brasileira demonstrou a persistência secular da estrutura patrimonial, resistindo galhardamente, inviolavelmente, à repetição, em fase progressiva, da experiência capitalista.[18] [...]
> Num estágio inicial, o domínio patrimonial, desta forma constituído pelo estamento, apropria as oportunidades econômicas de desfrute dos bens, das concessões, dos cargos, numa confusão entre o setor público e o privado, que, com o aperfeiçoamento da estrutura, se extrema em competências fixas, com divisão de poderes, separando-se o setor fiscal do setor pessoal.[19]

Passados 60 anos de primeira edição de *Os donos do poder*, o país ainda se debate com o patrimonialismo, a dificuldade de separação entre o público e o privado, com a apropriação privada do Estado, em episódios que se multiplicam em enfadonha repetição: Anões do

---

[14] *Idem*, p. 462.
[15] *Idem*, p. 498.
[16] *Idem*, p. 499.
[17] *Idem*, p. 499.
[18] *Idem*, p. 822.
[19] *Idem*, p. 823.

Orçamento, Operação Sanguessuga, Mensalão, Petrolão, Orçamento secreto... Um aprendizado longo, lento, cansativo.

2 O Estado intervencionista e o capitalismo politicamente orientado

O Estado intervencionista, onipresente, dono de tudo, vem desde o início da formação do reino de Portugal. As "garras reais", logo cedo, desde meados do século XIII, estenderam-se a todas as áreas da atividade econômica.

> Tudo dependia, comércio e indústria, das concessões régias, das delegações graciosas, arrendamentos onerosos, que, a qualquer momento, se poderiam substituir por empresas monárquicas. São os fermentos do mercantilismo lançados em chão fértil. Dos privilégios concedidos – para exportar e para importar – não se esquecia o príncipe de arrecadar sua parte, numa apropriação de renda que só analogicamente se compara aos modernos tributos.[20]

Faoro constrói o argumento de que não houve feudalismo em Portugal, tendo prevalecido a realidade do Estado patrimonial. Não existe, assim, algo como a relação de natureza contratual entre suserano e vassalo – com direitos, privilégios e obrigações –, mas, sim, uma relação hierárquico-burocrática entre monarca e súdito, entre o chefe e o funcionário. Inexistiu a experiência do poder atomizado e compartilhado com os senhores feudais.

> Na monarquia patrimonial, o rei se eleva sobre todos os súditos, senhor da riqueza territorial, dono do comércio – o reino tem um dominus, um titular da riqueza eminente e perpétua, capaz de gerir as maiores propriedades do país, dirigir o comércio, conduzir a economia como se fosse empresa sua.[21]

Prevaleceu a iniciativa privada atrofiada e o empreendedorismo sufocado, salvo nas parcerias com o monarca, sujeitas à sua vontade e às suas condições. A burguesia nascente fica presa, desde o berço, "às

---

[20] *Idem*, p. 24.
[21] *Idem*, p. 38.

rédeas douradas da Coroa", tolhida numa relação patriarcal e cerceadora, dependente de favores e privilégios.

> [O] capitalismo, dirigido pelo Estado, impedindo a autonomia da empresa, ganhará substância, anulando a esfera das liberdades públicas, fundadas sobre as liberdades econômicas, de livre contrato, livre concorrência, livre profissão, opostas, todas, aos monopólios e concessões reais.[22]

Esse o modelo que se desenhou e que persistiu: o Estado que intervém em todos os setores da economia, com os interesses do rei e os que são próprios da burocracia. Repleto de monopólios, autorizações, concessões e licenças. Tudo submetido a controle de compras e vendas, a tabelamento de preços, à permissão de importações, a embargos de exportações e similares. Déficit de cidadania, de empreendedorismo e excesso de burocracia.

> O capitalismo possível será o politicamente orientado. A indústria, a agricultura, a produção, a colonização será obra do soberano, por ele orientada, evocada, estimulada, do alto, em benefício nominal da nação. Onde há atividade econômica lá estará o delegado do rei, o funcionário, para compartilhar de suas rendas, lucros, e, mesmo, para incrementá-la. Tudo é tarefa do governo, tutelando os indivíduos, eternamente menores, incapazes ou provocadores de catástrofes, se entregues a si mesmos. O Estado se confunde com o empresário, o empresário que especula, que manobra os cordéis do crédito e do dinheiro, para favorecimento dos seus associados e para desespero de uma pequena faixa, empolgada com o exemplo europeu.[23]

Por fim, Faoro destaca que a estrutura patrimonial permitiu a expansão do capitalismo comercial. Quando, porém, o capitalismo industrial brotou, rompendo "a casca exterior do feudalismo", não encontrou no patrimonialismo as condições adequadas para o seu desenvolvimento. Portugal, suas colônias e ex-colônias, que herdaram sua estrutura econômico-administrativa, ficaram de fora da revolução industrial.

---

[22] *Idem*, p. 35.
[23] *Idem*, p. 103. Texto ligeiramente editado.

A atividade industrial, quando emerge, decorre de estímulos, favores, privilégios, sem que a empresa individual, baseada racionalmente no cálculo, incólume às intervenções governamentais, ganhe incremento autônomo. Comanda-a um impulso comercial e uma finalidade especulativa, alheadores das liberdades econômicas, sobre as quais assenta a revolução industrial. Daí se geram conseqüências econômicas e efeitos políticos, que se prolongam no século XX, nos nossos dias.

Os países revolvidos pelo feudalismo, só eles, na Europa e na Ásia, expandiram uma economia capitalista, de molde industrial. A Inglaterra, com seus prolongamentos dos Estados Unidos, Canadá e Austrália, a França, a Alemanha e o Japão lograram, por caminhos diferentes, mas sob o mesmo fundamento, desenvolver e adotar o sistema capitalista, integrando nele a sociedade e o Estado. A Península Ibérica, com suas florações coloniais, os demais países desprovidos de raízes feudais, inclusive os do mundo antigo, não conheceram as relações capitalistas, na sua expressão industrial, íntegra.[24]

De fato, a industrialização só vai chegar, verdadeiramente, ao Brasil quando já avançado o século XX. O fato é que, passados os séculos e décadas, ainda hoje, na vivência brasileira, lidamos com os percalços de um Estado agigantado, com suas licitações dirigidas, contratos superfaturados, desonerações tributárias mal justificadas, créditos com favorecimentos e sistema tributário confuso e injusto. Um Estado grande demais no plano econômico e administrativo e insuficiente no plano social, onde precisa ser maior. O tamanho de um não deixa o outro crescer.

3 Oficialismo

A onipresença do Estado noticiada acima não se restringiu ao plano econômico, com o controle, ao longo do tempo, da lavoura, da indústria, do sistema financeiro, do crédito, dos sindicatos e do movimento operário. Também o mundo da política e a atuação da sociedade civil estiveram a reboque do poder estatal, criando súditos dependentes em lugar de cidadãos verdadeiramente autônomos.

---

[24] *Idem*, p. 49-50.

> O Estado, presente a tudo e que a tudo provê, centraliza as molas do movimento econômico e político, criando um país à sua feição, o país oficial.[25]
> O governo tudo sabe, administra e provê. Ele faz a opinião, distribui a riqueza e qualifica os opulentos. O súdito, turvado com a rocha que lhe rouba o sol e as iniciativas, tudo espera da administração pública, nas suas dificuldades grandes e pequenas, confiando, nas horas de agonia, no milagre saído das câmaras do paço ou dos ministérios. Esse perigoso complexo psicológico inibe, há séculos, o povo, certo de que o Estado não é ele, mas uma entidade maior, abstrata e soberana.[26]

À sombra desse Estado em permanente expansão floresce, desde as Ordenações Filipinas, estatuto da organização política do reino de Portugal, uma burocracia sempre crescente, vegetativamente crescente. Burocracia com pouco poder de alavancar o progresso, mas com imensa força para emperrá-lo, criando os embaraços que muitas vezes são a sua razão de ser, apesar da falta de sentido.

> Por toda parte, em todas as atividades, as ordenanças administrativas, dissimuladas em leis, decretos, avisos, ordenam a vida do país e das províncias, confundindo o setor privado ao público. [...]
> Da mole de documentos, sai uma organização emperrada, com papéis que circulam de mesa em mesa, hierarquicamente, para o controle de desconfianças recíprocas. Sete pessoas querem incorporar uma sociedade? O governo lhes dará autorização. Quer alguém fabricar agulhas? O governo intervirá com a permissão ou o privilégio. O fazendeiro quer exportar ou tomar empréstimos?
> Entre o ato e a proposta se interporão um atoleiro de licenças. Há necessidade de crédito particular? O ministério será chamado a opinar. O carro, depois da longínqua partida, volta aos primeiros passos, enredado na reação centralizadora e na supremacia burocrático-monárquica, estamental na forma, patrimonialista no conteúdo.[27]

Nesse quadro, o oficialismo se projeta, também, na dominação política do eleitorado. Independentemente de fraudes eleitorais – apesar da marca indelével que elas imprimiram na história do Brasil –, o governo de plantão ditava as regras, os candidatos e os eleitos. Na oposição não havia salvação.

---

[25] *Idem*, p. 450.
[26] *Idem*, p. 451.
[27] *Idem*, p. 451.

A verdade eleitoral não sairia da lei como queriam os estadistas: a verdade eleitoral, mesmo depurada com honestidade, traria à tona o próprio país, com o eleitorado obediente ao governo, qualquer que fosse este, uma vez que fosse o poder que nomeia, que possui as armas e o pão. O deputado, dentro desse círculo de ferro, era nada mais que o resultado das combinações de cúpula, tramadas nos salões dos poderosos.[28]

Por largo período, o peso da presença do Estado comprometeu, igualmente, a liberdade de expressão, pela captura financeira dos veículos de comunicação. Essa realidade foi descrita por José de Alencar, em passagem citada por Faoro:

> Não é menos curiosa a maneira por que a burocracia fabrica a opinião pública no Brasil. [...]
> Os jornais, como tudo neste Império, vivem da benevolência da administração. No instante em que o governo quiser com afinco, a folha diária de maior circulação descerá da posição que adquiriu. Basta trancar-lhe as avenidas oficiais, e subvencionar largamente outra empresa com o fim de hostilizá-la.[29]

O oficialismo é uma faceta persistente da formação nacional. Esta é a característica que faz depender do Estado – isto é, da sua bênção, apoio e financiamento – os projetos pessoais, sociais ou empresariais. A busca pelo emprego público, crédito barato, desonerações ou subsídios. Da telefonia às fantasias de carnaval, a dependência constante do dinheiro do BNDES, da Caixa Econômica, dos Fundos de Pensão, dos cofres estaduais ou municipais. Dos favores do presidente, do governador ou do prefeito. Cria-se uma cultura de paternalismo e compadrio, a república da parentada e dos amigos. O Estado se torna mais importante do que a sociedade.

4 Estamento

Tenho uma leitura própria do conceito de estamento, tal como utilizado por Faoro ao longo do texto. Não estou totalmente seguro de que ela seja fiel ao pensamento do autor, mas foi a compreensão que

---

[28] *Idem*, p. 391.
[29] *Idem*, p. 449. Faoro remete a ALENCAR, José de. *Obra completa*. Rio de Janeiro: Aguilar, 1960. v. 4.

extraí. De todo modo, acho que o termo – que, a meu ver, não corresponde ao conceito tradicional de estamentos na sociedade medieval, tampouco coincide plenamente com a acepção que lhe dá Max Weber –[30] serve para identificar uma realidade pervasiva ao poder e ao patronato político no Brasil.

Estamento é a elite política do patrimonialismo, como afirma Faoro, ou seja, acrescento eu, a beneficiária de sociedades caracterizadas por um capitalismo tardio e incompleto, pela má separação entre o público e o privado e pela frequente apropriação do Estado para servir aos interesses dos estratos dominantes. Esses estratos são hegemônicos em múltiplas dimensões da vida e podem estar no empresariado, na classe política, na burocracia estatal – inclusive judicial –, no setor militar e mesmo em sindicatos. O estamento se beneficia de estratégias e políticas públicas diversas, que ajuda a moldar, e que podem estar nas reservas de mercado, nas desonerações e isenções tributárias, no uso discricionário de parcelas substanciais do orçamento, nos financiamentos públicos com favorecimento, nos salários desproporcionais e aposentadorias generosas, nos regimes previdenciários privilegiados e nas contribuições compulsórias de empregados, para citar apenas alguns exemplos.

Como se percebe, claramente, sua marca é a transversalidade – estendendo-se por diferentes setores da vida nacional – e não a homogeneidade. Há um fio condutor, porém, unindo interesses diversos, que é algum grau de controle ou de influência sobre o orçamento, sobre as decisões políticas, sobre os rumos da economia, sobre empregos e cargos públicos e, também, sobre a própria opinião pública. Estamento significa, portanto, na minha interpretação do Brasil, as forças que predominaram historicamente, independentemente da alternância no poder político. Vale dizer: as forças que mandam, mesmo, ainda que não governem. Não se trata de uma casta – porque pode haver alguma mobilidade social –, tampouco de uma classe, pois a questão econômica, embora importante, não é o único fator relevante: *status*, prestígio, benesses não financeiras e outros fatores simbólicos podem fazer parte das aspirações estamentais. Na verdade, os donos do poder compõem uma frente ampla e informal, não orgânica, que pauta o país e o conduz, qual sombra a um só tempo invisível e onipresente.

---

[30] WEBER, Max. *Ensaios de sociologia*. 5. ed. Tradução de Waltensir Dutra. Rio de Janeiro: LTC, 1982. p. 218 e ss.

Considero essa análise, que vai além da ideia de estamento puramente burocrático, coerente com o pensamento de Faoro desenvolvido em *Os donos do poder*. Porém, vivo fosse ele, eu temeria que dirigisse a mim a *boutade* que lembro de ter lido em algum lugar, na qual o autor de uma obra que foi adaptada para o cinema, indagado sobre o que achou, declarou: "O filme que fizeram baseado no meu livro inspirou-me a escrever outro". A seguir, para que o leitor forme sua própria opinião, algumas passagens de Raymundo Faoro sobre o tema.

A origem do estamento:

> A direção dos negócios da Coroa requeria um grupo de conselheiros e executores, ao lado do rei, sob a incontestável supremacia do soberano. Há não apenas tributos a colher, onde quer que haja movimento de bens, senão receitas a arrecadar, como participação do príncipe em todos os negócios, senhor ele próprio de todas as transações, lucros e vantagens. Para isso, o Estado se aparelha, grau a grau, sempre que a necessidade sugere, com a organização político-administrativa, juridicamente pensada e escrita, racionalizada e sistematizada pelos juristas.
> Esta corporação de poder se estrutura numa comunidade: o *estamento*. Para a compreensão do fenômeno, observe-se, desde logo, que a ordem social, ao se afirmar nas classes, estamentos e castas, compreende uma distribuição de poder, em sentido amplo – a imposição de uma vontade sobre a conduta alheia.[31]

A natureza do estamento:

> De outra natureza é o estamento – primariamente uma camada social e não econômica, embora possa repousar, em conexão não necessária real e conceitualmente, sobre uma classe. O estamento constitui sempre uma comunidade, embora amorfa: os seus membros pensam e agem conscientes de pertencer a um mesmo grupo, a um círculo elevado, qualificado para o exercício do poder.[32]

O capitalismo incompleto: "Os estamentos florescem, de modo natural, nas sociedades em que o mercado não domina toda a economia, a sociedade feudal ou patrimonial".[33]

---

[31] *Idem*, p. 60. Texto ligeiramente editado.
[32] *Idem*, p. 61. Texto ligeiramente editado.
[33] *Idem*, p. 61.

A apropriação do Estado:

> O estamento supõe distância social e se esforça pela conquista de vantagens materiais e espirituais exclusivas. [...] O fechamento da comunidade leva à apropriação de oportunidades econômicas, que desembocam, no ponto extremo, nos monopólios de atividades lucrativas e de cargos públicos. [...] De outro lado, a estabilidade econômica favorece a sociedade de estamentos, assim como as transformações bruscas, da técnica ou das relações de interesses, os enfraquecem. Daí que representem eles um freio conservador, preocupados em assegurar a base de seu poder.[34]

A mistura do público e do privado:

> Uma categoria social, fechada sobre si mesma, manipula lealdades com o cargo público, ela própria, sem outros meios, assentada sobre as posições políticas. Entre a carreira política e a dos empregos há uma conexão íntima e necessária, servindo o Estado como o despenseiro de recursos, para o jogo interno da troca de vantagens.[35]

O aparelhamento político do Estado:

> O patronato não é, na realidade, a aristocracia, o estamento superior mas o aparelhamento, o instrumento em que aquela se expande e se sustenta. Uma circulação de seiva interna, fechada, percorre o organismo, ilhado da sociedade, superior e alheio a ela, indiferente à sua miséria.[36] [...]
> Sobre a sociedade, acima das classes, o aparelhamento político – uma camada social, comunitária embora nem sempre articulada, amorfa muitas vezes – impera, rege e governa, em nome próprio, num círculo impermeável de comando. Esta camada muda e se renova, mas não representa a nação, senão que, forçada pela lei do tempo, substitui moços por velhos, aptos por inaptos, num processo que cunha e nobilita os recém-vindos, imprimindo-lhes os seus valores.[37]

O comando político aristocrático disfarçado: "A elite das democracias não pode se consolidar num estrato privilegiado, mutável nas pessoas mas fechado estruturalmente. [...] A elite política do

---

[34] Idem, p. 62.
[35] Idem, p. 447.
[36] Idem, p. 448.
[37] Idem, p. 824.

patrimonialismo é o estamento, estrato social com efetivo comando político, numa ordem de conteúdo aristocrático".[38]

5 Atraso econômico-social, propriedade da terra, escravização e fetiche do cargo público

Acima foram abordados alguns temas cruciais da análise histórica, sociológica e política que Raymundo Faoro fez sobre o Brasil, com ênfase no patrimonialismo, no capitalismo politicamente orientado, na onipresença estatal e no significado de estamento. Há, porém, inúmeras outras reflexões relevantes ao longo do livro. Destaco algumas delas. Em mais de uma passagem, Faoro busca algumas explicações para Portugal – e por extensão, o Brasil – ter sofrido um *atraso econômico-social* em contraste com os países da Europa. Algumas dessas causas estão no fato de não termos feito a transição liberal plena, assim no Império como na República. O país continuou persistentemente aristocrático e oligárquico. Ademais, e talvez por essa razão mesmo, passamos ao largo da Revolução Industrial. Eis o que escreveu ele:

> A Revolução Industrial passou ao longe de suas praias (de Lisboa), com seu ar escuro, incompreendida pelo lucro fácil das especulações ultramarinas. Os servidores públicos – nobres e burocratas – vestiam-se com as roupas das manufaturas inglesas, cobriam as mulheres de joias lavradas na Holanda, comiam o trigo importado, tudo à custa do ouro que, célere, mal lhes pousava nas mãos. Quando um brado de pessimismo aponta a miséria do dia seguinte, é ainda ao Estado que se pede o remédio, o Estado fonte de todos os milagres e pai de todas as desgraças.[39]

Nas palavras de Antero de Quental, que transcreve:

> Governava-se então pela nobreza e para a nobreza [...] o espírito aristocrático da monarquia opondo-se naturalmente aos progressos da classe média, impediu o desenvolvimento da burguesia, a classe moderna por excelência, civilizadora e iniciadora, já na indústria, já nas ciências, já no comércio. Sem ela, o que podíamos nós ser nos grandes

---

[38] *Idem*, p. 830.
[39] *Idem*, p. 105.

trabalhos com que o espírito moderno tem transformado a sociedade, a inteligência e a natureza?[40]

Em seu relato, Faoro estigmatiza o modo como se deu *a ocupação da terra e a distribuição de títulos de propriedade* no Brasil. Um modelo que estimulou a formação de latifúndios e oprimiu os trabalhadores do campo, sem terras e sem possibilidade de negociarem condições dignas de trabalho e moradia.

> A obra política e comercial da colonização tinha como ponto de apoio a distribuição das terras. [...] A monarquia lusitana, nessa tarefa de povoar o território imenso, encontrou, nas arcas de sua tradição, um modelo legislado: as sesmarias.[41] [...]
> [O] regime das sesmarias gera, ao contrário de seus propósitos iniciais, a grande propriedade. [...] [P]ara para requerer e obter a sesmaria, era necessário o prévio prestígio político, confiada a terra, não ao cultivador eventual, mas ao senhor de cabedais ou titular de serviços públicos. [...] Tantas foram as liberalidades nas concessões de sesmarias, com áreas de dez, vinte e até cem léguas, com diversas doações a um mesmo requerente, que, em 1822, não havia mais terras a distribuir.[42] [...]
> "Há muitas famílias pobres, vagando de lugar em lugar, segundo o favor e capricho dos proprietários das terras, e sempre faltas de meios de obter algum terreno em que façam um estabelecimento permanente". O quadro está definido: a grande propriedade toma conta do país, com a dependência e o bloqueio de ascensão do lavrador não proprietário. [...] O fim do regime das sesmarias estava, mesmo antes da Resolução de 17 de julho de 1822, decretado pelos fatos – a exaustão dos bens a distribuir fecha um período histórico.[43] [...]
> O lavrador sem terras e o pequeno proprietário somem na paisagem, apêndices passivos do senhor territorial que, em troca da safra, por ele comercializada, lhes fornece, em migalhas encarecidas, os meios de sustentar o modesto plantio. As precárias choupanas que povoam o latifúndio abrigam o peão, o capanga, talvez o inimigo velado, servo da gleba sem estatuto, sem contrato e sem direitos. O sistema das sesmarias deixou, depois de extinto, a herança: o proprietário com sobra de terras, que não as cultiva, nem permite que outrem as explore.[44]

---

[40] Idem.
[41] *Idem*, p. 146.
[42] *Idem*, p. 464.
[43] *Idem*, p. 465. A frase inicial tem o crédito dado por Faoro a Gonçalves Chaves.
[44] *Idem*, p. 477.

Os donos do poder cuida, também, do fenômeno da escravização e da questão racial em diversas passagens. Destaca o papel da mão de obra negra forçada na ascensão da economia do café, os diferentes artifícios utilizados para postergar o fim do comércio de africanos sequestrados para o novo mundo e o racismo estrutural na sociedade brasileira, desde a colonização. Embora reconheça que os números são discutíveis, afirma, baseado em Roberto Simonsen, que entre "dois e meio ou quatro milhões de escravos entraram no Brasil".[45]

> Um tratado com a Grã-Bretanha, assinado por dom Pedro em 1826, prometia a extinção do tráfico em 1830, mas, diante da inanidade da medida, uma lei de novembro de 1831 declara que seriam livres, daí por diante, os escravos entrados no país. Providências, na verdade, ditadas pela Inglaterra e fatalisticamente aceitas pelos brasileiros, tornam-se "leis para inglês ver". Nunca se importaram tantos escravos como depois do Tratado de 1826: a superabundância provocou a queda do preço [...].[46][...]
> Na base da pirâmide, o escravo negro, sem nenhuma oportunidade de elevação social. O negro, para se qualificar, não lhe bastaria a liberdade, senão a posse de outro escravo. Bem sentiu essa realidade, a um tempo sombria e cômica, Machado de Assis, ao notar – Memórias póstumas de Brás Cubas, cap. LXVIII – que o moleque Prudêncio, negro alforriado, em pleno Valongo, batia furiosamente num escravo seu: nas pancadas nascia o status de senhor.[47] [...]
> O mulato ganhava atestado de brancura com o posto: um capitão-mor era, mas já não é mulato. Atônito, o estrangeiro Koster pede uma explicação: "– Pois, Senhor, um Capitão-Mor pode ser mulato?" [...] Os negros, crioulos e mulatos conquistam os postos, com a indignada censura do branco.[48]

O modelo patrimonialista estamental tem como um dos seus protagonistas o *cargo público*, fetiche que atrai, desde sempre, sucessivas gerações de brasileiros, em busca de segurança, prestígio e, em alguns casos, da bolsa pública. O não desenvolvimento suficiente da livre-iniciativa, tolhida pelo sistema administrativo-burocrático, tornou o Estado objeto de cobiça e um dos grandes empregadores nacionais. Vem

---

[45] *Idem*, p. 255, citando SIMONSEN, Roberto. *História econômica do Brasil*. 2. ed. São Paulo: Cia. Ed. Nacional, 1944. t. I. p. 203 e ss.
[46] *Idem*, p. 375.
[47] *Idem*, p. 254.
[48] *Idem*, p. 226.

de longe essa tradição, que ainda persiste de modo significativo. Faoro retratou essa realidade em diferentes momentos da história. Confira-se.

> O cargo público, a velha realidade do estamento, será o único foco de poder, poder que dá prestígio, enobrece, propicia e legitima a riqueza. Para conquistá-lo e para conservá-lo desencadeiam-se as energias, ferozes ou manhosas, de acordo com as circunstâncias e com a oportunidade.[49]
> [...]
> Os talentos, cobiçosos do mando, se engastam na máquina política, trocando a agricultura e o comércio, a aventura industrial, pelo emprego público, que dá a glória e o poder.[50] [...]
> [Um] sistema que, fora da terra e do comercio, só assegura o pão com o emprego público.[51] [...]
> A primeira conseqüência, a mais visível, da ordem burocrática, aristocratizada no ápice, será a inquieta, ardente, apaixonada caça ao emprego público. Só ele nobilita, só ele oferece o poder e a glória, só ele eleva, branqueia e decora o nome.[52] [...]
> Na hora má, como a do açúcar no nordeste, o engenho apaga o fogo, melancolicamente, e os orgulhosos descendentes do senhor procuram, no emprego público, o refúgio da grandeza perdida.[53] [...]

6 Outros temas

Seria possível prosseguir, indefinidamente, transcrevendo análises e *insights* preciosos de Raymundo Faoro em relação aos temas mais diversos. A seguir, três breves registros de áreas em que os avanços foram significativos:

a) *Fraudes eleitorais:* "O que se passa nas seções eleitorais" – depõe um contemporâneo, sabedor e beneficiário das práticas do voto – "é mera comédia para aparentar que se observa a lei: o que vale, o que vai servir perante o poder verificador, é o que se faz depois, são as atas que se lavram mais tarde, em casa dos chefetes eleitorais, ao sabor de suas conveniências".[54]

---

[49] *Idem*, p. 357.
[50] *Idem*, p. 378.
[51] *Idem*, p. 439.
[52] *Idem*, p. 449.
[53] *Idem*, p. 478.
[54] *Idem*, p. 654, citando Alcindo Guanabara.

Desde 1996, com o início da utilização das urnas eletrônicas no Brasil, as fraudes eleitorais passaram a ser um registro do passado.

b) Reduzida participação eleitoral:

> Somente entre um por cento e três por cento do povo participa da formação da dita vontade nacional, índice não alterado substancialmente na República, nos seus primeiros quarenta anos.[55] [...] [A] eleição de 1930, a única que leva mais de 1 milhão de eleitores às urnas, atingirá o percentual de 5,7%.[56]

Nas eleições presidenciais de 2022, o número de eleitores registrados era de 156 milhões (cerca de 75% da população e a quase totalidade dos adultos), havendo comparecido às urnas 124 milhões de votantes.[57]

c) *Analfabetismo*: "Havia, em 1875, um total de 1.564.481 alfabetizados para 8.365.991 analfabetos.[58] [...] A tendência impressiona se se tem em conta que a população alfabetizada se projetou de 14,8% em 1890 para 24,5% em 1920".[59]

A despeito das queixas contra o analfabetismo funcional e com relação à qualidade do ensino, o índice de analfabetismo no país é de 6,6%.[60]

Em outros domínios, todavia, a evolução foi modesta, como exemplo:

a) Endividamento, baixa responsabilidade fiscal e protecionismo econômico:

> A ardente procura do progresso rápido, da queima das etapas, da equiparação às nações fortes, responde pelo déficit dos orçamentos, em desafio aos dogmas financeiros, esquecidos nas emissões ou nos empréstimos, não raro culminando em surtos inflacionários.[61] [...] Os empréstimos externos, a curto prazo, mantinham o equilíbrio cambial, com efeitos contrários, a longo prazo, com as amortizações e juros

---

[55] *Idem*, p. 370.
[56] *Idem*, p. 698.
[57] 100% DAS SEÇÕES totalizadas: confira como ficou o quadro eleitoral após o 2º turno. *TSE*, 2022. Disponível em: https://www.tse.jus.br/comunicacao/noticias/2022/Outubro/100-das-secoes-totalizadas-confira-como-ficou-o-quadro-eleitoral-apos-o-2o-turno.
[58] *Idem*, p. 431.
[59] *Idem*, p. 698.
[60] Disponível em: https://educa.ibge.gov.br/jovens/conheca-o-brasil/populacao/18317-educacao.html.
[61] *Idem*, p. 461.

não pagos consolidados em novas dívidas.[62] [...] O empresário quer a indústria, mas solicita a proteção alfandegária e o crédito público.[63]

No final de 2022, a dívida pública se aproximava de 80% do PIB e a Emenda Constitucional nº 126/2022 permitiu a ultrapassagem do teto de gastos em 145 bilhões.[64]

b) Atraso científico-tecnológico e exportação de cérebros:

> A utilização técnica do conhecimento científico, uma das bases da expansão do capitalismo industrial, sempre foi, em Portugal e no Brasil, fruta importada. [...]. A ciência se fazia para as escolas e para os letrados e não para a nação, para suas necessidades materiais, para sua inexistente indústria, sua decrépita agricultura ou seu comércio de especulação. Uma camada de relevo político e social monopolizava a cultura espiritual, pobre de vida e de agitação. Fora dela, cobertos de insultos, ridicularizados, os reformadores clamavam no deserto, forçados a emigrar para a distante Europa, envolvida em outra luz.[65]

Num momento em que prevalece no mundo a economia do conhecimento, baseada em tecnologia e inovação, o Brasil vive redução do orçamento de ciência e tecnologia nos últimos anos e evasão de cérebros.[66]

c) Militares na política:

> Inegável que a intervenção militar, longamente preparada sob o Império e amadurecida na República, fixará, no organismo político, um rumo permanente, em aberta manifestação ou com atuação latente.[67] [...] Inegável, afastado o extremo militarista, que a força armada sempre esteve presente, real ou potencialmente, na superfície ou no subterrâneo das decisões políticas da República.[68]

Faoro escreveu *Os donos do poder* antes da ditadura militar (1964-1985). Sob a Constituição de 1988, os militares atuaram, na maior parte

---

[62] *Idem*, p. 482.
[63] *Idem*, p. 495.
[64] PEC da transição é promulgada pelo Congresso. *Câmara dos Deputados*. Disponível em: https://www.camara.leg.br/noticias/931149-pec-da-transicao-e-promulgada-pelo-congresso/.
[65] *Idem*, p. 82.
[66] VISÃO do Correio: Brasil assiste à fuga de cérebros. *Correio Braziliense*, 13 dez. 2022.
[67] *Idem*, p. 615.
[68] *Idem*, p. 623.

do período, dentro da Constituição, como era de se esperar. No entanto, entre os anos de 2019 e 2022, houve momentos delicados, com general em palanque, uso das Forças Armadas para levantar dúvidas infundadas sobre o processo eleitoral-democrático e leniência com acampamentos e manifestantes pedindo golpe de Estado na porta de quartéis.

IV Conclusão do capítulo

Em *O 18 Brumário de Luís Bonaparte*, Karl Marx produziu uma frase clássica, frequentemente repetida: "Hegel observa em uma de suas obras que todos os fatos e personagens de grande importância na história do mundo ocorrem, por assim dizer, duas vezes. E esqueceu-se de acrescentar: a primeira vez como tragédia, a segunda como farsa".[69]

Pois no Brasil, após sucessivos escândalos envolvendo o orçamento, viveu-se a repetição dos desmandos de sempre, somando patrimonialismo, a fração política do estamento e corrupção. No julgamento do chamado *orçamento secreto*, no Supremo Tribunal Federal, no final de 2022, veio à tona o seguinte relato. No Município de Pedreiras, de 39 mil habitantes, para onde foram volumosos recursos, a Secretaria de Saúde informou ter realizado, no ano de 2021, 540 mil procedimentos de extração dentária. Um jornalista que investigou o caso fez as contas e constatou: "Pedreiras teria que ter arrancado catorze dentes de cada morador".[70] Se estivesse olhando para o Brasil e não para a França de Luís Bonaparte (que deu um golpe na mesma data em que fora coroado seu célebre tio, Napoleão), Marx provavelmente diria: "Seria cômico se não fosse trágico". Tendo estudado com profundidade e argúcia os últimos 600 anos da nossa história, Faoro não teria se surpreendido com o episódio.

A constatação a que se chega ao final dessas anotações é a de que algumas disfunções atávicas descritas por Faoro subsistem, de maneira ostensiva ou sutil, com perturbadora atualidade. Outras foram sendo superadas ao longo do tempo, com as dificuldades e a lentidão que acompanham as mudanças estruturais no Brasil. Apesar de progressos relevantes, continuamos carregando o fardo do patrimonialismo, do capitalismo politicamente orientado, do oficialismo, do estamento

---

[69] MARX, Karl. *O 18 Brumário de Luís Bonaparte*. E-book. p. 6. Disponível em: http://www.ebooksbrasil.org/adobeebook/brumario.pdf.
[70] PIRES, Breno. Farra ilimitada. *Piauí*, v. 190, jul. 2022.

dominante predador e de um Estado administrativo pesado, caro e ineficiente, além de – ou talvez por isso mesmo – com frequência apropriado privadamente. Como bem demonstra Raymundo Faoro, na penetrante análise de *Os donos do poder*, procurar impulsionar o avanço civilizatório no Brasil é uma missão árdua, embora apaixonante. Uma aventura que se nutre da fé de que o futuro um dia vai chegar.

Capítulo VII

A QUESTÃO AMBIENTAL, AS MUDANÇAS CLIMÁTICAS E OS TRIBUNAIS[1]

Sumário: I. Introdução. II. Questão Ambiental e Mudança Climática: O quadro atual. 1. O crescente agravamento do problema. 2. As dificuldades em relação ao tema. 3. Descumprimento das metas. III. A evolução do papel dos tribunais. 1. Justificativa para a atuação dos tribunais. 2. A mudança de posição do Judiciário em diferentes partes do mundo. 3. O aumento da judicialização. IV. A litigância ambiental no mundo. 1. Litigância climática e justiça climática. 2. Casos emblemáticos pelo mundo. 3. Casos decididos pela Suprema Corte do Brasil. 4. Casos pendentes de julgamento pelo mundo. V. Conclusão do capítulo

I Introdução[2]

Eu tenho muito prazer e muita honra de estar aqui para compartilhar algumas ideias e reflexões sobre o papel dos tribunais no tocante à mudança climática.

Gostaria de agradecer aos organizadores deste evento pelo gentil convite. É uma honra estar aqui. E cumprimento os estimados colegas que integram este painel.

Eu dividi esta minha apresentação em três partes: em primeiro lugar, trato do contexto atual do enfrentamento às questões ambientais;

---

[1] O texto que se segue serviu de base para uma apresentação na COP 28, realizada em Dubai, em novembro de 2023. Por isso, conserva a formatação de anotações para uma exposição oral.

[2] Sou grato a Pedro Silva, Matheus Casimiro, Trícia Navarro, Luísa Lacerda e Gabriel Rodrigues Teixeira pelo valioso auxílio de pesquisa.

em seguida, do papel dos tribunais nessa matéria; e, por fim, da litigância ambiental como ferramenta de transformação.

II Questão ambiental e mudança climática: o quadro atual

1 O crescente agravamento do problema

As questões ambientais se tornaram uma das questões mais dramáticas do nosso tempo. Os eventos climáticos que temos testemunhado nos recentes anos de 2023 e 2024 documentam a gravidade do problema e a urgência com que precisa ser enfrentado: queimadas no Canadá, maior seca da história na Amazônia, inundações na Índia, onda de calor na Europa e, muito recentemente, as trágicas inundações no Rio Grande do Sul.

De acordo com relatório da Organização Meteorológica Mundial (WMO), a emissão de dióxido de carbono, metano e óxido nitroso, que são os três principais gases de efeito estufa, sofreram expressivo aumento, sem perspectiva de redução em curto prazo.[3] Essa é uma tendência desde 2020, quando os cinco países com maiores emissões de CO_2 – China, Estados Unidos, Índia, Rússia e Japão – aumentaram simultaneamente suas emissões.[4]

Falando sobre o desmatamento, entre 1970 e 1990, 10% da Floresta Amazônica foram desmatados, com perda de 407.980 km², passando de uma área pré-1970 de 4.100.000 km² para 3.692.020 km². O deflorestamento seguiu de maneira progressiva até chegar ao seu ápice, em 2004, quando foi desmatada uma área de floresta equivalente a 27.772 km².

No total, o deflorestamento acumulado nos últimos 50 anos é de cerca de 800.000 km², aproximando-se de 20% da área original da Amazônia brasileira. Mais do que duas Alemanhas.

As consequências de um mundo sem a Amazônia são "catastróficas" para o planeta e para o Brasil. Além do incremento do aquecimento global, haverá redução drástica das chuvas que, no caso brasileiro, são imprescindíveis para o agronegócio e para a geração de energia. A

---

[3] CONCENTRAÇÕES de gases de efeito estufa alcançam novos recordes. *Nações Unidas News*, 2023. Disponível em: https://news.un.org/pt/story/2023/11/1823417.

[4] GLOBAL Historical Emissions. *ClimateWatch*, 2023. Disponível em: https://www.climatewatchdata.org/ghg-emissions?chartType=line&end_year=2021&source=GCP&start_year=1960.

escassez de água comprometerá, ainda, a indústria, o abastecimento das populações e a vida nas cidades.

De acordo com organizações científicas internacionais, 2023 foi o ano mais quente já registrado na história.⁵ Para tornar as coisas mais greves, o Berkeley Earth Institute já alertou que as temperaturas de 2024 podem ser ainda mais altas, em razão dos efeitos do *El Niño*.

2 As dificuldades em relação ao tema

Três fatores impactam negativamente as iniciativas para enfrentar as questões ambientas e as causas da mudança climática:

a) persistente ignorância em relação ao tema e o consequente negacionismo no tocante à sua gravidade, mesmo em face das catástrofes ambientais e da advertência da quase unanimidade dos cientistas (aliás, um dos males do nosso tempo, que são as campanhas de desinformação, também afetam a correta compreensão dos riscos da mudança climática);⁶

b) uma visão de curto prazo e imediatista da política, já que os efeitos das emissões de carbono e da degradação ambiental realizadas hoje somente serão sentidos pela próxima geração, isto é, daqui a mais de 25 anos; e

c) a necessidade de soluções globais, envolvendo os diferentes países, já que os comportamentos agressivos ao meio ambiente, como a emissão de gases estufa ou a poluição dos oceanos, não respeitam fronteiras.

2.1 Os atos internacionais

A esse propósito, três principais acordos internacionais instituem o regime jurídico das Nações Unidas para o enfrentamento da mudança climática:

(i) a *Convenção-Quadro*, que entrou em vigor em 1994, foi ratificada por 197 países e estabeleceu princípios abrangentes,

---

⁵ 2023 É CONFIRMADO como ano mais quente já registrado: 2024 pode bater esse recorde? *BBC*, 2024. Disponível em: https://www.bbc.com/portuguese/articles/ced7pl4l74vo.

⁶ V. HSU, Tiffany; MYERS, Steven Lee. Disinformation is one of climate summit's biggest Challenges. *New York Times*, 30 nov. 2023. De acordo com a matéria, países e empresas fomentam, muitas vezes, a minimização da gravidade da mudança climática.

obrigações de caráter geral e processos de negociação a serem detalhados em conferências posteriores entres as partes. Nela ficou prevista a realização periódica de uma Conferência das Nações Unidas sobre Mudanças Climáticas – a COP;

(ii) o *Protocolo de Kyoto*, que entrou em vigor em 1997 e conta atualmente com a ratificação de 192 países, instituiu metas específicas de redução da emissão de gases de efeito estufa para 36 países industrializados e a União Europeia. Os países em desenvolvimento ficaram de fora dessa obrigação específica; e

(iii) o *Acordo de Paris*, que entrou em vigor em 2016 e conta com a adesão de 196 países. Ele se destina à mitigação das mudanças climáticas e à adaptação aos seus efeitos, bem como ao financiamento das medidas para realizar esses fins. Seu objetivo principal é limitar o aquecimento global a 2 graus Celsius e, preferencialmente, a 1,5 graus Celsius, comparado com os níveis pré-industriais. Para tanto, busca a neutralidade de carbono até meados do século.[7]

Segundo o Acordo de Paris, cada país deve, voluntariamente, apresentar sua Contribuição Nacional Determinada, comprometendo-se com a redução de suas emissões de gases de efeito estufa (NDC). A esse propósito, em 27.10.2023, o Brasil reajustou o seu NDC e se comprometeu a reduzir as emissões em 48% até 2025 e 53% até 2030. Comprometeu-se, igualmente, a desmatamento líquido zero até 2030 e a alcançar a neutralidade climática até 2050.

3 Descumprimento das metas

De fato, infelizmente, todos os indicadores documentam que as metas não têm se revelado suficientes para conter o aquecimento global. Pior que isso, muitos países sequer vêm cumprindo a contribuição a que se comprometeram.

---

[7] A neutralidade de carbono ou neutralidade climática significa a emissão líquida zero de dióxido de carbono, mediante um equilíbrio entre emissões e absorção desse gás de efeito estufa. O efeito estufa consiste na retenção de calor na atmosfera, pela excessiva concentração de gases que produzem essa consequência. Sua principal causa é a utilização de combustíveis fósseis, como petróleo, carvão e gás natural.

Na última Conferência, a COP 28 em Dubai, foi concluído o primeiro *global stocktake* (GST) desde o Acordo de Paris, que consiste numa avaliação geral dos progressos efeitos visando à mitigação do aquecimento global.[8]

Pode-se destacar, entre as principais conclusões atingidas:

a) o mundo está "significativamente fora dos trilhos" quanto à evolução no processo de cumprimento das metas climáticas (limitar o aquecimento a 2 graus Celsius e, desejavelmente, a 1,5 Celsius);
b) "ação urgente" é necessária para que sejam combatidas as ameaças causadas pelas mudanças climáticas;
c) as emissões globais de gases estufa devem ser diminuídas em 43% até 2030 e 60% até 2035 para que as metas sejam alcançáveis;
d) a sociedade civil, a iniciativa privada e as comunidades locais têm papel fundamental no desenvolvimento de ações climáticas; e
e) esforços colaborativos e transnacionais de pesquisa e desenvolvimento de tecnologia são fundamentais para diminuição das emissões a nível global.

III A evolução do papel dos tribunais

1 Justificativa para a atuação dos tribunais

A atuação dos tribunais na proteção do meio ambiente e no enfrentamento da mudança climática se justifica por algumas razões, entre as quais:

a) a crescente compreensão de que o meio ambiente saudável constitui um direito fundamental autônomo, como já assentado, por exemplo, pela Corte Interamericana de Direitos Humanos;[9]

---

[8] Disponível em: https://unfccc.int/topics/global-stocktake.
[9] INTER-AMERICAN COURT OF HUMAN RIGHTS ADVISORY OPINION. *OC 23/2017*, par. 62. Disponível em: https://www.corteidh.or.cr/docs/opiniones/seriea_23_ing.pdf.

b) a falta de incentivo da política majoritária e a inércia dos governos em tomar as medidas necessárias para a redução das emissões; e

c) a necessidade de proteção de quem não tem voz, nem voto, como são as crianças e as gerações futuras, isto é, pessoas que ainda nem nasceram.

2 A mudança de posição do Judiciário em diferentes partes do mundo

Num primeiro momento, as ações propostas visando responsabilizar governos por suas ações e omissões relativamente à mudança climática eram sumariamente descartadas. Os fundamentos recaíam, normalmente, sobre a falta de legitimidade para agir e outras questões processuais.

No fundo, a visão dos tribunais – que de certa forma ainda persiste amplamente – é que esta é uma questão política, não sendo própria a intervenção do Judiciário. Mais recentemente, no entanto, em inúmeros países, os tribunais têm examinado o mérito de muitas dessas pretensões. Por vezes com decisões simbólicas, mas outras vezes com julgamentos efetivos, capazes de impactar, de modo relevante, o comportamento dos governos e empresas.

Aos poucos, começa-se a detectar um movimento global, bem como algumas decisões de tribunais, delineando uma tese mais ousada, que é a do reconhecimento de um direito fundamental ambiental a entes não humanos (*nonhuman entities*), falando-se em "direitos da natureza".[10]

3 O aumento da judicialização

Nos últimos tempos, a litigância climática sofreu expressivo crescimento. De acordo com o *Climate Change Laws of the World*, são 2.341 casos em todo o mundo, sendo cerca de 1.590 somente nos Estados Unidos.[11]

Há três fatores que parecem influir nesse processo: a) a distância que separa o mundo das metas estabelecidas no Acordo de Paris;

---

[10] CHAPRON, Guillaume; EPSTEIN, Yaffa; LOPEZ-BAQ, José Vicente. A rights revolution for nature. *Science*, v. 363, 2019.

[11] Disponível em: https://www.lse.ac.uk/granthaminstitute/publication/global-trends-in-climate-change-litigation-2023-snapshot/. Acesso em: 13 jun. 2024.

b) a aproximação dos prazos dos compromissos estabelecidos; e c) o descaso acentuado de governos eleitos nos últimos tempos em relação à questão climática.[12]

IV A LITIGÂNCIA AMBIENTAL NO MUNDO

1 Litigância climática e justiça climática

A litigância climática refere-se às ações judiciais ou procedimentos administrativos que visam, principalmente, à obtenção de decisões relativas à redução da emissão de gases de efeito estufa (mitigação), à redução da vulnerabilidade aos efeitos das mudanças climáticas (adaptação), à reparação de danos sofridos em razão das mudanças climáticas (perdas e danos) e à gestão dos riscos climáticos (riscos).[13]

Acerca da reparação de danos, logo ao início da COP 28, implementando decisão tomada na COP 27, foi aprovada, após mais de 30 anos de discussão, a criação de um Fundo de Perdas e Danos, para compensar países mais vulneráveis à mudança climática.[14]

Esses casos têm como objeto ações ou omissões de governos ou agências governamentais, mas há exemplos, também, de ações ajuizadas em face de partes privadas. Em dezembro de 2023, havia mais de 2.300 ações envolvendo litigância climática em todo o mundo, a maior parte delas nos Estados Unidos.[15]

---

[12] Exemplo: a Suécia sempre se destacou pelo vanguardismo ambiental, mas seu novo governo conservador extinguiu o Ministério do Meio Ambiente (Disponível em: https://oglobo.globo.com/mundo/noticia/2022/10/novo-governo-conservador-da-suecia-extingue-ministerio-do-meio ambiente.ghtml).

[13] SETZER, Joana; CUNHA, Kamyla; FABBRI, Amália S. Botter. Panorama da litigância climática no Brasil e no mundo. *In*: SETZER, Joana; CUNHA, Kamyla; FABBRI, Amália S. Botter (Coord.). *Litigância climática*: novas fronteiras para o direito ambiental no Brasil, 2019. Livro eletrônico; INSTITUTO TALANOA. *Litigância Climática*: proposta para a avaliação da efetividade dos litígios climáticos no Brasil. [s.l.]: Instituto Talanoa, 2023. p. 67.

[14] V. FRIEDMAN, Lisa. Climate Summit approves a new fund to help poor countries. *New York Times*, 30 nov. 2023. Sobre o tema, v. UN ENVIRONMENT PROGRAMME. *What you need to know about the COP27 Loss and Damage Fund*. Nov. 29, 2022. Disponível em: https://www.unep.org/news-and-stories/story/what-you-need-know-about-cop27-loss-and-damage-fund. Acesso em: 21 nov. 2023.

[15] SABIN CENTER FOR CLIMATE CHANGE LAW AT COLUMBIA UNIVERSITY. *U.S. Climate Change Litigation*. 2023. Disponível em: https://climatecasechart.com/. Acesso em: junho de 2024. V. a importante decisão da Suprema Corte dos Estados Unidos no caso *Held v. Montana*, em que pela primeira vez o Tribunal assentou o dever constitucional do estado de proteger seus cidadãos em face da mudança climática. *Held v. Montana*, No. CDV-2020-307 (1st Dist. Ct. Mont., Aug. 14, 2023). Disponível em https://westernlaw.org/wp-content/uploads/2023/08/2023.08.14-Held-v.-Montana-victory-order.pdf.

É impossível dissociar a litigância climática da ideia de Justiça Climática, compreendida como a adequada distribuição das responsabilidades, custos e consequências advindas das alterações causadas pelos fenômenos climáticos. Essa distribuição envolve países desenvolvidos e em desenvolvimento, pessoas ricas e pobres, geração atual e futuras gerações. A injustiça climática afeta mais gravemente a fruição de direitos fundamentais pelos mais vulneráveis, que são os menos responsáveis por suas causas.[16]

2 Casos emblemáticos pelo mundo

Destaco quatro casos julgados por tribunais europeus nos últimos anos. O último deles, KlimaSeniorinnen *v.* Suíça, é particularmente interessante por ter sido a primeira decisão de um tribunal internacional de direitos humanos associando a omissão perante mudanças climáticas à violação de direitos humanos.

2.1 Urgenda Foundation *v.* The Government of The Netherlands[17]

Em 20.12.2019, a Suprema Corte da Holanda confirmou as decisões da Corte Distrital e da Corte de Apelações no caso Fundação Urgenda *v.* Estado da Holanda (Urgenda Foundation *v.* The State of The Netherlands). A decisão que foi mantida, que era de 2015, determinou que o governo reduzisse suas emissões de gases estufa em pelo menos 25% até o fim de 2020, comparado com os níveis de 1990. O julgado determinou, ainda, que o governo tomasse imediatamente mais ações efetivas relacionadas à mudança climática. Esse foi, possivelmente, o primeiro julgamento no mundo no qual cidadãos obtiveram o reconhecimento de que seu governo tem o dever jurídico de prevenir mudanças climáticas perigosas.

---

[16] ROBINSON, Mary. Justiça climática: Esperança, resiliência e a luta por um futuro sustentável. See *Sabin Center for Climate Change Law at Columbia University, U.S. Climate Change Litigation*, 2021.

[17] SUPREME COURT OF THE NETHERLANDS. *State of The Netherlands V. Urgenda Foundation*. ECLI:NL:HR:2019:2007. Disponível em: https://uitspraken.rechtspraak.nl/inziendocument?id=ECLI:NL:HR:2019:2007.

2.2 Millieudefensie et al. v. Royal Dutch Shell[18]

Esta ação foi proposta por organizações não governamentais ambientalistas e mais 17 mil cidadãos em face da Shell, uma das principais empresas no mercado mundial de combustíveis fósseis. Em decisão proferida em 5.4.2019, a Corte Distrital da Haia determinou que a empresa ré, por sua *holding* (RDS), tinha obrigação de reduzir as emissões de dióxido de carbono em 45% líquidos até o final de 2030, comparado aos níveis de 2019. A redução se refere a todo o portfólio de energia do grupo, levando em conta o valor agregado do volume de todas as emissões. O caso se tornou especialmente importante por ter sido a primeira vez que um tribunal ordenou a uma empresa privada que atuasse para a realização das metas do Acordo de Paris.

2.3 Neubauer et al. v. Germany[19]

Em 24.3.2021, o Tribunal Constitucional Federal da Alemanha decidiu que algumas disposições da lei alemã de proteção do clima (Klimaschutzgesetz – KSG) são incompatíveis com os direitos fundamentais na medida em que não estabelecem especificações suficientes em relação à redução das emissões de gás carbônico a partir de 2031. A lei de proteção do clima, de 12.12.2019, regulamenta os objetivos nacionais para a proteção do clima e os valores das emissões permitidas anualmente somente até 2030. De acordo com o Tribunal, houve uma violação à proporcionalidade por transferir um ônus maior de redução das emissões para um período pós-1930, ameaçando os direitos fundamentais de gerações futuras. O tribunal introduziu, neste caso, a preocupação com a proteção de gerações futuras e o princípio da equidade intergeracional.

---

[18] THE HAGUE DISTRICT COURT. *Milieudefensie and Others v. Royal Dutch Shell PLC and Others*. Case number C/09/571932. j. 26.5.2021.

[19] Bundesverfassungsgericht [BVerfG] [Tribunal Constitucional Federal Alemao] Case No. BvR 2656/18/1, BvR 78/20/1, BvR 96/20/1, BvR 288/20. j. 24.3.2021. Disponível em: http://www.bverfg.de/e/rs20210324_1bvr265618en.html.

2.4 Verein KlimaSeniorinnen Schweiz et al. v. Switzerland[20]

Em 9.4.2024, a Corte Europeia de Direitos Humanos julgou que a Suíça violou os direitos humanos de um grupo de idosas (Verein KlimaSeniorinnen Schweiz, "Mulheres Idosas pela Proteção Climática da Suíça") ao falhar em cumprir suas obrigações internacionais relacionadas à diminuição de emissões poluentes e à redução dos impactos climáticos. Neste viés, a Corte assentou que a omissão da Suíça em executar planos e ações que viabilizem suas respectivas metas climáticas causou, especificamente, violações aos direitos das KlimaSeniorinnen à privacidade e à vida em família.

Foi a primeira decisão de uma corte internacional determinando que um país é legalmente obrigado a cumprir suas metas climáticas em concordância com seus compromissos aos direitos humanos.

Embora não constitua decisão de cunho judicial, a Comissão de Direitos Humanos da ONU entendeu, em 23.9.2022, que a conduta da Austrália ao não proteger adequadamente os habitantes das ilhas do Estreito de Torres contra os impactos adversos da mudança climática constituía uma violação do Pacto Internacional de Direitos Civis e Políticos.

3 Casos decididos pela Suprema Corte do Brasil

O Brasil tem um quadro bem particular em relação à jurisdição constitucional em geral, que repercute, igualmente, sobre as questões ambientais.

Em primeiro lugar, a Constituição brasileira é uma Constituição bastante abrangente. Ela cuida, como qualquer Constituição, dos temas específicos próprios de uma Constituição: organização do Estado, separação e competência dos poderes e definição dos direitos fundamentais. Mas cuida, também: do sistema tributário, do sistema previdenciário, do sistema de saúde, do sistema educacional, dos servidores públicos e suas diversas carreiras, da intervenção do Estado no domínio econômico, da proteção das comunidades indígenas, da criança, do adolescente e do idoso, e, muito particularmente, da proteção ambiental.

---

[20] Verein KlimaSeniorinnen Schweiz and Others *v.* Switzerland – 53600/20. j. 9.4.2024.

O art. 225 da Constituição prevê: "Todos têm direito ao meio ambiente ecologicamente equilibrado, impondo-se ao Poder Público e à coletividade o dever de defendê-lo e preservá-lo para as presentes e futuras gerações".

Em segundo lugar, a Constituição brasileira possibilita o acesso relativamente fácil à Suprema Corte, em razão de dois mecanismos: a) a existência de inúmeras ações diretas que permitem que uma lei ou uma política pública possam ser questionadas diretamente perante o Supremo Tribunal Federal; e b) a existência de um grande número de atores institucionais e privados que podem propor essas ações diretas.

Esse quadro normativo é responsável pela existência de diversas ações já julgadas pelo Supremo Tribunal Federal nas quais se discute a atuação da administração pública em matéria ambiental e, especialmente, no que diz respeito à mudança climática.

Destaco a seguir quatro ações já julgadas pelo Supremo Tribunal Federal.

3.1 ADPF nº 708: Fundo Clima[21]

Tratava-se de uma ação direta constitucional proposta por quatro partidos políticos perante o Supremo Tribunal Federal sob a alegação de que o Governo federal manteve o Fundo Nacional sobre Mudança do Clima (Fundo Clima) inoperante nos anos de 2019 e 2020. Pedia-se o reconhecimento do dever jurídico do Governo de enfrentar a mudança climática, a retomada do funcionamento do Fundo e a proibição de contingenciamento dos seus recursos.

O Fundo Clima foi criado com a finalidade de assegurar recursos para apoio a projetos, estudos e financiamento de empreendimentos que visem à mitigação da mudança climática e à adaptação à mudança do clima e aos seus efeitos (Lei nº 12.114/2009). Constitui o principal instrumento voltado ao custeio do combate à mudança climática e ao cumprimento das metas de redução de emissão de gases de efeito estufa. Seus recursos provêm de participações especiais na exploração do petróleo, doações domésticas e internacionais e previsões orçamentárias, entre outros.

Em 2009, o Brasil assumiu o compromisso voluntário de até 2020 reduzir a emissão de gases estufa entre 36,1% e 38,9% em relação às

---

[21] STF. ADPF nº 708. Rel. Min. Luís Roberto Barroso, j. 4.7.2022.

emissões projetadas para o período. Embora o referido compromisso tenha constituído mera declaração política, sem caráter vinculante, a meta anunciada foi positivada na lei que instituiu a Política Nacional sobre Mudança Climática.[22] O compromisso implicava a redução da taxa anual de desmatamento para o patamar máximo de 3.925 km².

Os autores da ação demonstraram, todavia, que o desmatamento, nos anos de 2019, 2020 e 2021, aumentou exponencialmente, em lugar de ser reduzido. E que isso importava em violação tanto dos compromissos internacionais assumidos quanto da legislação doméstica que incorporara tais compromissos, tornando-os vinculantes.

Ao longo da decisão, o Tribunal fez a afirmação importante de que os tratados sobre direito ambiental constituem espécie do gênero tratados de direitos humanos e que, portanto, de acordo com o entendimento vigente no Brasil, têm *status* supralegal, isto é: embora estejam abaixo da Constituição, estão acima da legislação ordinária.

A decisão final do Tribunal, de 4.7.2022, assentou: a) a proteção do meio ambiente e o combate às mudanças climáticas não constituem questão política, mas dever constitucional, supralegal e legal do Governo Federal e, como consequência, b) o Governo não pode se omitir na operacionalização do Fundo, c) tampouco pode contingenciar os valores a eles destinados.

3.2 ADO nº 59: Fundo Amazônia[23]

Tratava-se de ação direta constitucional proposta em face do Governo federal pelos mesmos quatro partidos que haviam ajuizado a ação sobre o Fundo Clima, dessa vez contra a paralisação do Fundo Amazônia. Os autores pediram a reativação do Fundo com a retomada das captações, repasse de recursos para os projetos já aprovados, o exame de novos projetos e a proibição de utilização dos recursos do Fundo para fins diversos dos previstos no decreto de sua criação.

O Fundo Amazônia foi criado com o propósito de financiar ações de prevenção, monitoramento e combate ao desmatamento e de

---

[22] Lei nº 12.187/2009, art. 12: "Para alcançar os objetivos da PNMC, o País adotará, como compromisso nacional voluntário, ações de mitigação das emissões de gases de efeito estufa, com vistas em reduzir entre 36,1% (trinta e seis inteiros e um décimo por cento) e 38,9% (trinta e oito inteiros e nove décimos por cento) suas emissões projetadas até 2020".
[23] ADO nº 59. Rel. Min. Rosa Weber, j. 3.11.2022.

promoção da conservação e do uso sustentável da Amazônia Legal.[24] Trata-se de uma compensação financeira aos países em desenvolvimento, no âmbito do REED+,[25] de incentivo à redução de emissões de gases de efeito estufa. O Fundo Amazônia capta recursos internacionais e nacionais, tendo como principais doadores a Noruega (91%), a Alemanha (5,7%) e a empresa brasileira de petróleo Petrobras (0,5%).

As doações de Noruega e Alemanha, no entanto, foram interrompidas porque os contratos celebrados com aqueles países previam um específico modelo de governança do Fundo, conduzido por dois comitês: Cofa (Comitê Orientador do Fundo Amazônia) e o CTFA (Comitê Técnico-Científico do Fundo Amazônia). O Governo federal, contudo, extinguiu ambos, sem colocar uma outra estrutura aceitável no lugar. Como consequência, sem a sua principal fonte de recursos, o Fundo parou de funcionar.

Uma observação interessante: logo em seguida às eleições presidenciais brasileiras de 30.10.2022, a Noruega e a Alemanha declararam que iriam retomar as suas contribuições para o Fundo Amazônia.[26]

A importante decisão do STF invocou os princípios da precaução, da prevenção e da vedação do retrocesso, bem como os deveres de proteção do Estado em matéria ambiental. Afirmou, também, que não se tratava de uma questão política, por haver ocorrido a desconstrução da política pública ambiental existente, sem que fosse substituída por qualquer outra.

Em conclusão, o Supremo Tribunal Federal considerou inconstitucionais os decretos que revogaram os comitês de governança do Fundo e determinou que em 60 dias o Governo Federal reativasse o Fundo Amazônia, com o formato de governança anterior.

---

[24] Decreto nº 6.527, de 2008.

[25] O REED+ é um mecanismo de compensação financeira a países em desenvolvimento, formulado no âmbito da Convenção-Quadro das Nações Unidas sobre Mudanças do Clima (UNFCCC), como incentivo para a redução de emissões de gases de efeito estufa, inclusive com a preservação florestal. Para que haja o pagamento é necessária a apresentação de resultados pelos países candidatos ao recebimento dos recursos.

[26] Disponível em: https://www.cnnbrasil.com.br/politica/alemanha-e-noruega-estao-dispostas-a-retomar-financiamento-do-fundo-amazonia-em-governo-lula/.

3.3 ADPF nº 651: participação da sociedade civil e dos governadores na formulação de políticas públicas ambientais[27]

No dia 7.4.2022, o STF iniciou o julgamento de uma arguição de descumprimento de preceito fundamental ajuizada por sete partidos políticos questionando ações e omissões do Governo federal relativamente à questão ambiental. Neste viés, era analisada a constitucionalidade do Decreto Presidencial nº 10.224/2020, que retirava a participação de organizações civis do Conselho Deliberativo do Fundo Nacional do Meio Ambiente (FNMA).

Segundo o polo ativo da arguição, o decreto reduziu o âmbito de proteção do direito ao meio ambiente, configurando-se uma ofensa à ampla proteção ambiental preconizada pela Constituição.

Após o ajuizamento, foi requerido o aditamento da inicial para expandir o questionamento de constitucionalidade também ao Decreto nº 10.239/20, que afastou a presença de governadores no Conselho do FNMA, e ao Decreto nº 10.223/20, que extinguiu o Comitê Orientador do Fundo Amazônia.

Na ação os proponentes arguem que o Governo Federal atuou de maneira omissa ante as obrigações de preservação ambiental impostas a ele pela Constituição Federal e listam, como apontamentos específicos, ocorrências como: (i) redução da fiscalização e controle ambientais, (ii) redução e inexecução do orçamento do Ministério do Meio Ambiente e dos órgãos ambientais em geral (Ibama, ICMBio e Funai), (iii) desestruturação administrativa dos comitês de comando dos órgãos de combate ao desmatamento e proteção do clima e (iv) descumprimento de deveres internacionais de redução de desmatamento e de combate à emergência climática.

Os pedidos principais foram a inconstitucionalidade do decreto, o reingresso de membros da sociedade civil no Conselho do FNMA, a retomada e execução efetiva das políticas públicas existente de combate ao desmatamento. Os proponentes arguiam que a reestruturação de tais mecanismos de proteção ambiental possibilitaria que o Brasil atingisse suas respectivas metas climáticas.

Neste viés, a ministra relatora apresentou voto julgando o pedido procedente e expressando-se favorável ao aditamento da ação. Em sua

---

[27] STF. ADPF nº 651. Rel. Min. Cármen Lúcia, j. 28.4.2022.

manifestação, a Ministra Cármen Lúcia destacou que os decretos violavam o princípio do não retrocesso em política ambiental e enfatizou que é dever do Estado assegurar o direito fundamental ao meio ambiente.

Em 28.4.2022, o Tribunal formou maioria para acompanhar o voto da ministra relatora e, por tal, conhecer a ação e julgá-la procedente. Assim, o Tribunal assentou que a exclusão de governadores e organizações civis do processo de elaboração de políticas ambientais é inconstitucional e determinou a reorganização do Comitê Orientador do Fundo Amazônia – o qual havia sido extinto pelo governo federal.

3.4 ADPF nº 760: estado de coisas inconstitucional?[28]

Em abril de 2022, o STF iniciou o julgamento de ações (ADPF nº 760 e ADO nº 54) ajuizadas por sete partidos políticos questionando ações e omissões do Governo federal relativamente à questão ambiental, ao enfrentamento da mudança climática e, muito especialmente, à preservação da Floresta Amazônica.

O pedido principal foi a retomada e execução efetiva da política pública existente de combate ao desmatamento na Amazônia, o Plano de Ação para Prevenção e Controle do Desmatamento na Amazônica Legal (PPCDAm), de modo a viabilizar o cumprimento das metas climáticas assumidas pelo Brasil perante a comunidade global em acordos internacionais, internalizados pela legislação nacional.

Entre as inúmeras ações e inações do Governo Federal, foram apontadas: (i) redução da fiscalização e controle ambientais, (ii) redução e inexecução do orçamento do Ministério do Meio Ambiente e dos órgãos ambientais em geral (Ibama, ICMBio e Funai), (iii) desestruturação administrativa dos órgãos de combate ao desmatamento e proteção do clima e (iv) descumprimento de deveres internacionais de redução de desmatamento e de combate à emergência climática.

A consequência de tais comportamentos do Governo Federal tem sido o aumento expressivo dos índices de desmatamento da Amazônia nos anos de 2019 e 2020, inclusive – e de maneira assustadora – dentro de terras indígenas (TIs) e unidades de conservação (UCs).

Em conclusão, pedem o reconhecimento de um *estado de coisas inconstitucional* na gestão ambiental do Brasil, instituindo um litígio de natureza estrutural.

---

[28] STF. ADPF nº 760. Rel. Min. Cármen Lúcia, j. 14.3.2024.

Ainda em 2022, a ministra relatora do caso apresentou o seu voto no caso (o qual foi posteriormente reajustado em 2024). Neste voto anterior, a Ministra Cármen Lúcia reconhecia a existência de um estado de coisas inconstitucional quanto ao desmatamento ilegal da Floresta Amazônica e atestava a omissão do Estado brasileiro em relação aos seus deveres de proteção do meio ambiente ecologicamente equilibrado.

Em consequência, à época, a relatora determinou que o Governo Federal e os órgãos e entidades federais competentes formulassem e apresentassem um plano de execução efetiva e satisfatória do PPCDAm ou de outros que estejam vigentes, especificando as medidas adotadas para: (i) a retomada de efetivas providências de fiscalização e controle voltados à proteção da Floresta Amazônica, (ii) resguardo dos direitos dos indígenas e das áreas protegidas (terras indígenas e unidades de conservação) e (iii) combate aos crimes ambientais. O plano deveria ser apresentado no prazo de 60 dias com relatórios objetivos e claros das ações tomadas e dos resultados obtidos.

Após o início do julgamento, um dos onze ministros do Tribunal pediu a sua suspensão temporária, para melhor exame da matéria (pedido de vista). Trata-se de uma possibilidade prevista no Regimento Interno do Supremo Tribunal Federal. A análise da arguição foi retomada posteriormente.

Reiniciado o julgamento em fevereiro de 2024, a ministra relatora reajustou seu voto para reconhecer um estado de coisas ainda inconstitucional, mas em processo de reconstitucionalização. Consoante à relatora, a política ambiental brasileira era viciada de "falhas estruturais". Em decorrência disto, a ministra propôs a adoção de um plano de ação a ser cumprido pelas autoridades administrativas com metas de curto, médio e longo prazo – visando à preservação da Amazônia e a prevenção do desmatamento.

O Tribunal não endossou a declaração do estado de coisas inconstitucional, por entender que a situação já estava em fase de reversão. Porém, majoritariamente, votou para acompanhar a relatora para reconhecer as falhas estruturais mencionadas e determinar que: (i) o Governo federal deve assumir "compromisso significativo" referente ao desmatamento ilegal na Amazônia; (ii) União e órgãos competentes (Ibama, ICMBio, Funai etc.) formulem e desenvolvam um plano de execução para adequadamente atingir os objetivos do Plano de Ação para Prevenção e Controle do Desmatamento na Amazônia Legal (PPCDAm).

4   Casos pendentes de julgamento pelo mundo

Na atualidade, encontram-se pendentes de julgamento alguns casos ou consultas relevantes, entre os quais:

a) Opinião Consultiva da Corte Interamericana de Direitos Humanos:[29] em janeiro de 2023, o Chile e a Colômbia requisitaram à Corte Interamericana de Direitos Humanos que delimitasse a correta aplicação da Convenção Americana de Direitos Humanos à questão das mudanças climáticas. A Corte, então, recentemente, sediou audiências públicas no Brasil e em Barbados para ouvir representantes de populações que sofreram com os efeitos das mudanças climáticas, como os haitianos. Tais audiências especiais buscam ouvir os relatos de cidadãos e especialistas interessados no tema para permitir à Corte uma maior variedade de fontes quando for dedicar-se à deliberação da Opinião Consultiva.

b) Consulta da ONU à Corte Internacional de Justiça: em março de 2023, a Assembleia-Geral da Organização das Nações Unidas (ONU) aprovou resolução histórica, solicitando relatório consultivo da Corte Internacional de Justiça (CIJ) sobre as obrigações dos países em assegurar a proteção do sistema climático e as consequências jurídicas para o desrespeito a essas obrigações.[30] O objetivo da Assembleia-Geral é garantir a responsabilização dos países por suas ações e omissões, especialmente o dever de promover a justiça ambiental e o desenvolvimento sustentável.

V   Conclusão do capítulo

A destruição ambiental, a gravidade da mudança climática e a crítica inação de muitos governos têm alterado a linha de fronteira entre direito e política em matéria ambiental. Progressivamente, tribunais vão se tornando mais proativos.

---

[29] As opiniões consultivas são um instrumento de elucidação: qualquer país-membro pode solicitar que a CIDH delimite como os preceitos da Convenção Americana de Direitos Humanos se aplicam a determinados temas ou situações.

[30] ONU adota resolução sobre a responsabilidade dos países para "justiça climática". *Nações Unidas News*, 2023. Disponível em: https://news.un.org/pt/story/2023/03/1812102.

Tribunais constitucionais desempenham três tipos de papéis: (i) contramajoritário, quando invalidam atos dos outros dois poderes que contrariem a Constituição; (ii) representativo, quando atendem a demandas sociais, protegidas pela Constituição, e que não foram satisfeitas pelo processo político majoritário; e (iii) iluminista.[31]

Esse papel iluminista pode ser assim definido: em certas situações, raras, mas importantes, cabe às Cortes Supremas, em nome da Constituição, de tratados internacionais e de valores universais de justiça, sanar omissões graves, que afetem os direitos humanos. Isso se dá em casos de inércia dos governos e mesmo de desmobilização da sociedade. Em muitas partes do mundo, foi assim com a segregação racial, os direitos das mulheres e os direitos da comunidade LGBTQIAPN+, para citar alguns exemplos.

Com o tema da questão ambiental também tem sido assim em muitos países: diante da inação dos governos e da falta de mobilização da sociedade, pode caber ao Judiciário empurrar a história na direção certa.

Naturalmente, tribunais não são capazes de conduzir essa luta isoladamente e sempre será imprescindível a atuação governamental e da sociedade para que ela possa ter sucesso. Mas eles têm, em muitos casos, a capacidade de colocar o tema na agenda política e no debate público, forçando uma tomada de atitude.

---

[31] BARROSO, Luís Roberto. Contramajoritário, representativo e iluminista: os papéis dos tribunais constitucionais nas democracias contemporâneas. *Direito e Práxis*, v. 9, 2018. p. 2171.

Parte II

Artigos na imprensa

I

Quanto vale o Judiciário?[1]

Recente relatório do Tesouro Nacional divulgou que o custo do Poder Judiciário brasileiro em 2022 foi de 116 bilhões de reais, equivalente a 1,6% do PIB. Nesses números estão incluídos o STF, os tribunais superiores (STJ, TST, TSE e STM), bem como todos os tribunais estaduais, federais, do trabalho, militares e eleitorais. E, também, promotores, defensores e procuradores públicos. No centro do sistema, mais de 18 mil juízes, 270 mil servidores e 145 mil colaboradores compõem a instituição de maior capilaridade do país, que atua em todos os seus 5.600 municípios.

Quanto custa o Judiciário não é uma questão irrelevante. Mas a indagação correta talvez seja outra: quanto *vale* o Judiciário? Mais desconhecido dos poderes, sem armas nem a chave do cofre, todas as democracias reservam para ele um lugar especial. O que faz, exatamente, o Judiciário?

O papel do Judiciário, em uma sociedade civilizada, é solucionar conflitos, interpretando e aplicando a Constituição e as leis, elaboradas por agentes públicos eleitos. Juízes, como regra geral, não são escolhidos por votação popular. Trata-se de um poder exercido por agentes públicos selecionados por sua integridade, competência técnica e capacidade de atuar com imparcialidade, sem ingerência política.

As democracias constitucionais preveem, ainda, a existência de supremas cortes, que controlam a constitucionalidade dos atos dos outros dois poderes. No Brasil, o Supremo Tribunal Federal desempenha essa missão. Uma Constituição abrangente, como é o caso da brasileira, dá ao tribunal um papel e um protagonismo sem iguais no mundo.

---

[1] Publicado na *Folha de São Paulo*, em 24.2.2024.

Antes da "invenção" do direito e, especialmente, do Judiciário, os conflitos sociais eram resolvidos por guerras, duelos ou confrontos físicos. Juízes, advogados e Ministério Público são a alternativa que a humanidade concebeu contra a força bruta, a barbárie. Em vez de canhões, balas e socos, os conflitos são resolvidos pela apresentação de fatos, provas e argumentos. Na sequência, um árbitro sem interesse no litígio decide quem tem razão. Parece simples, mas mudou o mundo.

A Justiça brasileira é, provavelmente, a mais produtiva do planeta, julgando definitivamente mais de 30 milhões de processos por ano. Nossos juízes julgam quatro vezes mais do que a média de um juiz europeu. E para quem preza a questão financeira, o Judiciário arrecada para os cofres públicos cerca de 70% do que dispende. Duas observações importantes: quase metade das ações tramitam com gratuidade, em prol das pessoas carentes; e o maior litigante do país, que é o Poder Público, não paga taxa judiciária nem custas.

Juízes são recrutados mediante árduos concursos públicos. No Exame Nacional de Magistratura, recentemente criado, esperam-se entre 50 e 100 mil inscritos. Além da faculdade de Direito, são anos de preparação para os concursos. O ingresso na carreira é exclusivamente por mérito, sem dever favores. Juízes são alguns dos profissionais mais bem preparados do mercado, embora ganhem substancialmente menos do que atores de sucesso no ambiente jurídico privado. Os abusos remuneratórios que se noticiam aqui e ali são graves e devem ser corrigidos, mas não invalidam o quadro geral.

Em qualquer sociedade civilizada, Justiça é gênero de primeira necessidade. Há na sua atuação um valor inestimável, que não se mede em dinheiro. Correção de injustiças, pacificação social, punição de crime, reparação de danos, eleições limpas, proteção do consumidor, do meio ambiente e da saúde, entre outras, são utilidades sociais que fazem a vida e o mundo melhores. Coisas que têm valor, mas não têm preço.

O Brasil tem a Justiça ideal? Não tem. Estamos trabalhando intensamente para torná-la melhor e mais célere. Tampouco temos a universidade ideal, a política ideal, a medicina ideal, a polícia ideal. Somos uma democracia jovem e em construção. Existem decisões da Justiça criticáveis ou incompreensíveis? Certamente. Assim como existem erros médicos, violência policial, ensino ruim ou desvios de verbas. Instituições precisam ser sempre aperfeiçoadas, mas isso não as torna menos essenciais.

O custo da justiça pode parecer alto, mas o da falta de justiça é bem maior.

II

Um dia para não esquecer[1]

Eram pouco mais de 8 horas da noite quando a Ministra Rosa Weber e eu atravessamos as esquadrias destruídas do prédio do Supremo Tribunal Federal. O Ministro Dias Toffoli, que veio de São Paulo, chegou pouco tempo depois. E também o Presidente Lula. O quadro era desolador: vidros estilhaçados, esculturas quebradas, retratos rasgados, móveis depredados. Dentro do plenário, inundado de água, o crucifixo arrancado da parede, a bancada de julgamento pisoteada, o tapete queimado. Inscrições de ódio por toda parte.

Sob os nossos olhos estarrecidos, tristes e indignados, o cenário exibia o mais virulento ataque às instituições do país em quase quarenta anos. Sob muitos aspectos, o pior da história. Pessoas inconformadas com o resultado das eleições, movidas por agressividade incontrolada, destruíram fisicamente os bens materiais que encontravam, enquanto procuravam destruir simbolicamente a democracia. Se não ganha quem eu quero eu não aceito o resultado e viro a mesa. Foram cenas de primitivismo explícito.

Embora impressentido, o ataque foi longamente articulado. Começou com a tentativa de desacreditar as instituições, com ofensas a seus integrantes e ameaças de desobediência aos comandos constitucionais. Depois avançou com campanhas de desinformação, discursos de ódio, mentiras deliberadas e teorias conspiratórias. Tanques desfilaram indevidamente na Praça dos Três Poderes. Houve capítulos de negacionismo científico, destruição ambiental e derrama de dinheiro público. Sem mencionar a tentativa de volta do voto impresso, com contagem pública manual. Não é difícil imaginar hordas invadindo as

---

[1] Publicado na *Folha de São Paulo*, em 7.1.2024.

seções eleitorais onde temessem o insucesso. Tudo isso foi preparando o ambiente de discórdia e de intolerância.

O fracasso da tentativa de golpe de Estado não minimiza a sua gravidade. Houve mentores, financiadores e executores. Aceitar tudo isso com naturalidade e condescendência seria um estímulo a novas aventuras criminosas antidemocráticas. Precisamos, é certo, virar a página. Mas não a arrancar do livro da história.

De tudo o que vi e ouvi, um fato me causou especial abalo. Um policial judicial do Supremo me descreveu que, após marretadas na parede e arremesso de móveis e de objetos, muitos dos invasores se ajoelhavam no chão e rezavam fervorosamente. De onde, Deus do céu, poderá ter saído essa combinação implausível de religiosidade com ódio, violência e desrespeito ao próximo? Que desencontro espiritual pode ser esse que não é capaz de mínima distinção entre o bem e o mal, entre o estado de natureza e a civilização? Que tipo de inspiração terá empurrado essas pessoas numa ribanceira moral?

Enfim, ao fazer o balanço de fatos históricos, é sempre possível procurar lançar um olhar construtivo. E a verdade é que passado o susto e controlada a indignação, a reação dos poderes da República, da sociedade civil, da imprensa e dos mais diferentes setores da vida brasileira foi revigorante para a democracia. Liberais, progressistas e conservadores se irmanaram na defesa da Constituição e da institucionalidade contra o golpismo. Uma reafirmação de que já superamos os ciclos do atraso, com a renovação do nosso sentimento constitucional. No fim do dia, saímos melhores do que entramos.

Passado um ano, o país vive um processo de reconstrução, de reencontro consigo mesmo. Não me refiro à política ou a um governo. Trata-se da consolidação da crença social de que a democracia tem lugar para todos que saibam respeitá-la, que discordância não é inimizade e que a verdade não tem dono. Há patriotas autênticos com diferentes visões de mundo. Ninguém tem o monopólio do amor ao Brasil. Famílias e amigos precisam se reconciliar. Quem pensa diferente de mim não é meu inimigo, mas meu parceiro na construção de uma sociedade aberta e plural. Com boa-fé e boa vontade, quase tudo é possível nessa vida.

Muitos comungam da ideia de que o Brasil está aquém do seu destino. E, de fato, o futuro aqui se atrasou. Mas ainda está no horizonte. Felizmente, a existência das pessoas e das nações é feita de muitos recomeços. De oportunidades que se renovam. A história não é um destino que se cumpre, mas um caminho que se escolhe.

III

35 ANOS DA CONSTITUIÇÃO: PACIFICAÇÃO, CIVILIDADE E RECOMEÇOS[1]

Na madrugada de 31 de março para 1º de abril de 1964, um golpe de Estado destituiu João Goulart da Presidência da República. *Golpe*, porque esse é o nome que se dá em ciência política e em teoria constitucional para as situações em que o chefe de governo é afastado por um procedimento que não é o previsto na Constituição. As palavras precisam ser preservadas em seus sentidos mínimos.

É certo, também, que a quebra da legalidade constitucional contou com o apoio de inúmeros setores da sociedade, como boa parte das classes empresariais, dos produtores rurais, da classe média e da Igreja, assim como dos militares e da imprensa, além dos Estados Unidos. Cada um desses atores com seus temores próprios.

Ali começou uma longa noite institucional. Passaram-se 25 anos até que houvesse uma eleição presidencial pelo voto popular. No período, tivemos uma longa sequência de atos institucionais, que exprimiam a legalidade paralela e ditatorial do regime militar. Com eles, os partidos políticos existentes foram extintos, as eleições passaram a ser indiretas, o Congresso foi fechado diversas vezes, parlamentares foram cassados, bem como professores e servidores públicos aposentados compulsoriamente. Muita gente foi para o exílio. Nas sombras, também vieram a tortura de adversários políticos e a censura.

Depois se seguiram os anos de chumbo, a abertura política e a agonia do regime autoritário, cuja morte moral se deu em 1981, com o acobertamento do atentado do Riocentro. Mais à frente, mesmo

---

[1] Publicado em *O Globo*, em 5.10.2023.

derrotada a emenda das eleições diretas, Tancredo Neves e José Sarney vieram a ser eleitos. A Nova República se iniciou sob o símbolo trágico da morte de Tancredo. Em 1986, uma emenda constitucional convocou a Assembleia Constituinte que elaborou a Constituição de 1988, cujo aniversário celebramos.

Com a promulgação da Constituição tivemos uma rearrumação geral e democrática do país, com avanços expressivos, atrasos persistentes e alguns sustos. Os poderes voltaram a ser harmônicos e independentes, com as fricções próprias e inevitáveis às democracias. O Executivo voltou ao seu tamanho natural, o Legislativo se expandiu e o Judiciário viveu um momento de expressiva ascensão institucional.

Nos direitos fundamentais houve avanços muito relevantes. O sistema único de saúde, com todas as dificuldades, é um admirável programa de inclusão social. Na educação, universalizou-se o ensino fundamental, embora ainda se viva o drama da evasão no ensino médio. Mulheres, *gays*, negros e indígenas viram preconceitos e discriminações serem derrotados, numa luta ainda em curso. A proteção do meio ambiente entrou finalmente no radar do país.

Muito ainda ficou por fazer, da desigualdade abissal à apropriação privada do Estado, das dificuldades do sistema político à violência urbana. Por ora, no entanto, há uma palavra mágica para voltar a reunir as pessoas em torno de um projeto de país: *pacificação*. A democracia tem lugar para liberais, progressistas e conservadores. Ninguém tem o monopólio do bem e da virtude. É preciso acabar com a cultura agressiva e intolerante de desqualificar quem pensa diferente. Precisamos de um choque de civilidade.

Nos diferentes tons do espectro político, há um consenso: o de um país aquém do seu destino. Essa a razão de certo mal-estar civilizatório entre nós, a frustração de não sermos tudo o que podemos ser. Porém, a história não é um destino que se cumpre, mas um caminho que se escolhe. E, além disso, como o Brasil pós-eleição de 2022 bem demonstra, o mundo dá voltas. A existência das pessoas e das nações é feita de muitos recomeços. De oportunidades que se renovam. O futuro se atrasou, mas ainda está no horizonte.

Parte III

Discursos

I

Discurso de posse na Presidência do Supremo Tribunal Federal

Gratidão, justiça e o país que queremos

Introdução

Excelentíssimo Senhor Presidente da República, Luiz Inácio Lula da Silva; Senhor Presidente do Congresso Nacional, Senador Rodrigo Pacheco; Senhor Presidente da Câmara dos Deputados, Deputado Arthur Lira; minha eterna Presidente, Ministra Rosa Weber, nas pessoas de quem cumprimento as autoridades dos três poderes aqui presentes. Senhor Presidente da Ordem dos Advogados do Brasil, Beto Simonetti, e Senhora Procuradora-Geral da República em exercício, Elizeta Ramos, nas pessoas de quem cumprimento todos os advogados e membros do Ministério Público aqui presentes. Queridos amigos, colegas e convidados:

Dividi este discurso, que prometo não será mais longo do que o necessário, em três partes. A primeira é dedicada à *Gratidão*, ao reconhecimento às pessoas que pavimentaram o meu caminho até aqui; a segunda ao *Judiciário*, nosso papel e nossas circunstâncias; e a terceira ao *Brasil*, essa paixão que nos une e os compromissos que devemos ter.

Parte I – Gratidão

I Agradecimentos gerais

Poder agradecer é uma bênção. Dedico este momento a meus pais, Judith e Roberto, que encheram a minha vida de afeto e valores, e ainda me deram uma irmã adorável. Tereza, Luna e Bernardo foram minha inspiração, motivação e alegria pela vida afora. Sou grato, também, à legião de amigos que cruzaram o meu caminho em fases diferentes da vida e que a tornaram melhor e mais feliz. Muitos estão aqui presentes. Homenageio todos eles na pessoa de José Paulo Sepúlveda Pertence, que há pouco nos deixou. Meu agradecimento se estende a todos os servidores e assessores que estiveram comigo nesses dez anos de Supremo, permitindo não apenas que eu reduzisse o acervo do gabinete de 9.500 processos para o mínimo possível – cerca de 900 –, mas também que eu vivesse muitas vidas em uma só, e homenageio todos na pessoa da minha secretária-geral, Aline Osório.

Minha gratidão vai também para a Presidenta Dilma Rousseff, que me indicou para o cargo da forma mais republicana que um presidente pode agir: não pediu, não insinuou, não cobrou. Procurei retribuir a confiança servindo ao Brasil sem jamais ter qualquer outro interesse ou intenção que não fosse a de fazer um país melhor e maior, um país justo, quem sabe um dia. Aproveito para saudar, também, o Presidente Lula e os Presidentes Rodrigo Pacheco e Arthur Lira, que, juntamente com este Supremo Tribunal Federal, simbolizam a solidez e os compromissos democráticos de nossas instituições. Mas há um agradecimento muito especial que eu gostaria de fazer.

II Reconhecimento aos meus professores

Eu nasci em Vassouras, uma graciosa cidade a duas horas do Rio de Janeiro, repleta de palmeiras imperiais, de um casario colonial preservado e de gente simples e generosa, como minha amada Tetê do Carmo. Estudei ao longo da vida no Colégio de Vassouras, da Vovó Maria; na Escola Roma, de Dona Zoraide; no Colégio Pedro Álvares Cabral, de Dona Florinda; na Universidade do Estado do Rio de Janeiro, de Jacob Dolinger e José Carlos Barbosa Moreira. Também estudei em Yale, com Bruce Ackerman e Harold Koh, e em Harvard, onde convivi com acadêmicos como Mark Tushnet e Mangabeira Unger. Foi uma longa jornada até aqui. Meu agradecimento mais especial vai para todos os professores que iluminaram o meu caminho (o meu e o de todos nós) com princípios elevados, ideias e bons exemplos. A esse registro, acrescento uma constatação: sou convencido, por experiência própria, de que a coisa mais importante que um país pode fazer pelos seus filhos é assegurar educação de qualidade e universal para todos, em todo o ensino básico, e com uma combinação de mérito e justiça distributiva – social e racial – no ensino superior. Três prioridades na vida de um país hão de ser: educação, educação de qualidade e educação para todos.

Antes de seguir adiante, presto uma homenagem devida e merecida.

III Homenagem à Ministra Rosa Weber

Suceder a Ministra Rosa Weber não é tarefa fácil. Suceder, porque substituí-la seria impossível. Tornamo-nos amigos queridos desde o primeiro dia em que aqui cheguei. Sua figura doce e personalidade cativante fizeram do nosso convívio um privilégio sem tamanho para mim. Como juíza, sua carreira foi impecável, da Justiça do Trabalho de primeiro grau, no seu amado Rio Grande do Sul, passando pelo Tribunal Regional do Trabalho, pelo Tribunal Superior do Trabalho até chegar ao Supremo Tribunal Federal e depois ao Tribunal Superior Eleitoral. Uma vida completa. Por onde passou, deixou a marca da sua capacidade e uma legião de admiradores. Aqui no Supremo, foi relatora de processos memoráveis. No TSE, presidiu com firmeza e competência as polarizadas eleições de 2018. Também no Supremo, com habilidade imensa, obteve a aprovação de alterações regimentais importantíssimas. E, em um dos momentos mais dramáticos de nossa história, liderou a reconstrução deste Plenário em 21 dias, de modo a que estivesse pronto na reabertura do ano judiciário.

Ministra Rosa Weber: sei que seu espírito reservado não é afeito a honrarias. Mas, em nome da nação agradecida, em nome dos que sabem distinguir as grandes figuras da história deste Tribunal, eu a reverencio pelos imensos serviços prestados ao Brasil. Que V. Exa. seja perenemente bendita.

Parte II – O Poder Judiciário

I O Supremo Tribunal Federal

Falo agora sobre o Poder Judiciário, começando pelo Supremo Tribunal Federal, que é o Tribunal da Constituição. Cabe a ele interpretá-la e, como consequência, preservar a democracia e promover os direitos fundamentais. Comento cada uma dessas missões.

1 A interpretação da Constituição

A Constituição estrutura o Estado, demarca a competência dos poderes e define os direitos e garantias dos cidadãos. Todas as constituições democráticas fazem isso, a brasileira inclusive. Porém, a nossa Constituição vai bem além: ela contempla, também, o sistema econômico, o sistema tributário, o sistema previdenciário, o sistema de educação, de preservação ambiental, da cultura, dos meios de comunicação, da proteção às comunidades indígenas, da família, da criança, do adolescente, do idoso, em meio a muitos outros temas. Incluir uma matéria na Constituição é, em larga medida, retirá-la da política e trazê-la para o direito. Essa é a causa da judicialização ampla da vida no Brasil. Não se trata de ativismo, mas de desenho institucional. Nenhum Tribunal do mundo decide tantas questões divisivas da sociedade. Contrariar interesses e visões de mundo é parte inerente ao nosso papel. Nós sempre estaremos expostos à crítica e à insatisfação. Por isso mesmo, a virtude de um tribunal jamais poderá ser medida em pesquisa de opinião.

Nada obstante, é imperativo que o Tribunal aja com autocontenção e em diálogo com os outros poderes e a sociedade, como sempre procuramos fazer e pretendo intensificar. Numa democracia não há poderes hegemônicos. Garantindo a independência de cada um, conviveremos em harmonia, parceiros institucionais pelo bem do Brasil.

2 A defesa da democracia

Nós não somos um Tribunal de consensos plenos. Nenhum tribunal é. A vida comporta diferentes pontos de observação e eles se refletem aqui. Porém, estivemos mais unidos do que nunca na proteção da sociedade brasileira na pandemia. E, também, estamos sempre juntos, em sólida unidade, na defesa da democracia. A democracia constitucional é a composição de valores diversos, duas faces da mesma moeda. De um lado, soberania popular (amplo direito de participação popular), eleições livres e governo da maioria. De outro, poder limitado, Estado de direito e respeito aos direitos fundamentais. Um equilíbrio delicado e fundamental. Em todo o mundo, a democracia constitucional viveu momentos de sobressalto, com ataques às instituições e perda de credibilidade. Por aqui, as instituições venceram, tendo ao seu lado a presença indispensável da sociedade civil, da imprensa e do Congresso Nacional. E, justiça seja feita, na hora decisiva, as Forças Armadas não sucumbiram ao golpismo. Costumamos identificar os culpados de sempre: extremismo, populismo, autoritarismo... E de fato eles estão lá.

Mas a recessão democrática fluiu, também, pelos desvãos da democracia: as promessas não cumpridas de oportunidades, prosperidade e segurança para todos. As democracias contemporâneas precisam equacionar e vencer os desafios da inclusão social, da luta contra as desigualdades injustas e do aprimoramento da representação política.

3 A proteção dos direitos fundamentais

Por fim, cabe-nos a proteção dos direitos fundamentais, que são os direitos humanos incorporados à ordem jurídica interna. Direitos fundamentais são a reserva mínima de justiça de uma sociedade, em termos de liberdade, igualdade e acesso aos bens materiais e espirituais básicos para uma vida digna. Nessa matéria, temos procurado empurrar a história na direção certa. Temos sido parceiros da ascensão das mulheres, na luta envolvente por igual respeito e consideração, no espaço público e no espaço privado, bem como contra a violência doméstica e sexual. Também temos atuado, sempre com base na Constituição, em favor do heroico esforço da população negra por reconhecimento e iguais oportunidades, validando as ações afirmativas, imprescindíveis para superar o racismo estrutural que a escravização e sua abolição sem inclusão acarretaram. Do mesmo modo, a comunidade LGBTQIA+ obteve neste Tribunal o reconhecimento de importantes direitos, com destaque para a equiparação das uniões homoafetivas às uniões estáveis convencionais, tendo por desdobramento a possibilidade do casamento civil.

Mas não foi só. Povos indígenas passaram a ter a sua dignidade reconhecida, bem como o direito a preservarem sua cultura e, ao menos, uma parte de suas terras originárias. Atuamos, ainda, para que pessoas com deficiência sejam valorizadas na sua diferença, no esforço de se proporcionar acessibilidade e inclusão. A proteção ambiental foi igualmente objeto de atenção do Supremo, que procurou enfrentar, dentro dos seus limites, o desmatamento e a mudança climática. São lutas inacabadas, mas na vida devemos saborear os avanços e as vitórias. Há quem pense que a defesa dos direitos humanos, da igualdade da mulher, da proteção ambiental, das ações afirmativas, do respeito à comunidade LGBTQIA+, da inclusão das pessoas com deficiência, da preservação das comunidades indígenas são causas *progressistas*. Não são. Essas são as causas da humanidade, da dignidade humana, do respeito e consideração por todas as pessoas. Poucas derrotas do espírito são mais tristes do que alguém se achar melhor do que os outros.

II A Justiça no Brasil

O Judiciário brasileiro é dos mais independentes e produtivos do mundo. Independente porque, para alguém se tornar juiz, o que se exige é haver cursado uma faculdade de Direito e ter sido aprovado em um disputado concurso público. Não deve favor a ninguém. É certo que nos tribunais superiores há um componente político, como é em todo o mundo. Mas o DNA de independência não se perde. E a Justiça do Brasil é, também, uma das mais produtivas do planeta, julgando cerca de 30 milhões de processos por ano. Somos cerca de 18 mil juízes, sendo a magistratura, provavelmente, a instituição de maior capilaridade de todo o país. Juízes bem-preparados, íntegros e vocacionados são uma bênção para a democracia, para a Justiça e para a cidadania. Comprometo-me a contribuir para que sejam selecionados com rigor, sejam ouvidos e valorizados. Ainda assim, há dois pontos em que temos de melhorar. O primeiro: aumentar a participação de mulheres nos tribunais, com critérios de promoção que levem em conta a paridade de gênero. E, também, ampliar a diversidade racial. Além disso, com inovações tecnológicas e inteligência artificial, vamos procurar aumentar a eficiência e a celeridade da tramitação processual no Brasil. Para esse fim, venho mapeando os gargalos e pontos de congestionamento do Judiciário e vamos enfrentá-los. Não há lugar para celebração aqui: precisamos melhorar a qualidade do serviço que prestamos à sociedade brasileira.

III As diretrizes da minha gestão

Com a bênção de Deus e a ajuda imprescindível dos colegas, pretendo fazer uma gestão em torno de três grandes eixos. O primeiro deles será o *conteúdo*, que consiste em procurar aumentar a eficiência da justiça, avançar a pauta dos direitos fundamentais e contribuir para o desenvolvimento econômico, social e sustentável do Brasil. O segundo eixo será o da *comunicação*, melhorando a interlocução com a sociedade, expondo em linguagem simples o nosso papel, explicando didaticamente as decisões, desfazendo incompreensões e mal-entendidos. E o terceiro será o eixo do *relacionamento*. O Judiciário deve ser técnico e imparcial, mas não isolado da sociedade. Precisamos estar abertos para o mundo, com olhos de ver e ouvidos de ouvir o sentimento social. A gente na vida deve ser janela e não espelho, ter a capacidade de olhar para o outro, e não apenas para si mesmo.

O Poder Judiciário, o direito em geral, gravita em torno de dois grandes valores: a justiça e a segurança. Da *justiça* já falamos. Pretendo dar grande ênfase, também, à segurança, em três de suas dimensões: segurança jurídica, segurança democrática e segurança humana. *Segurança jurídica* para que haja um bom ambiente para o desenvolvimento da economia e dos negócios no país, com incentivo ao empreendedorismo, ao investimento e à inovação. Sem surpresas. Precisamos superar a desconfiança que ainda existe no Brasil em relação à livre-iniciativa e ao sucesso empresarial. É daí que vem o emprego, a ascensão social e o progresso. Não menos importante é a *segurança democrática*, com eleições limpas, liberdades públicas, independência entre os poderes e respeito às instituições. E, também, como princípio e fim, a *segurança humana*, que inclui o combate à pobreza, às desigualdades injustas e à criminalidade, com segurança pública e valorização das polícias, treinadas numa imprescindível cultura de respeito à cidadania e aos direitos humanos.

Meus queridos colegas deste Tribunal: o Universo nos reuniu aqui porque temos uma missão. Somos um time, no qual cada um tem uma posição, mas também um objetivo comum. Por isso mesmo, vamos continuar a estreitar os laços de colegialidade e de institucionalidade. De minha parte, contem com o diálogo franco e a parceria afetuosa. Estar aqui é um desafio, um privilégio e um destino, que cumprimos em conjunto. É muito bom tê-los ao meu lado. E eu ainda tenho a sorte de ter, como vice-presidente, meu amigo de toda vida, o Ministro Luiz Edson Fachin, uma das melhores pessoas que conheci nessa jornada que já vai longa.

Parte III – O Brasil

I O Brasil que queremos

A democracia venceu e precisamos trabalhar pela pacificação do país. Acabar com os antagonismos artificialmente criados para nos dividir. Um país não é feito de nós e eles. Somos um só povo, no pluralismo das ideias, como é próprio de uma sociedade livre e aberta. "Bastar-se a si mesmo é a maior solidão", escreveu o poeta. O sucesso do agronegócio não é incompatível com proteção ambiental. Pelo contrário. O combate eficiente à criminalidade não é incompatível com o respeito aos direitos humanos. O enfrentamento à corrupção não é incompatível com o devido processo legal. Estamos todos no mesmo barco e precisamos trabalhar para evitar tempestades e conduzi-lo a porto seguro. Se ele naufragar, o naufrágio é de todos, independentemente de preferências políticas. No interesse da justiça, pretendo ouvir a todos, trabalhadores e empresários, comunidades indígenas e agricultores, produtores rurais e ambientalistas, gente da cidade e do interior. E, também, conservadores, liberais e progressistas. Ninguém é dono da verdade, ninguém tem o monopólio do bem e da virtude. A vida na democracia é a convivência civilizada dos que pensam diferente. E quem pensa diferente de mim não é meu inimigo, mas meu parceiro na construção de uma sociedade aberta, plural e democrática.

II Uma agenda para o Brasil

Sem que ninguém precise abrir mão de qualquer convicção, é preciso que o país se aglutine em torno de denominadores comuns, de uma agenda para o Brasil. Com base na Constituição, é possível construir esses consensos. Aqui vão alguns deles: (i) combate à pobreza; (ii) desenvolvimento econômico e social sustentável; (iii) prioridade máxima para a educação básica; (iv) valorização da livre-iniciativa, bem como do trabalho formal; (v) investimento em ciência e tecnologia; (vi) saneamento básico; (vii) habitação popular; e (viii) liderança global em matéria ambiental. Subjacentes a qualquer agenda, há três elementos essenciais para se fazer um grande país: integridade, civilidade e confiança. Todos eles vêm antes da ideologia, antes das escolhas políticas pessoais. Na verdade, entre pessoas íntegras e civilizadas, a confiança brota espontaneamente. Sem confiança não há progresso.

III Valores que devem nos guiar

No dia da minha posse, em 26.6.2013, eu publiquei um artigo de autoapresentação, onde escrevi: creio no bem, na justiça e na tolerância como valores filosóficos essenciais. Creio na educação, na igualdade, no trabalho e na livre-iniciativa como valores políticos fundamentais. E no constitucionalismo democrático como forma institucional ideal. Passados dez anos, venho aqui renovar os mesmos votos. Com alguns novos aprendizados: os países, como as pessoas, passam pelo que têm de passar para amadurecer e evoluir; a vida no setor público é mais dura e difícil do que parece; se você estiver cumprindo a missão da sua vida, nem elogio nem crítica têm o poder de mudar a sua direção; só a verdade ofende: se for mentira, trate com indiferença; o Brasil é um país onde muita gente coloca as relações pessoais acima da correção e do dever; na vida, não basta estar certo, é preciso saber levar; e, muito importante: com boa-fé e boa vontade, quase tudo é possível nesse mundo. Há uma última convicção que gostaria de compartilhar.

A afetividade é uma das energias mais poderosas do universo. O sentimento sincero de fraternidade e empatia por todas as pessoas transforma o mundo. Viver sem malícia, sem espertezas, sem passar os outros para trás. Sem maledicência. Para alguns soará ingênuo. Mas esse é o caminho para a paz interior, o sucesso pessoal e o progresso social. A virtude é sua própria recompensa. O resto é aparência. A história é uma marcha contínua na direção do bem, da justiça e do avanço civilizatório. Basta olhar através dos tempos: viemos de épocas de sacrifícios humanos, despotismos cruéis, inquisições e holocaustos até a era dos direitos humanos. Ainda não plenamente concretizados, mas vitoriosos na maior parte dos corações e mentes. É certo que a história não é linear, mas feita de avanços e retrocessos. Porém, mesmo quando não se consegue ver da superfície, ela continua fluindo como um rio subterrâneo na direção que tem de seguir. Essa a minha fé racional, a minha crença mais profunda.

E porque assim é, tenho uma visão positiva e construtiva da vida, mesmo na adversidade. E nos momentos difíceis, quando tudo parece fora do lugar, quando as pessoas não se apresentam na sua melhor versão, eu me consolo com a máxima que rege a minha vida: não importa o que esteja acontecendo à sua volta: faça você o melhor papel que puder. E seja bom e correto, mesmo quando ninguém estiver olhando.

Na minha sabatina no Senado Federal, aqui hoje representado por seu presidente Rodrigo Pacheco, eu me vali de uma parábola com a qual gostaria de encerrar esse discurso. Na vida nós estamos sempre nos equilibrando. Viver é andar numa corda bamba. A gente se inclina um pouco para um lado, um pouco para o outro e segue em frente. É assim para todo mundo, não importa se você está no palco ou na plateia. Às vezes, alguém olhando de fora pode ter a impressão de que o equilibrista está voando. Não é grave, porque a vida é feita de certas ilusões. Mas o equilibrista tem de saber que ele está se equilibrando.

Porque se ele achar que está voando, ele vai cair. E na vida real não tem rede. Pretendo atuar, à frente do Supremo Tribunal Federal e do Poder Judiciário brasileiro, da forma como acho que a vida deve ser vivida: com valores, com empatia, com bom humor sempre que possível e, sobretudo, com humildade.

Assumo a presidência do Supremo e do CNJ sem esquecer que sou, antes de tudo, um servidor público. Um servidor da Constituição. Que eu possa ser abençoado para cumprir bem essa missão.

Muito obrigado.

II

Discursos de formatura

O mundo, o país e a vida que vivemos[1]

I Introdução

Excelentíssimo Senhor Diretor, meu querido amigo Professor Oscar Vilhena Vieira; Senhor Paraninfo da Turma, Professor Sidnei Amendoeira Junior; Senhora Professora homenageada Maria Cecília Asperti; Senhores funcionários homenageados, Katia Satie Fujihara e Lívio Alencar Diniz; Senhores pais de sangue e de afeto, parentes, amigos, namorados, pretendentes, meus queridos afilhados:

Como um raio de luz que clareia a escuridão, recebi o convite de vocês para ser o Patrono da 10ª Turma da FGV Direito São Paulo. Eu bem estava precisando de uma alegria inesperada nesses dias de angústia cívica que tenho vivido. Acho que todos temos vivido. Saibam que manifestações espontâneas como a de vocês dão colorido à existência e renovam a minha fé de que a gente deve cumprir com empenho as missões que a vida nos dá.

A vida é dura no Supremo. Primeiro, é o único emprego no mundo em que você diz para sua mulher que vai trabalhar e ela pode conferir na televisão se você foi mesmo. Segundo: para conseguir qualquer coisa relevante, eu preciso convencer mais cinco. E tudo gente cheia de ideias próprias. Por fim, pelo grau de exposição a que o cargo nos submete a todos e as situações mais inusitadas que daí decorrem. Conto uma.

Recentemente, eu estava com minha mulher em um restaurante e um garçom veio até mim e disse: "Eu conheço o senhor de algum

---

[1] Discurso de patrono da turma de graduação da FGV Direito São Paulo, 2019.

lugar". Sorri encabulado. Pouco depois, ele volta à mesa e diz: "O senhor é famoso, que eu sei". Silêncio constrangido. Ainda uma terceira vez ele passa por mim e afirma: "Eu vou lembrar quem o senhor é". Aparentemente, não lembrou. Na hora de pagar a conta, entrego o meu cartão de crédito, ele vai até o caixa, retorna e exclama com ar de triunfo: "Ahá, Luís Roberto, narrador esportivo da TV Globo".

Moral da história: não se iluda, os outros não te conhecem. Só a gente sabe da gente. O segredo da vida é conhecer-se a si próprio. Identificar os valores, sonhos e desejos que nos movem e viver para realizá-los. É aí que mora a verdadeira felicidade. Eu vivo até hoje para os meus sonhos de juventude. Dividi essa nossa conversa em três breves partes: o mundo em que vivemos; o país em que vivemos; e a vida que vivemos. Aqui vamos nós.

II O mundo em que vivemos

Algumas aflições marcam o nosso tempo. Uma delas é a crise da democracia em diferentes partes do mundo, com o surgimento de governos populistas autoritários que chegam ao poder, não por meio de golpes de Estado, mas pelo voto popular. Outra delas é a crise ambiental: a atuação do homem tem provocado um crescente aquecimento global, sobretudo pela projeção na atmosfera de gases que agravam o efeito estufa. O planeta tem dado sinais preocupantes, como degelo das calotas polares, aquecimento dos oceanos, manifestações climáticas extremas etc. São problemas em relação aos quais não podemos ficar indiferentes. Gostaria, no entanto, de focar a atenção em um outro tema, que é a marca do nosso tempo: a Revolução Digital e Tecnológica e o advento da 4ª Revolução Industrial.

O mundo se encontra em meio a uma revolução tecnológica de larga escala e impressionante velocidade, que está alterando substancialmente o modo como as pessoas vivem, trabalham e se relacionam. Trata-se de uma nova revolução industrial, que sucede às anteriores: a que veio com o uso do vapor (1850-1900), a da eletricidade (1900-1940) e a do motor e da automação (1940-1900). Somos contemporâneos da Revolução Digital, que permitiu a massificação do computador, do telefone celular e, conectando bilhões de pessoas em todo o mundo, a internet.

A maneira como se realiza uma pesquisa, se fazem compras, se chama um táxi, reserva-se um voo ou ouve-se música, para citar alguns exemplos, foi inteiramente revolucionada. Nós vivemos sob a égide de um novo vocabulário, uma nova semântica e uma nova gramática. A linguagem dos nossos dias inclui um conjunto de termos recém-incorporados, sem os quais, no entanto, já não saberíamos viver. Alguns deles: Google, WhatsApp, Uber, Waze, Spotify, YouTube, Windows, Mac, Telegram, Dropbox, Skype, Facetime, Facebook, Twitter, Instagram, Amazon, Google maps, Google translator, iTunes, Netflix. Para os solteiros, tem o Tinder, também.

Inovação e avanços tecnológicos constroem esse admirável mundo novo da biotecnologia, da inteligência artificial, da robótica, da impressão em 3D, da nanotecnologia e da computação quântica. Está em curso a chamada 4ª Revolução Industrial, que é um desdobramento da Revolução Tecnológica, produto da fusão de tecnologias que está misturando as linhas entre as esferas física, digital e biológica. Temos pela frente desafios como: a) o uso da internet e das redes sociais para discursos de ódio e campanhas de desinformação; b) os avanços na biotecnologia, que trazem a tentação da clonagem humana, proibida de uma maneira geral, mas que é tida como inevitável por cientistas relevantes; c) o risco da criação, por manipulação genética, de super-homens, com grande potencial de opressão sobre as pessoas comuns; e d) o quase fim da privacidade em um mundo de identificação por DNA, reconhecimento facial e no qual empresas de tecnologia armazenam e comercializam dados sobre cada um de nós.

Yuval Noah Harari tem uma passagem em um de seus livros em que fala que se uma jovem ou um jovem tiver dois pretendentes e estiver em dúvida sobre qual a melhor escolha, o Google, com as informações que detém sobre todos os envolvidos, poderá tomar uma decisão melhor do que o próprio interessado. Vai ser a ditadura do algoritmo. Nessa passagem do livro, anotei a lápis: "Prefiro errar sozinho".

III O país em que vivemos

O Brasil vive uma tempestade ética, política e econômica. No verso de Caetano Velloso, "tudo demorando em ser tão ruim". Há uma onda negativa no ar. A própria autoestima das pessoas está abalada, por motivos diversos. O trauma do *impeachment*, o avanço das investigações sobre corrupção, uma prolongada recessão, perda de renda, onda de violência, maiores índices de desemprego da história. Não tem sido fácil.

Devo dizer, no entanto, que apesar de todos os sobressaltos, a onda negativa não me pegou. Os países, como as pessoas, passam pelo que têm que passar para amadurecer e se aprimorar. Este é o processo que estamos atravessando. Não dá para furar o cerco, deixar de sermos um país de renda média e nos tornarmos verdadeiramente desenvolvidos com o nível ético que temos tido, com o tamanho de Estado a que chegamos e com o nível educacional que ainda prevalece. Nesse momento de ressentimentos e polarização na sociedade, precisamos de uma agenda que reúna alguns denominadores comuns, patrióticos e não políticos ou ideológicos, que possam aproximar as pessoas. O país precisa celebrar três pactos: (i) um pacto de integridade; (ii) um pacto de responsabilidade fiscal/justiça social; e (iii) um pacto pela educação.

Só vou falar – e brevemente – sobre o primeiro, o pacto de integridade. O país foi devastado por uma corrupção estrutural, sistêmica e institucionalizada. Precisamos de um pacto de integridade para substituir o pacto oligárquico que tem prevalecido até aqui. Um pacto de integridade para elevar a ética geral do país envolve duas regras: (i) na ética pública, não desviar dinheiro nem ceder às chantagens fisiológicas da velha política; e (ii) na ética privada, não passar os outros para trás. Há uma novidade no Brasil dos últimos tempos: uma imensa demanda por integridade, idealismo e patriotismo que vem da sociedade civil. E esta é a energia que muda paradigmas e empurra a história. As instituições precisam ser capazes de atender às demandas que vêm da sociedade.

No Legislativo, o pacto de integridade precisa de uma reforma política capaz de baratear o custo das eleições, aumentar a representatividade democrática do Congresso e facilitar a governabilidade. Eu continuo a achar que deveríamos experimentar o voto distrital misto, no modelo alemão. *No Executivo*, é preciso mudar a cultura de que o agente público é sócio nos contratos administrativos. Tudo tem um percentual, uma propina, algum tipo de indecência. *No Judiciário*, acabar com a cultura de que criminalidade do colarinho branco e corrupção não são graves. E lembrar que garantismo significa direito de defesa, e não direito à impunidade.

A corrupção que devastou o Brasil tem custos econômicos, custos sociais e custos morais. Vou ficar nesses últimos. Nós somos o 105º colocado no Índice de Percepção da Corrupção da Transparência Internacional. Eu acordo todos os dias envergonhado com esse número. Que, de resto, vem piorando ao longo do tempo. Há aqui uma visão equivocada na matéria, que pretende fazer uma distinção se o dinheiro da corrupção vai para o bolso ou para a campanha política. O problema não está em para onde o dinheiro vai, mas sim de onde ele vem: de uma cultura de achaque, propinas e desonestidade. Dentro da Constituição e das leis, mas sem leniência, escolham o lado certo e ajudem a empurrar para a margem da história os representantes dessa cultura extrativista que nos mantém atrasados e aquém do nosso destino.

IV A vida que vivemos

Eu desejo a vocês que vivam uma vida boa, que tenham sabedoria e que sejam felizes.

A *vida boa* inclui, em primeiro, lugar, o *amor próprio*: tratar a si próprio com respeito e consideração, transformando-se na melhor pessoa que conseguir ser. No verso de Fernando Pessoa, "ninguém te dá o que és". Em segundo lugar, vem a ética, que se traduz em um compromisso com o bem e, consequentemente, no respeito às outras pessoas. Não passar os outros para trás. Na formulação imortal de Immanuel Kant: "Aja de modo que a máxima que inspira a sua conduta possa se transformar em uma lei universal". Parece complicado, mas é simples: em caso de dúvida sobre o que fazer, duas perguntas ajudarão a encontrar o caminho: (i) e se fizessem isso comigo?; (ii) e se todo mundo se comportasse assim? O *ideal* também é parte da vida boa e significa viver para um mundo melhor. O ideal está para a vida pública como o amor está para a vida privada. É a capacidade de transcender os próprios interesses e de viver o prazer e a alegria de servir ao outro.

Sabedoria, como intuitivo, é muito mais do que conhecimento. Ela inclui *inteligência emocional*, que é a capacidade de controlar as próprias emoções, transformando inveja em admiração, raiva em compreensão e ciúme em libertação. Inclui, também, *inteligência social*, que é a capacidade de conviver harmoniosamente com as outras pessoas, conservando a autenticidade, mas cultivando a gentileza. E, por fim, também faz parte da sabedoria a *inteligência espiritual*, que é a compreensão de que a vida não é feita apenas do mundo físico, captado pelos sentidos. Ela transcende a matéria e é feita também de valores elevados, como o bem, a verdade e a justiça, não importa como cada um internalize simbolicamente essa crença.

Desejo, também, do fundo do coração, que *sejam felizes*. Há uma frase boa da atriz Ingrid Bergman em que ela diz: "Felicidade é boa saúde e má memória". No fundo, a felicidade não é a chegada a qualquer lugar, mas um modo de viajar. Uma atitude diante da vida. Ela depende, em primeiro lugar, de se terem *bons propósitos* na vida, objetivos elevados. Em seguida, é preciso ter determinação para que eles se transformem em *boas realizações*. Também faz parte do caminho desfrutar com alegria e sem culpa os *prazeres legítimos*. E, por fim, uma regra absoluta: *não fazer mal a ninguém*. Tudo isso permitirá que, no fim do dia, cada um desfrute da felicidade suprema: a paz interior, o autocontentamento, a consciência de ter cumprido bem o próprio destino.

V Encerramento

Hora de encerrar, meus queridos amigos, meus queridos afilhados. Creio que as palavras não tenham sido capazes de expressar o meu carinho e a minha gratidão, por esse momento de felicidade que me proporcionaram. Compartilho com vocês, ao concluir, a minha fé racional, a minha crença mais profunda: a de que história é um fluxo contínuo na direção do bem e do avanço civilizatório. Assim vem sendo, desde o início dos tempos. Mesmo quando a gente não consegue ver isso da superfície, ela está seguindo o curso certo, como um rio subterrâneo. O nosso papel é empurrá-la na direção certa. Algumas vezes – no Brasil, sobretudo –, você pode ter a sensação de que isso não está acontecendo. Há muitos exemplos ruins. Não se assombrem com eles nem permitam que eles os desviem do caminho certo. Essa a minha mensagem final: não importa o que esteja acontecendo à sua volta. Faça o melhor papel que puder. E sejam bons e corretos, mesmo quando ninguém estiver olhando.

As placas do caminho[1]

A vida não se repete. Amores não são iguais. Ser patrono da turma de vocês é uma experiência única, nova, diferente. Um privilégio que a vida me deu e que permite que eu esteja aqui saboreando este momento, como se esta fosse a primeira vez. Professor nos dois primeiros anos do curso, não é pequeno o risco de eu ser esquecido com o passar do tempo. Daí a minha felicidade de ter ficado na história e na memória de vocês. Tudo isso dá à vida um renovado sentido: é que, melhor que um grande amor, só um grande amor correspondido.

Não é fácil não ser banal e repetitivo em ocasiões como esta. Sempre estão presentes a alegria da missão cumprida e a tristeza da despedida. Mas a impermanência é a única certeza dessa vida: as coisas passam. A parte boa é que surgem novas pessoas, novas experiências, outras oportunidades. E tudo o que passa e que merece ser lembrado constitui nosso patrimônio afetivo. E a afetividade, como sempre procurei dizer e demonstrar a vocês, é uma das forças mais poderosas do universo, uma energia revolucionária. Temos a partir de hoje um pacto de parceria e amizade por toda a vida. Daqui até o final dos tempos, quando qualquer um de vocês encontrar comigo onde quer que seja, a senha é: "Fui seu aluno na Turma de 2021". E a luz da minha lembrança e do meu afeto estará acesa.

E é justamente esse afeto que inspira as palavras que dirijo a vocês. É comum dizer-se que a vida vem sem manual de instruções. Mas, no tempo que nós vivemos, inundado por informações de todas as fontes, da ciência à autoajuda, passando por fundamentalismos diversos, talvez

---

[1] Discurso como patrono da Turma Luís Roberto Barroso, da Universidade do Estado do Rio de Janeiro – UERJ, proferido em 3.2.2022.

haja mesmo é excesso de instruções. Não há regras únicas para a vida boa, a felicidade e o sucesso. Mas há valores atemporais e universais. Destaco aqui algumas placas que vocês encontrarão ao longo da estrada e que vale a pena seguir. Elas ajudam a fazer a vida melhor e maior, embora não necessariamente mais fácil. Sempre lembrando, por mais óbvio que possa parecer, que o que vale a vida não é a chegada a um objetivo, mas o caminho e a maneira como a gente o percorre.

Uma das primeiras placas do caminho é ter *caráter*. O caráter é a alma verdadeira de cada um, a soma das qualidades morais que definem uma pessoa. Caráter é diferente de reputação. Reputação é o que os outros pensam de você. Caráter é o que você de fato é. O conteúdo é muito mais importante do que a imagem. Ter bom caráter envolve (i) *integridade*, que significa ser correto, honesto, agir de boa-fé, não desviar dinheiro público e não passar os outros para trás; (ii) não ter *inveja*, substituindo-a, conscientemente, pela capacidade de admirar com sinceridade os outros, esquivando-se, também, do ódio, que é um sentimento que só faz mal a quem o sente; e (iii) evitar a *maledicência*, a intriga, o malquerer. E, sobretudo, não dar a ninguém o poder de modificar o que você é, de tirá-lo do seu ponto de equilíbrio. A gratidão também é parte importante da vida: poder agradecer e ter o que agradecer é uma bênção. E, por fim, lembrem que é a maneira como a gente trata as outras pessoas, sobretudo as mais humildes, que dá a real natureza do caráter de cada um.

Outra placa do caminho, que merece ser seguida, está no Livro de Provérbios da Bíblia Hebraica: "Feliz é a pessoa que acha a *sabedoria*". Sabedoria é mais do que inteligência, do que conhecimento, do que conquistas intelectuais e profissionais. Ela inclui, em primeiro lugar, (i) o *autoconhecimento* – saber quem a gente é, onde mora o nosso coração, quais os nossos valores, o que nos faz felizes; requer, também, (ii) *empatia*, que é a capacidade de se colocar no lugar do outro, compartilhar sua humanidade e entender suas circunstâncias; e, por fim, demanda (iii) *três tipos de inteligência* que não são inatas, mas que a gente desenvolve por desígnio próprio: *inteligência emocional*, que é o domínio das próprias emoções; *inteligência espiritual*, que é a percepção de que a vida vai além de uma dimensão puramente material e que há valores transcendentes; e *inteligência social*, que é a capacidade de se relacionar bem com as outras pessoas, de sustentar as próprias verdades com educação e leveza. A sabedoria não apenas passa longe da arrogância como reconhece que, muitas vezes, ela repousa mais na simplicidade do que na erudição.

Uma terceira placa no caminho da vida boa é o *idealismo*. Pensar o mundo como ele deve ser, movendo-se por valores elevados e bons propósitos. Viver além do próprio interesse pessoal e desfrutar o prazer de fazer pelo outro e pelo país. O ideal está para a vida pública como o amor está para a vida privada: é a motivação para aspirar mais do que apenas o acúmulo de bens, os prazeres sensoriais e as conquistas pessoais. É preciso ter fé no bem e na justiça, mesmo quando não estejam ao alcance dos olhos. A abolição da escravatura e a igualdade entre raças, bem como entre homens e mulheres, já foram ideais remotos antes de se tornarem possibilidades reais. Uma advertência: o fato de alguém ser idealista não significa que seja o dono da verdade. Numa sociedade aberta, democrática e plural, existem muitas verdades possíveis. Ouçam a todos. Sejam intolerantes apenas com a intolerância. E não desanimem mesmo quando as verdades em que acreditam não prevalecerem em dado momento. Nem deixem de fazer o certo porque estão todos se beneficiando do errado. Lembrem-se: a virtude é a sua própria recompensa.

Uma placa que frequentemente passa despercebida no caminho é a da *compaixão*. Compaixão é uma combinação de empatia, solidariedade e generosidade diante do sofrimento e das dificuldades dos outros. É algo mais profundo do que a simpatia ou a gentileza. Saber colocar-se no lugar do outro e ter disposição para ajudar não é necessariamente um dom, mas um aprendizado. Algumas sinalizações úteis: (i) julguem somente quando precisarem julgar; (ii) tenham disposição para perdoar e dar uma segunda chance; e (iii) peçam desculpas sinceras quando se convencerem de que erraram. E, claro, perdoem-se a si próprios. Tudo o que é preciso é o arrependimento sincero. Ainda quando possa ser difícil, procurem ter respeito e consideração por todos, mesmo quem pareça não merecer. As pessoas lutam muitas batalhas que ninguém fica sabendo. Ah, e tenham, também, autocompaixão. Na bela poesia de Vironika Tugaleva: "Uma coisa é certa: você vai cometer erros. Aprenda a aprender com eles. Aprenda a se perdoar. E aprenda a rir quando tudo desabar, porque em algum momento vai acontecer".

Há uma última placa que não é nem supérflua nem fútil, como alguém poderia imaginar: a da *alegria* e do *contentamento*. A alegria é a face externa da vida boa, enquanto o contentamento é a sua dimensão interna. Ambos significam estar de bem com o universo, ser grato por estar aqui. É uma homenagem à criação. Desfrutar a beleza da vida e os prazeres legítimos sem culpa e sem medo de ser feliz. Alguns avisos importantes. Nenhuma vida completa é feita só de vitórias. Haverá derrotas, tristezas e perdas dolorosas. O que faz diferença na vida é como cada um reage aos maus momentos, renovando sua força, seus valores e se tornando uma pessoa melhor. O fato de não se poder consertar tudo o que está errado não nos impede de viver com alegria e contentamento. Ambos moram dentro da gente. É só uma questão de ir buscar. E, se combinarem alegria com bom humor, o mundo se atirará aos seus pés. Ah, sim: e como cada um é feliz à sua maneira, tem gente que é feliz sendo triste. Também é um direito. Uma última observação: não percam as pequenas alegrias do caminho enquanto aguardam a felicidade plena e o mundo perfeito. Eles não virão.

É hora de nos despedirmos. Vocês estão saindo para a vida lá fora num momento difícil da humanidade, do mundo e do Brasil. Não me refiro unicamente à pandemia, apesar de sua dramaticidade. Mas é que nós vivemos num planeta que se beneficiou, no último século, de progressos inimagináveis, no plano material, científico e tecnológico. Hoje, vivemos mais, temos mais acesso a bens de consumo e a muitas comodidades. Mas tivemos poucos avanços na nossa humanidade, na nossa espiritualidade e na capacidade de pensar o mundo como uma unidade fraterna, no qual o sofrimento de um deveria significar o sofrimento de todos. Temos múltiplos bolsões de pobreza, de violência, de vidas sem perspectivas. E, simultaneamente, uma quantidade imensa de gente, no andar de cima, que só pensa em levar vantagem, locupletar-se, desviar recursos. Gente que simplesmente não sabe viver honestamente. Jamais se permitam ser como eles.

Além disso, estamos vivendo um tempo em que muitos demônios que viviam nas sombras se sentiram à vontade para sair à luz do dia. O ódio passeia sem inibição pelas ruas e pelas mídias sociais. A *mentira* foi naturalizada com nomes enganosos, como pós-verdade e fatos alternativos. A *ciência* vem sendo negada em atitudes pré-iluministas que colocam em risco a vida e a saúde das pessoas. A *agressividade*, a *grosseria*, as *ofensas* e a *linguagem chula* foram incorporadas ao comportamento padrão. Seres sem nenhuma espiritualidade invocam a religião para destilar raiva e maus sentimentos. Nenhuma gota de amor ao próximo; apenas o mal travestido de bem. Também saíram à luz do dia, com pouca cerimônia, os racistas, os homofóbicos, os antiambientalistas, os desmatadores, os grileiros e supremacistas variados. É preciso resistir, sem ceder à tentação de utilizar as mesmas armas. Na advertência importante de Nietzsche: "Quem luta com monstros deve cuidar para que no processo não se transforme em monstro".

Uma última palavra às famílias de vocês. Àqueles que estiveram ao seu lado ao longo de toda a jornada e que agora vivem a gloriosa sensação da missão bem cumprida. A UERJ proporciona aos seus estudantes uma experiência única. Aqui convivem os filhos das famílias privilegiadas, beneficiadas pela sorte e pelas estruturas sociais, e os filhos das famílias humildes, que percorreram um caminho mais árduo ainda para chegar até esse dia. Nós proporcionamos a eles a igualdade que falta lá fora e contribuímos para que ela diminua progressivamente. Nossos alunos aprendem que ninguém é melhor do que ninguém. Que ninguém deve ser indiferente à sorte dos demais. Que a importância de uma vida é medida pelo bem que se faz aos outros.

Meus queridos afilhados, dirijo-me agora a cada um de vocês, num abraço de despedida: lembrem sempre de agradecer. Sejam as melhores pessoas que puderem e os melhores profissionais que conseguirem ser. Afastem-se dos maus. Sorriam com frequência. Cultivem amigos sinceros. Reconheçam um grande amor, quando ele chegar, mas não deixem a sua felicidade depender de ninguém. Andem na praia ou na montanha, de vez em quando, apreciando a beleza do universo. Ajudem alguém que precise mais do que vocês: a vida sempre devolve generosamente o que a gente dá. Abracem e beijem as pessoas queridas. Evitem dizer coisas negativas sobre a vida ou sobre as pessoas. Transformem-se nas pessoas que gostariam de ser. E celebrem essa realização, não com vaidade, mas como alguém que cumpriu bem o seu destino.

Vão em paz. Sejam felizes. Façam o mundo melhor. Sejam sempre abençoados.

O país que queremos[1]

I Introdução

Há muitos anos na minha vida eu escolhi ser professor, sobretudo um professor. Fiz mestrado, doutorado, livre-docência, pós-doutorado, dou aulas na graduação e na pós-graduação, oriento trabalhos, participo de bancas, escrevo e publico regularmente. Eu também atuei como advogado e estou ministro do Supremo há nove anos. Mas sou professor há 40. Essa é a minha profissão.

Por essa razão, eu tenho imensa alegria de estar aqui, recebendo essa homenagem como patrono de uma turma em uma das principais escolas de direito do país. É entre jovens idealistas e empreendedores começando a vida que eu renovo a minha fé no Brasil. Momentos como esse fazem, também, com que a juventude me fuja um pouco mais devagar. E como poder agradecer é uma bênção, sou grato de coração por esse momento de felicidade que me proporcionam.

Eu sou, como alguns podem saber, um defensor da *revolução da simplicidade e da brevidade* no mundo do direito. Falar com clareza, objetividade, sem linguagem empolada e sem precisar exibir erudição é uma importante transformação em curso. A linguagem não deve ser um instrumento de poder, mas de distribuição generosa do conhecimento. Nas palavras de Leonardo da Vinci, "a simplicidade é o máximo da sofisticação".

---

[1] Discurso como patrono da Turma de 2022 da Escola de Direito da FGV São Paulo, em 25.8.2022.

A brevidade também se tornou muito importante. Num mundo inundado por informações, por todos os meios de comunicação – dos veículos tradicionais às mídias sociais –, o tempo se tornou uma das mercadorias mais escassas e cobiçadas das nossas vidas. O jurista prolixo, verborrágico, apaixonado pela própria voz é incompatível com o mundo contemporâneo.

Por isso mesmo, como sempre faço, trago-lhes uma mensagem em cinco páginas. Falo um pouco do momento que vivemos, o país que queremos e algumas reflexões sobre a felicidade e o sucesso.

II Um retrato do momento brasileiro atual

Eu sou um ator institucional, não um ator político. Meu papel é defender a Constituição, a democracia, as instituições. Minha lógica não é amigo/inimigo, mas certo ou errado, justo ou injusto, legítimo ou ilegítimo. Em meio a todas as incompreensões, eu não me desvio desse caminho. Além disso, eu lido com fatos. Fatos objetivos, e não opiniões pessoais. Isso se tornou um pouco raro no Brasil, onde as pessoas escolhem lado e inventam as próprias narrativas. É sob essa dupla perspectiva – de defesa das instituições e de exposição da realidade objetiva – que faço as reflexões que se seguem.

O Brasil se defronta nesse momento com dificuldades diversas, que incluem: falta de civilidade, fanatismo, baixa autoestima, naturalização da mentira, negacionismo ambiental e culto à ignorância.

A *falta de civilidade* se manifesta na agressividade, na grosseria, nas ofensas, na linguagem chula. O país vai precisar passar por um processo profundo de reeducação, para reaprender que pessoas que pensam de maneira diferente não são inimigas, que todos merecem respeito e consideração, que quem tem um bom argumento não precisa desqualificar o outro, bastando colocar as suas razões na mesa.

O *fanatismo* se expressa por meio da intolerância, da incapacidade de aceitar o outro, nas suas diferenças, sejam elas políticas, religiosas, étnicas, de orientação sexual ou qualquer outra. O fanatismo defende a violência, o autoritarismo, o ataque às instituições, as ameaças às pessoas. Trata-se de uma derrota do espírito, de um retrocesso civilizatório. De Hitler a Stalin, o fanatismo sempre custou caro à humanidade.

A *baixa autoestima* se deve a muitos anos de recessão ou crescimento pífio, marcados pelo desemprego, pelo desinvestimento, pela queda na renda, pela fuga de cérebros para o exterior. É impressionante a quantidade de pessoas cujo sonho é emigrar, ir embora. Precisamos de um projeto ambicioso de país, que afaste o baixo astral e restitua a esperança.

A *naturalização da mentira* é uma marca decadente do nosso tempo. É preciso fazer com que mentir seja errado de novo. As redes sociais são frequentemente utilizadas para semear a desinformação, a calúnia, as teorias conspiratórias, os vídeos editados desonestamente. Pós-verdade e fatos alternativos são expressões que procuram disfarçar as notícias deliberadamente fraudulentas. Atenção: uma causa que precise de ódio, de mentiras, de agressões e de teorias da conspiração não pode ser uma causa boa.

O *negacionismo ambiental* é um dos grandes problemas do nosso tempo, assombrado pela mudança climática e pelo aquecimento global. Nossos diferentes biomas estão sendo destruídos pela ignorância e pela indiferença, com extração ilegal de madeira, mineração ilegal, invasão de terras indígenas e grilagem de terras públicas. Corremos o risco de perder a soberania da Amazônia, não para outros países, mas para o crime organizado.

Vivemos, também, um momento de *culto* à *ignorância*, com desprezo à educação básica, sucateamento das universidades públicas, negacionismo científico e discurso de que armas são mais importantes do que livros e bibliotecas. No mundo da economia do conhecimento, da inovação, da revolução digital, não investimos mais do que alguns trocados em pesquisa de qualidade. Se não revertermos isso, vamos nos atrasar na história.

Como consequência de tudo o que estou narrando, atravessamos, também, um momento de constrangedor *desprestígio internacional*.

III O país que queremos

Para construirmos o país que queremos, será preciso criar uma agenda de consensos, que incluem:

1. *Derrotar a pobreza.* Esta continua a ser a grande causa da humanidade e a grande causa brasileira. Interrompendo uma trajetória histórica de inclusão social, hoje temos 47,3 milhões de pessoas nessa situação, correspondendo a 22,3% da população.[2]

---

[2] Disponível em: https://www1.folha.uol.com.br/mercado/2022/06/pobreza-recorde-acentua-desigualdades-no-brasil-veja-por-estado.shtml.

2. *Integridade.* A integridade vem antes da ideologia. Honestidade não é virtude, mas dever moral e cívico. Simplificando um tema complexo, proponho duas regras simples: no espaço público, não desviar dinheiro; no espaço privado, não passar os outros para trás. Será uma revolução. Não há como nos tornarmos verdadeiramente desenvolvidos sem a elevação da ética pública e privada no Brasil.
3. *Educação básica.* Em 1960, o Brasil tinha 2,5 vezes o PIB *per capita* da Coreia do Sul. Hoje, nosso PIB per capita é 1/3 do da Coreia do Sul. Principal causa: a deficiência na educação básica, que produz vidas menos iluminadas, trabalhadores menos produtivos e elites menos preparadas para enfrentar os grandes desafios de qualquer país.
4. *Desenvolvimento sustentável.* Para enfrentar a pobreza e promover desenvolvimento, o país precisa voltar a crescer economicamente. Sem aumento de riqueza não há o que distribuir. Incentivo ao empreendedorismo e reforma tributária têm que estar na agenda. E, claro, com respeito ao meio ambiente e à justiça intergeracional, para não comprometermos a qualidade de vida das próximas gerações.
5. *Investimento em ciência e tecnologia.* Vivemos o tempo da economia do conhecimento, da inovação, da revolução digital, da inteligência artificial. Precisamos investir em pesquisa, na criação de instituições de ponta, nos cientistas nacionais e na importação de cérebros para revitalizar a pesquisa, a ciência e a tecnologia no Brasil.

IV Sucesso, felicidade pessoal e solidariedade

Não existe uma fórmula da felicidade. Cada um é feliz à sua maneira. Mas da minha observação da vida, um dos segredos para viver uma vida boa é ser *bom*. Simples assim: ser uma pessoa boa. Controlar os próprios pensamentos, palavras e ações e direcioná-los para o bem. Ter respeito, consideração e um sentimento fraterno por todas as pessoas. Mesmo as que pareçam não merecer. E jamais dar reciprocidade a maus sentimentos. O mal consome a si mesmo. O ódio só prejudica quem o sente. Evitem a raiva e não tenham desejos de vingança. O universo se encarrega dos maus. É muito importante não ser como eles. Enfim, a vida é muito simples: o que a gente dá, a gente recebe.

Já o sucesso tem uma dupla face, uma dimensão exterior e outra interior. Para sua dimensão exterior, para a vida lá fora, o segredo também é simples: fazer as coisas bem-feitas. Estudar, alargar o conhecimento, praticar, insistir, recomeçar. Em três palavras: organização, preparação e treino. Sempre com humildade. Fujam da vaidade fútil e da arrogância. A gente nunca sabe demais. Há pessoas melhores e piores do que a gente em toda parte. A decisão essencial aqui é procurar ser o melhor que se pode ser, e não melhor do que os outros. Mas, por paradoxal que possa parecer, o sucesso é, acima de tudo, uma realização interior. É estar de bem com a vida, com o universo, transformando-se na melhor versão de si mesmo. Viver em paz e harmonia, sem permitir que qualquer força externa mude a sua natureza.

Por fim, tenham a consciência do privilégio que é ter chegado aonde chegaram e da responsabilidade social que vem com ele. Sejam solidários com as pessoas que não tiveram as mesmas oportunidades e trabalhem para que chegue um tempo em que não haja privilegiados e desfavorecidos. Na frase feliz de Nelson Mandela, "É a diferença que fazemos nas vidas dos outros que determinará a importância da vida que levamos".

Uma última palavra a pais, mães e familiares, de sangue e de afeto. É justo o orgulho e merecida a alegria que sentem nesse momento. Sem o apoio, o carinho e muitas vezes o sacrifício de vocês essa conquista não teria sido possível. Como disse ao início, poder agradecer e ter o que agradecer é uma bênção. De modo que, como patrono da turma, expresso em nome dos formandos a gratidão perene por terem proporcionado a eles a celebração desse momento. E me despeço de todos vocês com uma passagem que se atribui a Michelangelo e que sugiro que tenham na mente e no coração:

> O maior perigo, para a maioria de nós
> não é que o alvo seja muito alto
> E não se consiga alcançá-lo.
> É que ele seja muito baixo
> E a gente consiga.

Sonhem alto. Pensem grande. Ajudem a fazer um país melhor e maior. Sejam felizes e abençoados.

Esta obra foi composta em fonte Palatino Linotype, corpo 10
e impressa em papel Offset 75g (miolo) e Supremo 250g (capa)
pela Formato Artes Gráficas.